Estruturas Analíticas de Projeto

A Base para a Excelência em Gerenciamento de Projetos

Eric S. Norman, PMP, PgMP
Shelly A. Brotherton, PMP
Robert T. Fried, PMP

Estruturas Analíticas de Projeto

A Base para a Excelência em Gerenciamento de Projetos

Tradução: João Gama Neto, PMP
Joyce I. Prado, PMP

Título original: Work Breakdown Structures – the foundation for project management excellence

A edição em língua inglesa pela John Wiley & Sons

Copyright © 2008 *by* John Wiley & Sons, Inc.

Direitos reservados para a língua portuguesa pela Editora Edgard Blücher Ltda.
2010

É proibida a reprodução total ou parcial por quaisquer meios sem autorização escrita da editora.

EDITORA EDGARD BLÜCHER LTDA.
Rua Pedroso Alvarenga, 1.245 – 4º andar
04531-012 – São Paulo, SP – Brasil
Tel.: (55_11) 3078-5366
e-mail: editora@blucher.com.br
site: www.blucher.com.br

Impresso no Brasil   Printed in Brazil

ISBN 978-85-212-0504-3

Segundo Novo Acordo Ortográfico, conforme 5. ed. do Vocabulário Ortográfico da Língua Portuguesa, Academia Brasileira de Letras, março de 2009

FICHA CATALOGRÁFICA

Norman, Eric S.
   Estruturas analíticas de projeto: a base para a excelência em gerenciamento de projetos / Eric S. Norman, Shelly A. Brotherton, Robert T. Fried; tradução João Gama Neto, Joyce Prado. -- São Paulo: Editora Blucher; Estados Unidos: PMI Standard, 2009.

   Título original: Work breakdown structures: the foundation for project management excellence.
   ISBN 978-85-212-0504-3

   1. Estrutura Analítica de Projeto 2. Gerenciamento de projetos I. Brotherton, Shelly A. II. Fried, Robert T. III. Título.

09-08652   CDD-658.404

Índices para catálogo sistemático:

1. EAP: Estruturas Analíticas do Projeto:
Administração de empresas 658.404

Conteúdo

Prefácio ix
Apresentação xvii

Parte I Introdução aos Conceitos de EAP 1

1 Histórico e Conceitos Fundamentais 3
   Visão Geral do Capítulo 3
      Estruturas Analíticas de Projeto 4
      Definição de Estruturas Analíticas de Projeto 5
      Importância da EAP 6
      Lições Aprendidas da EAP — Um Breve Relato 7
      Conceitos de EAP 10
      Descrição da EAP 11
      A Metáfora da Casa — Um Exemplo Consistente 12
   Resumo do Capítulo 13
   Questões do Capítulo 14
   Referências 15

2 Aplicação dos Conceitos e Atributos da EAP 17
   Visão Geral do Capítulo 17
   Atributos da EAP 17
      Características Principais da EAP 18
      Características da EAP Relacionadas ao Uso 22
   Decomposição da EAP 25
   EAP em Projetos, Programas, Portfólios e nas Empresas 27
   Representações da EAP 29
   Ferramentas para EAP 32
   Resumo do Capítulo 34
   Questões do Capítulo 34
   Referências 35

Parte II Aplicação da EAP em Projetos 37

3 A Iniciação do Projeto e a EAP 39
   Visão Geral do Capítulo 39
      O *Project Charter* 40
      Declaração do Escopo Preliminar do Projeto 42

	Contratos, Acordos e Declarações de Trabalho (DT)	45
	Resumo do Capítulo	46
	Questões do Capítulo	46
	Referências	47
4	**Definição do Escopo por meio da EAP**	**49**
	Visão Geral do Capítulo	49
	Descrição do Escopo do Produto	49
	Declaração do Escopo do Projeto (Definição do Escopo)	50
	Estrutura Analítica do Projeto	51
	Como Começar com a EAP Elaborada	55
	Características Relacionadas ao Uso	57
	Dicionário da EAP	60
	Gestão Baseada em Entregas	62
	Gestão Baseada em Custeio por Atividade	62
	Linha de Base do Escopo	63
	Critérios de Aceitação	63
	Resumo do Capítulo	65
	Questões do Capítulo	66
	Referências	67
5	**A EAP nas Aquisições e no Planejamento Financeiro**	**69**
	Visão Geral do Capítulo	69
	Decisões Fazer ou Comprar	69
	Estimativa de Custos	71
	Orçamentação	72
	Estrutura Analítica dos Custos	74
	Resumo do Capítulo	76
	Questões do Capítulo	76
	Referências	77
6	**Planejamento da Qualidade, dos Riscos, dos Recursos e das Comunicações com a EAP**	**79**
	Visão Geral do Capítulo	79
	Como Alcançar o Planejamento da Qualidade, dos Recursos e dos Riscos	81
	Como Utilizar Modelos e Processos Existentes	82
	Criação de Processos para Apoiar o Projeto	85
	Utilização da EAP como Base para o Desenvolvimento de Processos	86
	Como Empregar a EAP e o Dicionário da EAP	87
	O Todo não é Maior do que a Soma das Partes — Ele é precisamente 100% da Soma das Partes	88

	Como Examinar as Considerações do Processo	89
	Planejamento das Comunicações utilizando a EAP como Base	92
	Desenvolvimento do Plano das Comunicações	94
	A Matriz das Comunicações	95
	A Hieraquia da Informação	98
	A Matriz de Reuniões	98
	Resumo do Capítulo	100
	Questões do Capítulo	100
	Referências	101
7	**A EAP como Ponto de Partida para o Desenvolvimento do Cronograma**	**103**
	Visão Geral do Capítulo	103
	Desmistificação da Transição da EAP para o Cronograma do Projeto	105
	Como Colocar os Conceitos para Funcionar	108
	A EAP na Forma Delineada Hierárquica	109
	Identificação das Dependências entre os Elementos do Escopo	110
	Representação das Dependências e Sequências do Escopo	110
	Criação de uma Representação da Sequência de Escopo de Alto Nível	111
	O Conceito de Inclusão	112
	O Diagrama de Relacionamento do Escopo	115
	Criação de um Plano de Dependências do Escopo	120
	Resumo do Capítulo	123
	Questões do Capítulo	124
	Referências	125
8	**A EAP na Prática**	**127**
	Visão Geral do Capítulo	127
	Contratação ou Mobilização da Equipe do Projeto	127
	Orientação e Gerenciamento da Execução do Projeto e Gerenciamento Integrado de Mudanças	129
	Realização do Gerenciamento do Escopo	131
	O Gerenciamento do Escopo e a Restrição Tripla	131
	Revisão do Relacionamento com Outros Processos de Gerenciamento de Projetos	132
	Realização da Garantia da Qualidade	133
	Realização da Verificação do Escopo	133
	Resumo do Capítulo	134
	Questões do Capítulo	134
	Referências	135

Conteúdo

9 Como Garantir o Sucesso por meio da EAP **137**
    Visão Geral do Capítulo 137
        Gerenciamento do Desempenho do Projeto 137
        Escopo 138
        Cronograma 139
        Custos 140
        O Planejado *versus* o Real 141
        Gerenciamento das Partes Interessadas 142
    Resumo do Capítulo 142
    Questões do Capítulo 142
    Referências 143

10 Verificação do Encerramento do Projeto com a EAP **145**
    Visão Geral do Capítulo 145
        Encerramento do Projeto 145
        Aceitação/Entrega/Suporte/Manutenção 146
        Encerramento do Contrato 146
        Encerramento do Projeto 146
    Resumo do Capítulo 147
    Questões do Capítulo 147

Parte III A EAP para Decomposição do Gerenciamento de Projetos **149**

11 Uma EAP do Gerenciamento de Projetos **151**
    Visão Geral do Capítulo 151
        Opções de Organização para uma EAP de Gerenciamento de Projetos 152
        Os Componenetes da EAP Alinhados com a Terceira Edição do *Guia PMBOK®* 155
        EAP "Leve" do Gerenciamento de Projetos 157
    Resumo do Capítulo 158
        Uma Última Palavra 159
    Referências 159

Apêndice A — Exemplo de Termo de Abertura do Projeto **161**

Apêndice B — Exemplo de Declaração do Escopo do Projeto **167**

Apêndice C — Exemplos de EAP do Gerenciamento de Projetos **173**

Apêndice D — Respostas às Questões dos Capítulos **217**

Índice Remissivo **235**

PREFÁCIO

Então, por que escrever um livro sobre Estruturas Analíticas de Projeto? Na verdade, a resposta é bastante simples. Na vasta literatura de gerenciamento de projetos, há relativamente pouco escrito sobre Estruturas Analíticas de Projeto (EAP) — e isso é um problema. É um problema porque, não surpreendentemente, neste momento da evolução do gerenciamento de projetos como profissão em ascensão, a EAP emergiu como conceito e como ferramenta fundamentais. Ela garante uma definição clara e uma comunicação do escopo do projeto, enquanto, ao mesmo tempo, desempenha um papel crítico como uma ferramenta de monitoramento e controle. A EAP apoia uma variedade de outros processos do Gerenciamento de Projetos — provendo uma linha de base para planejar, estimar, agendar, além de outras outras atividades do tipo "ar". Com a EAP exercendo esse papel crítico, acreditamos que é importante para a literatura de Gerenciamento de Projetos a inclusão de material adicional — especificamente, um texto instrutivo, detalhado, relativo a Estruturas Analíticas de Projeto.

Este livro pretende ser um passo inicial para preencher a lacuna existente entre o que é escrito atualmente sobre Estruturas Analíticas de Projeto e o que os autores aprenderam que é necessário hoje para os gerentes de programa e de projetos.

Para ser tanto específico quanto não científico ao mesmo tempo, se você fosse empilhar todas as publicações e os textos sobre Estruturas Analíticas de Projeto em uma mesa, a pilha seria alarmantemente pequena, de 12 a 15 centímetros de altura. Sabemos que isso é verdade — nós fizemos o teste. Compare isso com textos sobre gerenciamento de risco, ou o lado interpessoal do Gerenciamento de Projetos — negociação, liderança, como gerenciar projetos, e assim por diante — e as montanhas de literatura nesses assuntos minimizam o morrinho de informações sobre Estruturas Analíticas de Projeto.

Este livro apresenta uma nova abordagem para a discussão de Estruturas Analíticas de Projeto. Primeiramente, você perceberá que o texto é definido assim como um típico projeto deve ser gerenciado — desde o conceito e o planejamento até a entrega e encerramento do projeto, enquanto o papel da EAP é explicado durante cada passo do trabalho. Adicionalmente, utilizamos uma única e simples metáfora para a EAP em todo o texto. Enquanto discutimos várias aplicações e formatos para a EAP, e enquanto expandimos em conceitos e exemplos durante o livro, essa simples metáfora fornece uma sequência coesa para você acompanhar do início ao fim.

O mais importante, porém, é que o livro é concebido para funcionar não apenas como um texto, mas também como uma referência de mesa. Hoje, a grande maioria dos textos sobre Estruturas Analíticas de Projeto tem fornecido orientações sobre o desen-

Prefácio

volvimento da ferramenta ou explicam os benefícios derivados da utilização da EAP, como base para o planejamento.

Aqui, vamos explicar a forma como a EAP é inicialmente desenvolvida, em seguida, aplicada e continuamente consultada ao longo da vida de um projeto. Assim como um praticante, se está começando um novo projeto e está interessado em avaliar a forma como a EAP é utilizada durante as fases de Iniciação e Planejamento, você irá encontrar informações úteis nos capítulos iniciais do livro. Em contrapartida, se você estiver no meio de um projeto, talvez durante as fases de Execução ou Monitoramento e Controle, os capítulos centrais fornecerão material de referência e informações sobre a interação entre a EAP e outros dos principais processos do Gerenciamento de Projetos, tais como Planejamento de Recursos Humanos, Gerenciamento das Comunicações, de Riscos, de Mudanças e do Cronograma. (*Guia PMBOK®*, 3. ed., p. 121-122, 205-214).[1]

Finalmente, apresentamos, neste livro, novos conceitos para Estruturas Analíticas de Projeto. Esses novos conceitos relatam especificamente o que vamos chamar de atividades de *transição*. Por exemplo, é tecido ao longo dos capítulos o conceito de que, durante a vida de um projeto, a EAP funciona de diferentes maneiras, dependendo da fase do projeto. Por exemplo, durante as fases de Iniciação e Planejamento, o principal papel da EAP é documentar e coletar informações, servindo como um ponto de referência que descreve e define, muitas vezes com grande detalhamento, os limites do escopo do projeto, bem como as "entregas" e os resultados do projeto. Durante as fases de Execução e Monitoramento e Controle, a EAP sai do seu papel passivo de coletora de informações para um papel ativo, de apoio às decisões do projeto, sendo utilizada como uma referência e fonte de controle e medição. Essa transição fundamental traz a EAP à vida durante a evolução de um projeto, e é explicada no livro.

Para detalhar o formato do livro, a seguir há uma breve sinopse que inclui as três maiores partes e o conteúdo de cada capítulo.

A Parte I, "Introdução aos conceitos de EAP", inclui os Capítulos 1 e 2 do livro e é focada na apresentação de informações básicas principais relativas à construção da EAP.

- No **Capítulo 1**, apresentamos os conceitos básicos da EAP. Esse capítulo fornece informações históricas e fundamentais nas quais o resto do livro é baseado. Nesse capítulo, incluímos algumas definições gerais, algumas definições específicas e outras definições muito importantes sobre as Estruturas Analíticas de Projeto. Também incluímos um breve histórico sobre Estruturas Analíticas de Projeto e introduzimos nossa importante metáfora: o exemplo da Casa. Falaremos mais sobre isso depois.

- O **Capítulo 2** apresenta a EAP em mais detalhes. Nesse capítulo, discutimos os atributos principais de qualidade para a EAP e explicamos o processo de

---

[1] Como Guia PMBOK® referimo-nos à obra A guide to the project management body of know ledge (PMBOK® guide), 3. ed. (Um guia para o conjunto de conhecimentos em gerenciamento de projetos, publicado pelo Project management Institute em 2004 (N.T.).

decomposição. Também apresentamos e explicamos a variedade de representações da EAP e descrevemos como os atributos de qualidade para uma EAP se aplicam de forma similar a projetos, programas, portfólios e, finalmente, à empresa.

A Parte II, "Aplicação da EAP em Projetos," é o componente mais longo do livro, cobrindo do Capítulo 3 ao Capítulo10. Essa parte discute o papel da EAP em cada fase do projeto, desde Iniciação, passando por Planejamento, Execução, Monitoramento, Controle, e Encerramento. Os capítulos que compõem as discussões de Planejamento ocupam uma grande fatia da Parte II — e isso é um resultado natural, porque a EAP é predominantemente, embora não exclusivamente, uma ferramenta de planejamento. A metáfora da Casa aparecerá frequentemente nesses capítulos e tomará várias formas. Utilizaremos essa metáfora para basear nossas discussões e fornecer uma situação consistente e familiar para retornarmos quando o progresso (e o detalhe de nossa escrita) ficar mais difícil.

- O **Capítulo 3** discute o papel da EAP durante a fase de Iniciação e inclui revisões da interação entre a EAP e o Termo de Abertura do Projeto, a Declaração do Escopo Preliminar do Projeto, contratos, acordos, Declarações de Trabalho (DT) e Declarações do Trabalho do Contrato (DTC), os quais se aplicam aos componentes que foram contratados ou subcontratados por fornecedores externos à organização do projeto ou programa.
- O **Capítulo 4** revisa como a Descrição do Escopo do *Produto* e a Declaração do Escopo do *Projeto* são utilizados para construir e estruturar uma refinada Linha de Base do Escopo. Nesse capítulo acontece a construção inicial da Estrutura Analítica do Projeto. O mais importante é que, nesse capítulo, explicamos o valor da gestão baseada em entregas em comparação com uma abordagem baseada em atividades. Além disso, informações básicas e exemplos do Dicionário da EAP são apresentados juntamente com exemplos de critérios de aceitação para o produto e para o projeto.
- No **Capítulo 5**, examinamos em detalhe o papel da EAP nas decisões fazer ou comprar, juntamente com discussões aprofundadas sobre o papel da EAP na Estimativa de Custos e na Orçamentação.
- O **Capítulo 6** aborda as interações principais da EAP durante atividades adicionais de planejamento. Isso inclui discussões detalhadas da EAP durante o Planejamento da Qualidade, o Planejamento de Recursos Humanos, a Identificação e o Planejamento de Riscos, assim como o papel da EAP durante o processo mais cuidadosamente planejado — o Planejamento das Comunicações.
- O **Capítulo 7** introduz novos conceitos que envolvem o processo de tradução de aspectos da EAP no Gerenciamento do Escopo em uma representação dos elementos que podem ser utilizados para criar o Diagrama de Rede. Esse processo é examinado em detalhe, e uma nova representação completamente nova do escopo — o Diagrama de Relacionamento do Escopo — é apresentada.

Nesse capítulo, também explicamos como os elementos individuais da EAP são orientados e relacionados uns com os outros. O Diagrama de Relacionamento do Escopo é apresentado para representar como os vários elementos do escopo interagem e podem, por sua vez, ser utilizados como base para o desenvolvimento do Cronograma do Projeto. Embora este livro não pretenda detalhar os processos de criação do diagrama de rede e de desenvolvimento do cronograma, discutimos brevemente esses temas para facilitar a transição da EAP para o Cronograma do Projeto.

O papel da EAP durante as fases de Execução e Monitoramento e Controle é discutido dos Capítulo 8 a 10. Nesses capítulos, discutimos como a EAP realiza um papel fundamental como ponto de referência para todos os processos de execução do projeto e é utilizada como fonte para a tomada de decisões quando os riscos ou mudanças devem ser abordados. Deve-se notar que discutimos neste livro de forma conjunta as atividades de Execução e Monitoramento e Controle. A terceira edição do *Guia PMBOK®*, do PMI — Project Management Institute, aborda essa questão de duas maneiras. Em trechos do Capítulo 3 a terceira edição do *Guia PMBOK®*, há uma separação clara entre os processos de Execução e os processos de Monitoramento e Controle. Um argumento forte pode ser feito, porém, para a descrição da execução de um projeto como o trabalho sendo realizado dentro do esforço enquanto o processo de Monitoramento e Controle é aplicado simultaneamente, como a atividade principal do Gerenciamento de Projetos que assegura que o trabalho está sendo realizado de acordo com as atividades corretas, utilizando os recursos adequados e que está sendo direcionado para as entregas apropriadas. O tema principal, aqui, é que Execução, bem como Monitoramento e Controle devem ser pensados como um conjunto de processos comuns em que Execução é a atividade relacionada ao produto e Monitoramento e Controle constituem atividade realizada como uma função de gerenciamento e orientação sobre todas as atividades do projeto. Esse conceito é reforçado na terceira edição do *Guia PMBOK®*. A Figura 3.2 representa como os processos de Monitoramento e Controle englobam e interagem com todos os outros grupos de processos de gerenciamento de projetos. A terceira edição do *Guia PMBOK®* define esse processo: "A natureza integradora do gerenciamento de projetos exige a interação do Grupo de processos de Monitoramento e Controle com todos os outros aspectos dos outros grupos de processos." (*Guia PMBOK®*, 3. ed., p. 40).

Como é o caso na fase de Execução de um projeto e portanto, nos trechos sobre Execução e Monitoramento e Controle deste livro, as atividades de Monitoramento e Controle são amplamente baseadas nas definições de escopo e nos detalhes fornecidos pela EAP e pelo Dicionário da EAP. O Capítulo 9 expõe as várias funções de ambos, EAP e seu Dicionário associado. Esses capítulos devem ser realmente vistos como a seção "ação" do livro, representando o ponto em um projeto, programa ou portfólio em que os gerentes devem gerenciar e os líderes devem liderar. Se as fases de Iniciação, Planejamento e Execução de um projeto (e, por coincidência, o formato deste livro) podem ser considerados uma configuração da discussão, então Monitoramento e Controle podem ser vistos como a parte da ação, com uma forte ênfase nas atividades de controle. É entre essas fases que o papel da EAP "transita" de passivo para ativo.

- O **Capítulo 8** é a hora da verdade. Nessa fase do projeto, a EAP se modifica de uma ferramenta de planejamento para um recurso de apoio à decisão. A construção e concepção dessa ferramenta de base está completa, e agora a EAP é forçada à ação como fonte de orientação à decisão durante o restante do projeto. Nesse capítulo, discutimos como a EAP informa as decisões que o Gerente do Projeto e as partes interessadas devem tomar e auxilia no processo de Contratar ou Mobilizar a Equipe do Projeto (*Guia PMBOK®*, 3. ed., p. 209). Adicionalmente, como o Gerente do Projeto lidera e dirige o projeto, a EAP orienta a Execução do Projeto e fornece um ponto de partida para o Gerenciamento de Mudanças (Gerenciamento do Escopo) e Garantia da Qualidade. Além disso, a EAP e o Dicionário da EAP fornecem a base e a linha de base para ações e problemas, riscos, mudanças, orçamentos/finanças e, finalmente, Gerenciamento do Valor Agregado (GVA) — (Earned Value Management — EVM).
- O **Capítulo 9** examina como a EAP e o Dicionário da EAP são utilizados como base para a tomada de decisões relacionadas ao Gerenciamento do Desempenho do Projeto e às atividades essenciais que o Gerente do Projeto deve abordar em relação ao Gerenciamento das Partes Interessadas.

Na seção final da Parte II, temos um capítulo específico que discute o encerramento do projeto e examina cuidadosamente as atividades que o Gerente de Projetos deve realizar para encerrar, entregar e transferir efetivamente o projeto concluído da equipe do projeto para a organização ou equipe receptora. Como nos processos de Execução e Monitoramento e Controle, esse é, particularmente, um momento ativo para a EAP. Aqui ela é utilizada como ponto de referência para assegurar que todas as entregas detalhadas na EAP foram concluídas, entregues, aceitas e formalizadas pelo cliente.

- O **Capítulo 10** inclui uma discussão de Verificação do Escopo e Gerenciamento do Escopo. Essas interações dentro do projeto representam algumas das mais importantes e críticas atividades do gerente de projetos, gerente de programas ou líder, claramente articulando, se comunicando, reforçando e protegendo as fronteiras estabelecidas para o projeto. Essas fronteiras são estabelecidas pela Declaração do Escopo, pelos contratos e acordos que foram delineados e aprovados pelo patrocinador e pelas principais partes interessadas. A EAP e o Dicionário da EAP são os principais documentos/artefatos que representam essas fronteiras de uma maneira que provê a aplicação programática de acordos dentro do trabalho do projeto. Esse é o papel fundamental da EAP em um cenário de gerenciamento de projetos. Adicionalmente, nesse capítulo, descrevemos como os critérios de aceitação do cliente são referenciados para cada uma das entregas localizadas na EAP e descritas no Dicionário da EAP.

Atividades que sinalizam conclusão também são incluídas, tais como treinamento e cobertura de período de garantia, protocolos de apoio, entrega de documentação, encerramento de contrato, encerramento de subcontrato, e assinatura formal e reconhecimento pela organização receptora.

Os autores incluíram a Parte III do livro, "EAP para a Decomposição do Gerenciamento de Projetos", para auxiliar gerentes de projeto a comunicar claramente os processos componentes e resultados que os gerentes de projeto rotineiramente supervisionam durante o desempenho de cada projeto que lideram. Embora seja senso comum que os gerentes de projeto desempenham um importante, talvez crítico, papel na entrega de projetos, definir esse papel e as entregas dos processos associados a ele tem sido um desafio para muitos. Com isso em mente, na Parte III discutimos várias formas de representar os papéis e entregas do gerenciamento de projetos que são uma parte essencial, frequentemente negligenciada, do trabalho do projeto. O Capítulo 11 apresenta uma discussão focada que descreve várias abordagens para representar meticulosa e precisamente na EAP o gerenciamento de projetos como um importante componente do escopo completo do projeto.

- No **Capítulo** 11 explicamos a origem dos componentes da EAP que incluímos para o Gerenciamento de Projetos e descrevemos várias abordagens para a decomposição do trabalho de gerenciamento de projetos presente em quase todos os projetos. Nesse capítulo, fornecemos vários exemplos das entregas e resultados que são vistos como produtos do processo de gerenciamento de projetos e compartilhamos ensinamentos sobre a melhor abordagem para projetos específicos. E, o mais importante, incluímos duas decomposições totalmente elaboradas do trabalho do gerenciamento de projetos conforme definido na terceira edição do *Guia PMBOK®*, do PMI — Project Management Institute. Essas duas (e completas) tabelas representam as visões apresentadas na terceira edição do *Guia PMBOK®* e mostram a decomposição das entregas do gerenciamento de projetos por Grupos de Processos, bem como por Áreas de Conhecimento. Os seus autores acreditam que a representação precisa e cuidadosa na EAP do trabalho de gerenciamento de projetos necessário para se entregar um projeto é crítica para a entrega bem-sucedida do projeto em si e, portanto, forneceram esse capítulo para facilitar esse processo para você.

Este livro apresenta três importantes temas. Primeiro, a ideia de que a EAP *transita* de um papel/exercício de planejamento durante as fases de Iniciação e Planejamento para uma ferramenta de gerenciamento da *ação* e do *desempenho do trabalho* nas atividades de Execução, de Monitoramento e Controle e de Encerramento. O segundo tema principal é o de que uma transição significativa ocorre entre o escopo definido pela EAP e as listas de tarefas, atividades e marcos que compõem o começo do desenvolvimento do cronograma do projeto. O terceiro tema apresentado é que o trabalho de

Monitoramento e Controle ocorre durante todo o projeto, da Iniciação ao Encerramento, e que não é um processo isolado que ocorre na sequência da Execução.

Este livro acumula a experiência coletiva de três veteranos e calejados gerentes de programa/projeto. Nós nos encontramos inicialmente como voluntários do PMI — Project Management Institute, onde formamos três quartos da equipe principal do projeto para o desenvolvimento da Norma do PMI para Estruturas Analíticas de Projeto — *Practice Standard for Work Breakdown Structures*, 2. ed. Embora cada um de nós tenha sido abençoado com uma variedade de experiências liderando grandes e pequenas iniciativas com orçamentos variando desde milhares de dólares até aqueles na faixa de dezenas de milhões, cada um de nós se deparou com desafios similares e cada um de nós expressou preocupações similares quanto à clareza e firmeza do Escopo do Projeto e das declarações de objetivos, e quanto à nossa habilidade de gerenciar para entregas específicas definidas, uma vez que os projetos aos quais fomos designados a entregar tomaram seus rumos. Este livro descreve nossos métodos para esclarecer, abordar e resolver esses desafios, e nos fornece uma oportunidade de compartilhar nossos sucessos e lições aprendidas — grandes e pequenas — com você.

Gostaríamos de agradecer aos nossos cônjuges, filhos, animais de estimação, colegas, parceiros e colaboradores que nos apoiaram durante o desenvolvimento deste livro por suas intermináveis orientação, amizade, paciência e amor. O mais importante é que um de nossos colegas gerou um impacto significativo em nossa redação — embora ele não tenha participado diretamente do desenvolvimento do livro. Nós pedimos sua orientação e aconselhamento literário como parte convencional de nossas revisões e somos eternamente gratos. George Ksander, agradecemos pelas incontáveis contribuições que você nos deu para a qualidade deste trabalho. Nós também gostaríamos de estender um agradecimento especial para Bob Argentieri e os colegas da John Wiley & Sons, Inc por terem fé em nossa visão — o suficiente para encorajar o desenvolvimento do produto final.

• Referências •

PROJECT MANAGEMENT INSTITUTE. *A guide to the project management body of knowledge (PMBOK® Guide)*, 3. ed. Newtown Square, PA: Project Management Institute, 2004.

PROJECT MANAGEMENT INSTITUTE. *Practice standard for work breakdown structures*. 2. ed. Newtown Square, PA: Project Management Institute, 2004.

Apresentação

A Estrutura Analítica do Projeto (EAP) é utilizada como entrada para qualquer outro processo de criação do cronograma e do orçamento do projeto. Nesse sentido, a EAP é a base para o cronograma e para o orçamento assim como a fundação é a base para uma casa. Se a fundação for fraca, a casa nunca será forte. É difícil se recuperar de uma EAP fraca. É desnecessário dizer que Eric e sua equipe estão focando em um tópico muito importante neste livro. Corretamente, eles percebem que a literatura disponível sobre esse tópico é mínima. Por outro lado, as EAP's que vemos na prática são, muitas vezes, surpreendentemente pobres. Isso não é um paradoxo; talvez uma coisa justifique a outra. EAP's são um conceito intuitivo para alguns e um eterno mistério para outros. É hora de algumas pessoas trabalharem suas mentes em torno desse problema. Eu penso que existe uma necessidade real desse livro.

O livro é como um manual sobre como implementar a norma *The Practice Standard for the WBS*, 2. ed.(publicada pelo PMI), um outro produto praticamente dessa mesma equipe. Esse pessoal foi, de fato, tão produtivo que a norma teria sido um documento bem mais encorpado, não fosse pela missiva do PMI para mantê-lo enxuto e médio. Sem se preocupar, a equipe decidiu publicar todos os seus produtos intelectuais neste livro como uma publicação separada.

O livro se baseia totalmente em conceitos do PMBOK e na norma para EAP's. É um livro valioso, à parte dos documentos normativos, pois:

- Fornece novos processos que ligam os pontos entre os conceitos explicados em nível abstrato nas normas. Por exemplo, eu gostei do novo processo dos autores para o mapeamento das dependências entre as entregas da EAP, o que eu penso ser uma atividade essencial, particularmente em grandes programas.
- O texto fornece novos conceitos. Por exemplo, a noção de que monitoramento e controle ocorrem durante todo o projeto, não apenas durante o processo de *Monitoramento e Controle* do PMBOK. Afinal de contas, quem inspeciona os inspetores?
- Este livro apresenta novas técnicas de elaboração de diagramas. Por exemplo, o conceito de definição de relacionamentos entre os elementos do escopo não pode ser encontrado em outro lugar. Outras coisas novas são os métodos de elaboração de diagramas propostos pelos autores: O *Diagrama de Relacionamento do Escopo* e o *Plano de Dependências do Escopo*.

Os autores dão um corajoso passo ao trabalharem duro para o aperfeiçoamento de nossa profissão. Estou pessoalmente curioso para ver como esses novos processos, conceitos e diagramas se comportarão no oceano de ideias e nos, frequentemente, ferozes debates entre os líderes pensadores de nossa área.

Não há dúvidas em minha mente de que Eric Norman, Shelly Brotherton and Robert Fried se posicionaram firmemente na categoria de líderes pensadores do gerenciamento de projetos com este livro. Eu o encorajo a deixá-los conduzir sua mente por algumas horas.

Espero que você goste de ler este livro tanto quanto eu.

Eric Uyttewaal, PMP
Autor de *Dynamic Scheduling with Microsoft Office Project 2003*
Presidente da Project Pro Corp

Parte I

Introdução aos Conceitos de EAP

Capítulo 1 Histórico e Conceitos Fundamentais

Capítulo 2 Aplicação dos Conceitos e Atributos da EAP

Capítulo 1

Histórico e Conceitos Fundamentais

> "Se você não sabe aonde quer chegar, qualquer caminho serve".
> *Anônimo*

• Visão Geral do Capítulo •

Este capítulo é colocado na frente, não só por que é Capítulo 1, mas também por que queríamos fornecer informações básicas para você antes de iniciar o processo de desenvolver Estruturas Analíticas de Projeto. Este capítulo introduz conceitos fundamentais sobre a EAP que são discutidos em mais detalhes mais à frente no livro, juntamente com informações históricas sobre o surgimento e a evolução da EAP ao longo de uma série de décadas. Nós também apresentamos a metáfora da Casa.

Metáfora de quê? A **metáfora da Casa**. Por razões próprias, usaremos o termo metáfora para significar um símbolo ou exemplo que representará como o conceito pode ser aplicado na prática — embora o exemplo em si seja fictício. Na realidade, a metáfora da Casa é uma ferramenta ou, ainda, uma seção de uma EAP para a construção de uma casa, que desenvolvemos para utilizar em todo o livro para nos ajudar a ilustrar nossos significados pretendidos — quando as palavras em si não são suficientes para esclarecer e comunicar pontos importantes ou conceitos. A seguir, apresentamos uma visão em forma delineada que usaremos para a metáfora da Casa, neste ou em outro formato, durante o restante do texto.

```
1 Projeto da Casa
   1.1 Estrutura Primária
       1.1.1 Construção da Fundação
             1.1.1.1 Layout-Topografia
             1.1.1.2 Escavação
             1.1.1.3 Despejo do Concreto
       1.1.2 Construção das Paredes Exteriores
       1.1.3 Construção do Telhado
   1.2 Infraestrutura Elétrica
   1.3 Infraestrutura Hidráulica
   1.4 Construção das Paredes Interiores: Acabamento Rústico
```

Demonstração 1.1 Metáfora da Casa — Exemplo na Forma Delineada.

Essa metáfora é uma ferramenta importante para cobrir o início do livro porque nós a utilizaremos para descrever, discutir e esclarecer conceitos ao longo do texto. Usaremos a metáfora da Casa para ilustrar exemplos, fornecer uma aplicação prática e comum de um tópico ou conceito e como ponto de partida para análise detalhada dos tópicos relacionados.

Em mais alto nível, este capítulo conterá o seguinte:
- Uma descrição da Estrutura Analítica do Projeto e do seu papel no gerenciamento de projetos
- Informações básicas e história da EAP
- Termos-chave e definições
- A metáfora da Casa

Estruturas Analíticas de Projeto

Vamos começar...

Estruturas Analíticas de Projeto foram utilizadas, primeiramente, pelo Departamento de Defesa dos EUA para o desenvolvimento de sistemas de mísseis em meados dos anos 1960, e têm sido um componente fundamental no léxico de Gerenciamento de Projetos durante todo esse tempo. O conceito de EAP e as práticas em torno da sua utilização foram desenvolvidos inicialmente pelo Departamento de Defesa dos EUA (DoD) e pela Agência Espacial Norte-Americana (NASA) com o propósito de planejar e controlar grandes projetos de aquisições cujo objetivo era o desenvolvimento e a entrega de armas ou sistemas espaciais (CLELAND, *Air University Review*, 1964, p. 14). Esses projetos frequentemente envolviam vários fornecedores industriais, cada um responsável por componentes separados do sistema e eram gerenciados por meio de um escritório administrativo central, fosse por uma agência governamental ou por uma das empresas contratadas que atuavam como fornecedor principal. Nesse ambiente, a EAP era utilizada para "... assegurar que o total do projeto seja completamente planejado e que todos os planos derivados contribuam diretamente para os objetivos desejados" (NASA, 1962).

A questão é, se isso foi verdade, e nós afirmamos aqui que essa declaração é verdadeira, então a declaração levanta uma questão: "Se a EAP é um alicerce fundamental para a maioria dos projetos, então porque há tantos pontos de vista conflitantes e abordagens para o desenvolvimento e utilização das Estruturas Analíticas de Projeto?".

A resposta a essa pergunta é um tanto evasiva, e é um dos fatores condutores para escrevermos este livro. Nas seções e capítulos que se seguem nós examinaremos várias abordagens para o desenvolvimento da EAP e apresentaremos vários conceitos, atributos, desafios e finalmente, recomendações para a sua consideração e uso.

Definição de Estruturas Analíticas de Projeto

A terceira edição do *Guia PMBOK®* define uma **Estrutura Analítica de Projeto** como "uma decomposição hierárquica orientada à entrega do trabalho a ser executado pela equipe do projeto, para atingir os objetivos do projeto e criar as entregas necessárias. Ela organiza e define o escopo total do projeto. Cada nível descendente representa uma definição cada vez mais detalhada do trabalho do projeto". A EAP é decomposta em Pacotes de Trabalho. **Pacotes de Trabalho** são definidos de duas maneiras por essa edição do *Guia PMBOK®*. No texto, Pacotes de Trabalho são ditos como "o nível mais baixo da EAP e considerados o ponto no qual o custo e o cronograma do trabalho podem ser estimados de forma confiável. O nível de detalhe dos Pacotes de Trabalho irá variar de acordo com o tamanho e a complexidade do projeto. A **orientação da hierarquia para a entrega** inclui entregas internas e externas (*Guia PMBOK®*, 3. ed., p. 112, 114). Mais à frente neste capítulo fornecemos a você uma definição de glossário para Pacotes de Trabalho.

Há vários conceitos importantes apresentados nesta definição de EAP. Particularmente, o conceito de orientação a entregas. A inclusão dessas palavras é uma mudança fundamental das definições para a EAP em edições anteriores do *Guia PMBOK®* e reflete o papel expandido que a EAP desempenha nos projetos hoje. Essas mudanças estão destacadas na Tabela 1.1.

Tabela 1.1   Definição de EAP — Mudanças por Versão

Conjunto de Conhecimentos em Gerenciamento de Projetos (*PMBOK®*) 1987	Um Guia para o Conjunto de Conhecimentos em Gerenciamento de Projetos (*Guia PMBOK®*) 1996	Um Guia para o Conjunto de Conhecimentos em Gerenciamento de Projetos (*Guia PMBOK®*) 2000	Um Guia para o Conjunto de Conhecimentos em Gerenciamento de Projetos (*Guia PMBOK®*) 2004
Uma árvore genealógica de atividades orientada a tarefas.	Um agrupamento de elementos do projeto orientado a entregas o qual organiza e define o escopo total do projeto. Cada nível descendente representa uma definição cada vez mais detalhada de um componente do projeto. Os componentes do projeto podem ser produtos ou serviços.	Um agrupamento de elementos do projeto orientado a entregas o qual organiza e define o escopo total do projeto. Cada nível descendente representa uma definição cada vez mais detalhada de um componente do projeto. Os componentes do projeto podem ser produtos ou serviços.	Uma decomposição hierárquica orientada à entrega do trabalho a ser executado pela equipe do projeto, para atingir os objetivos do projeto e criar as entregas necessárias. Ela organiza e define o escopo total do projeto. Cada nível descendente representa uma definição cada vez mais detalhada do trabalho do projeto. A EAP é decomposta em Pacotes de Trabalho. A orientação da hierarquia para a entrega inclui entregas internas e externas.

Fontes: PROJECT MANAGEMENT INSTITUTE. *The project management body of knowledge (PMBOK®)*. Newtown Square, PA, 1987; PROJECT MANAGEMENT INSTITUTE. *A guide to the project management body of knowledge (PMBOK® Guide)*. Newtown Square, PA, 1996. PROJECT MANAGEMENT INSTITUTE. *A guide to the project management body of knowledge (PMBOK® Guide)*. 2. ed. Newtown Square, PA: Project management institute, 2000; PROJECT MANAGEMENT INSTITUTE, *A guide to the project management body of knowledge (Guia PMBOK®)*. 3. ed. Newtown Square: PA: Project Management Institute, 2004.

Hoje, a EAP é entendida como mais do que a organização do trabalho do projeto. A definição atual, com a inclusão da expressão de orientação a entregas, indica que o processo de desenvolvimento da EAP inclui a definição e articulação de resultados específicos do projeto — os produtos e resultados finais. Dessa forma, a EAP se torna um ponto de referência para todas as atividades futuras do projeto.

Esse conceito crucialmente importante será expandido mais à frente no livro, mas queremos apontar para essa definição como ponto de partida para o nosso texto, bem como um ponto de referência para você. A orientação a entregas é uma das principais características da EAP, a qual discutiremos no Capítulo 2. Esse atributo fundamental permitirá que a sua EAP seja mais do que "produto de prateleira" para seu projeto, e possibilitará que ela desempenhe papel crítico como documento de linha de base para a comunicação do escopo e dos resultados durante as fases iniciais do seu projeto. Nas fases seguintes, a EAP desempenha um papel ativo como base para outras atividades fundamentais de execução e monitoramento e controle. Com essas ideias em mente, agora podemos ter uma visão mais abrangente além do horizonte de gerenciamento de projetos para examinar as tendências atuais e estabelecer um contexto para a nossa discussão.

Existem razões adicionais para se preferir a orientação a entregas para a construção da EAP em detrimento à orientação a processos ou tarefas/atividades. Com Estruturas Analíticas de Projeto orientadas a tarefas e processos, as entregas ou os resultados descritos pela EAP são os próprios processos, em vez de serem os produtos ou resultados do projeto. Quando isso acontece, a equipe do projeto gasta muita energia no refinamento e na execução dos processos do projeto, o que ao final, pode ser visto como um exemplo de cuidado e eficiência — mas que não necessariamente produz os resultados desejados para o projeto, pois o foco esteve no processo de produção dos resultados e não nos resultados em si.

Além disso, a construção da EAP para tarefas/atividades é realmente um conceito contraditório desde o início. Conforme examinaremos mais tarde, tarefas e atividades são, na verdade, parte do processo do cronograma do projeto e não têm lugar na EAP inicialmente. Mais adiante, no Capítulo 7, discutiremos a criação do Cronograma do Projeto e explicaremos que tarefas, atividades e marcos são resultados da decomposição da EAP que se estendem para além do nível de Pacotes de Trabalho (o mais baixo nível de decomposição da EAP) e produzem elementos que são transferidos para o cronograma do projeto. Portanto, de nossa perspectiva, desenvolver uma EAP baseada em tarefas e atividades é simplesmente uma contradição em termos. Para nós, e para aqueles que desejam desenvolver Estruturas Analíticas de Projeto de alta qualidade que focam a atenção aos resultados e entregas, esse tipo não é, de fato, útil.

Importância da EAP

A prática cotidiana está revelando, com regularidade crescente, que a criação da EAP para definir o escopo do projeto ajudará a assegurar a entrega dos objetivos e resultados do projeto. Existem vários textos que apontam para a EAP como passo inicial para a definição do projeto e que insistem que quanto mais claro o escopo do projeto for articulado antes de o trabalho real iniciar, mais provável será o sucesso do projeto. Aqui estão alguns exemplos de fontes reconhecidas e confiáveis no Gerenciamento de Projetos:

- John L. Homer e Paul D. Gunn "A estrutura inteligente de divisões de trabalho é precursora para o gerenciamento eficaz de projetos" (HOMER; GUNN, 1995, p. 84).
- Dr. Harold Kerzner: "A EAP fornece a estrutura na qual custos, tempo, e cronograma/desempenho podem ser comparados com o orçamento previsto para cada nível da EAP" (KERZNER, 1997, p. 791).
- Carl L. Pritchard: "A EAP serve como estrutura para o desenvolvimento do plano do projeto. Assim como a base de uma casa, ela apoia todos os componentes básicos conforme eles são desenvolvidos e construídos" (PRITCHARD, 1998, p. 2).
- Dr. Gregory T. Haugan: "A EAP é uma ferramenta fundamental, utilizada para auxiliar o gerente de projetos na definição do trabalho a ser realizado para atingir os objetivos de um projeto" (HAUGAN, 2002, p. 15).
- O *Guia PMBOK®*, 3. ed., destaca a importância da EAP no Grupo de Processo de Planejamento, o qual se inicia com três passos essenciais — Planejamento do Escopo (3.2.2.2), Definição do Escopo (3.2.2.3) e Criar EAP (3.2.2.4). (*Guia PMBOK®*, 3. ed.).

Gerentes de Projeto experientes sabem que existem muitas coisas que podem dar errado em projetos, não importa o quão eficazmente eles planejem e executem seu trabalho. Falhas totais ou parciais em projetos, quando ocorrem, frequentemente podem ser rastreadas a uma EAP mal desenvolvida ou ainda, não existente.

Uma EAP mal desenvolvida pode gerar resultados negativos para o projeto, o que inclui replanejamentos e adendos contínuos e repetitivos, atribuições de trabalho imprecisas para os participantes do projeto, aumento do escopo (que geralmente vem acompanhado de um escopo em constante mudança e ingerenciável), bem como estouros no orçamento, prazos perdidos e, por último, produtos novos inúteis ou características entregues que não satisfazem o cliente nem os objetivos para os quais o projeto foi iniciado.

Lições Aprendidas da EAP — Um Breve Relato

Por que isso acontece? Como podem todos esses problemas estarem ligados à conclusão ou qualidade da EAP? Para responder essa questão, deixe-nos dar uma breve olhada ao que geralmente acontece em seguida a entregas perdidas ou falhas de componentes do projeto. Uma vez que fica óbvio que algo será perdido pela equipe do projeto — data de entrega, características ou funcionalidades importantes ou talvez orçamento — a "poeira abaixa".

Logo depois (e exatamente quanto tempo "logo" vai tomar pode variar bastante) o líder do projeto e os gerentes funcionais param de procurar por alguém para culpar e esfriam as cabeças. Muitas vezes, alguém aparece (mais provavelmente um executivo ou o Patrocinador do Projeto) e pede para ver a "documentação do projeto". Nesse ponto o Gerente do Projeto se apressa para produzir o plano, o cronograma, o plano e o registro de riscos, a lista de solicitações de mudanças e a EAP para o projeto — se ela existir. Em um curto período de tempo, essa pessoa que não esteve próxima do projeto no dia a dia, nas "trincheiras" com a equipe do projeto, irá, sem sombra de dúvidas, puxar um único documento do projeto e apontar palavras específicas que descrevem precisamente o que deveria ter sido entregue pela equipe do projeto, e quando. Esse documento geralmente é a Declaração do Escopo, o Termo de Abertura do Projeto ou os contratos e acordos do projeto.

Tendo encontrado as declarações de escopo e os acordos desejados, o executivo ou patrocinador do projeto convocará uma série de reuniões com os devidos responsáveis, e fará perguntas direcionadas sobre os motivos pelos quais o projeto não gerou os resultados especificados nos documentos básicos — e iniciará imediatamente as negociações para conseguir com que o que ele/ela pretendiam ter entregado, seja entregue. Mais notavelmente, o executivo ou patrocinador do projeto pode, nesse ponto, comprometer-se em assegurar que as entregas irão acontecer assumindo um papel muito mais ativo no dia a dia das atividades do projeto. Esse *não* é o resultado mais desejado para um Gerente de Projetos que pretende ser o dono do destino de seu próprio projeto.

Examinando esse cenário mais de perto, podemos encontrar a causa raiz. O patrocinador/executivo quer assumir um papel mais ativo ao reforçar que o projeto tem uma alta probabilidade de atingir seus objetivos desejados porque ele ou ela acreditam que as informações básicas, vitais para a tomada de decisões sobre os resultados do projeto não haviam chegado ao(s) tomador(es) de decisões. Claramente, esse foi um problema de comunicação desde o início. Realmente não importa se o Gerente do Projeto acredita que as comunicações do projeto eram eficazes ou não. O patrocinador/executivo acredita que não eram, e está assumindo um papel ativo como resultado. Entregas importantes foram perdidas — e houve bastante oportunidade de expor esses problemas relacionados à ausência de elementos no escopo.

Então, o que o Gerente do Projeto pode aprender com essa experiência? Além de aprender como gerenciar a dor do constrangimento e liderar o processo de recuperação em seguida às entregas perdidas, o Gerente do Projeto deve cuidadosamente olhar para as causas-raiz. Portanto, agora seria uma boa hora para o Gerente do Projeto se perguntar "Qual é (geralmente) a causa para esse cenário?" A resposta é bastante simples: má comunicação na validação das mudanças aprovadas do escopo, cronograma e características/funcionalidades.

Quando isso ocorre, o Gerente do Projeto, muito rapidamente, percebe que a solução óbvia para o problema está na documentação do projeto.

Tendo a EAP articulado claramente as entregas do projeto (internas, provisórias e finais) e os resultados, a cada intervalo crítico no caminho para a entrega, o Gerente do Projeto poderia ter validado o progresso contra o escopo declarado — representado pela EAP. Quando os desafios ao escopo e ao cronograma se apresentaram ao patrocinador e/ou outra parte interessada, utilizando o processo de Gerenciamento de Mudanças para o projeto, essas mudanças poderiam ser comparadas com o escopo acordado e documentado e com as características/funcionalidades descritas pela EAP e explicadas pelo plano do projeto. Na ausência de entregas e resultados claros na EAP essas discussões são consideravelmente mais evasivas e difíceis.

Para o Gerente do Projeto, é uma lição aprendida. Para essa discussão, o cenário se torna um modelo para a definição crucial de fatores de sucesso para o gerenciamento do escopo e das comunicações. Esses fatores incluem uma EAP claramente articulada, um gerenciamento do escopo e um processo de controle do escopo (Gerenciamento de Mudanças), e um processo de comunicação eficaz que possibilitará ao Gerente do Projeto articular entregas acordadas e decisões que afetam o cronograma para a conclusão dessas entregas.

Para o Gerente de Projetos é essencial encontrar ferramentas que o ajudarão a comunicar a frequência e o impacto das mudanças que se seguem às fases de iniciação e planejamento do projeto — quando a EAP é finalizada e aprovada. Se a EAP para o projeto foi construída de modo que tenha claramente definidos as entregas e os resultados — incluindo as entregas que são intermediárias ou temporárias (interim) por natureza, preparadas para organizações internas bem como para o cliente final —, então o Gerente do Projeto tem ao alcance das mãos uma ferramenta altamente valiosa. A EAP se torna um documento estático que pode ser consultado de forma não passional.

Para evitar essas armadilhas, a EAP é utilizada como um alicerce fundamental para os processos de iniciação, planejamento, execução, e monitoramento e controle e é central para o gerenciamento de projetos conforme descrito na terceira edição do *Guia PMBOK®*. Exemplos típicos da contribuição que a EAP faz a outros processos são descritos e elaborados na segunda edição do *Practice standard for work breakdown structures*.

Para explicar, há muitas ferramentas e técnicas de gerenciamento de projetos que utilizam a EAP ou seus componentes como entrada (*Guia PMBOK®*, 3. ed., Capítulo 5, Seção 5.3). Por exemplo, a EAP utiliza o **Termo de Abertura do Projeto** como seu ponto de partida. Os elementos de alto nível da EAP devem combinar, o máximo possível, os substantivos utilizados para descrever os resultados do projeto na **Declaração do Escopo do Projeto**. Além do mais, a **Estrutura Analítica dos Recursos (EAR)** descreve a organização dos recursos no projeto e pode ser usada em conjunto com a EAP para definir atribuições dos pacotes de trabalho. O **Dicionário da EAP** define, detalha e esclarece os vários elementos da EAP.

A transição da EAP para o Cronograma do Projeto é discutida no Capítulo 7 e faz algumas referências ao capítulo sobre Gerenciamento de Tempo do Projeto da terceira edição do *Guia PMBOK®*. O processo **Definição das Atividades,** ponto de partida para o desenvolvimento do cronograma do projeto, depende da EAP para o processo de decomposição, iniciando pelo nível mais baixo da EAP — o Pacote de Trabalho — para produzir tarefas, atividades e marcos de projeto relevantes. O Sequenciamento de Atividades descreve e ilustra os relacionamentos lógicos entre as tarefas, as atividades e os marcos e mostra as dependências e precedências para cada um, orientando-os em um Diagrama de Rede do Cronograma do Projeto.

Se você escolher o Método do Diagrama de Setas (MDS) (Arrow Diagram Method — ADM), no qual as atividades são mostradas nas setas que ligam os nós ao diagrama de rede (Atividade na Seta — Activity On Arrow), ou o Método do Diagrama de Precedência (MDP) (Precedence Diagram Method — PDM) em que os nós representam as atividades do projeto enquanto a setas demonstram as dependências entre elas (Atividade no Nó — Activity on Node), o ponto de partida desse processo é a EAP, em que o escopo do projeto foi cuidadosamente decomposto até o nível de Pacotes de Trabalho.

A EAP também é utilizada como ponto de partida para o **Gerenciamento do Escopo** e é integrante de outros processos do Gerenciamento de Projetos. Como resultado, as normas que definem esses processos dependem da EAP explicitamente ou implicitamente. As normas que se aproveitam do uso da EAP a utilizam como entrada (por exemplo, o *Practice standard for earned value management — EVM* (Gerenciamento de Valor Agregado — GVA) e o *Practice standard for scheduling* do PMI), ou incorporam a EAP como ferramenta preferida para desenvolver a definição do escopo (por exemplo, *Guia PMBOK®*, 3. ed., *OPM3®*). Além disso, outras práticas reconhecidas mundialmente mencionam a EAP como ponto de partida para o escopo. Essas práticas incluem Prince2 (Projects in Controlled Environment), CMMI (Capability Maturity Model Integration) e RUP (Rational Unified Process).

Conceitos de EAP

Conforme notamos no início deste capítulo, a EAP, como definida na terceira edição do *Guia PMBOK®*, é "uma decomposição hierárquica orientada à entrega do trabalho a ser executado pela equipe do projeto, para atingir os objetivos do projeto e criar as entregas necessárias. Ela organiza e define o escopo total do projeto. Cada nível descendente representa uma definição cada vez mais detalhada do trabalho do projeto. A EAP é decomposta em pacotes de trabalho".

Com essa definição, está claro que a EAP fornece uma declaração inequívoca dos objetivos do projeto e das entregas do trabalho realizado. Ela representa uma descrição explícita do escopo, das entregas e resultados do projeto — o "o que" do projeto. A EAP não é uma descrição dos processos seguidos para realizar o projeto... nem aborda o cronograma que define como e quando as entregas serão produzidas. Mais precisamente, a EAP é especificamente limitada a descrever e detalhar os resultados ou escopo do projeto. A EAP é o componente fundamental do gerenciamento de projetos e, como tal, é uma entrada crucial para outros processos do gerenciamento de projetos e entregas, tais como definição das atividades, diagrama de rede do projeto, cronograma do programa e do projeto, relatórios de desempenho, análise e resposta aos riscos, ferramentas de controle e organização do projeto.

Descrição da EAP

Os níveis superiores da EAP geralmente refletem amplamente as áreas de trabalho das entregas do projeto, decompostas em agrupamentos lógicos de trabalho. O conteúdo dos níveis superiores pode variar, dependendo do tipo de projeto e do setor envolvidos. Os elementos inferiores da EAP fornecem detalhes adequados e foco para apoiar os processos de gerenciamento de projetos, tais como o desenvolvimento do cronograma, estimativa de custos, alocação dos recursos, e avaliação de riscos. Os componentes da EAP de nível mais baixo são chamados, como discutimos anteriormente, Pacotes de Trabalho. A definição de glossário para Pacote de Trabalho é, "uma entrega ou componente do trabalho do projeto no nível mais baixo de cada ramo da estrutura analítica do projeto. O pacote de trabalho inclui as atividades do cronograma e os marcos do cronograma necessários para terminar a entrega do pacote de trabalho ou o componente do trabalho do projeto ". (*Guia PMBOK®*, 3. ed., p. 371.) Esses Pacotes de Trabalho definem e contêm o trabalho a ser realizado e monitorado. Eles podem ser utilizados posteriormente como entrada para o processo de criação do cronograma para apoiar a elaboração de tarefas, atividades, recursos e marcos que podem ter custos estimados, programados, monitorados e controlados.

Aqui estão algumas das principais características de Estruturas Analíticas de Projeto de alta qualidade (*Practice standard for work breakdown structures*, 2. ed.):

- Um atributo central da EAP é que é "orientada a entregas" (BERG; COLENSO, 2000). A terceira edição do *Guia PMBOK®* define uma entrega como "Qualquer produto, resultado ou capacidade para realizar um serviço exclusivo e verificável que deve ser produzido para terminar um processo, uma fase ou um projeto". Nesse contexto, *orientada* significa alinhada ou posicionada de acordo com as entregas (ou seja, focada nas entregas).
- Um outro atributo essencial da EAP é que é uma "... decomposição hierárquica do trabalho...". Decomposição é "uma técnica de planejamento que subdivide o escopo do projeto e as entregas do projeto em componentes menores,

mais facilmente gerenciáveis, até que o trabalho do projeto associado à realização do escopo do projeto e ao fornecimento das entregas seja definido em detalhes suficientes para dar suporte à execução, ao monitoramento e ao controle do trabalho "(*Guia PMBOK®*, 3. ed., p. 360). Essa decomposição (ou subdivisão) define, de forma clara e abrangente, o escopo do projeto em termos de subentregas individuais que cada um dos participantes do projeto possa compreender facilmente. O número específico de níveis definido e elaborado para um projeto específico, deverá ser adequado para gerenciar eficazmente o trabalho em questão.

- A Regra 100% (HAUGAN, 2002, p. 17) é um dos princípios mais importantes que orientam o desenvolvimento, a decomposição, e avaliação da EAP. Essa regra estabelece que a EAP inclui 100% do trabalho definido pelo escopo do projeto e, portanto, capta *todas* as entregas — internas, externas e provisórias — em termos do trabalho a ser concluído, incluindo o gerenciamento do projeto. A regra se aplica a todos os níveis dentro da hierarquia; a soma do trabalho em nível "filho" deve ser igual a 100% do trabalho representado pelo "pai". A EAP não deve incluir nenhum trabalho que esteja fora do escopo real do projeto; ou seja, ela não pode incluir mais do que 100% do trabalho.

A Metáfora da Casa — Um Exemplo Consistente

Ao longo do livro, e deste ponto em diante, discutiremos a utilização da EAP na execução de projetos. Mostraremos como a EAP é concebida e criada durante as fases de Iniciação e Planejamento, além de descrevermos e esclarecermos as maneiras pelas quais a EAP é utilizada como base para a tomada de decisões pelo restante do projeto, durante Execução, Monitoramento e Controle e Encerramento do projeto.

Com isso em mente, desenvolvemos um pequeno exemplo — uma EAP de projeto fictícia a qual nós recorreremos quando quisermos explicar um conceito ou descrever a aplicação de uma teoria. Esse exemplo — nossa EAP para a construção de uma casa — está intencionalmente escasso e não precisamente correto. Nós o estamos utilizando como uma metáfora para outras Estruturas Analíticas de Projeto mais complexas.

Aqui, a Metáfora da Casa nos permitirá informar conceitos fundamentais e nos ajudará a articular nosso diálogo com você. Quando se tornar necessário, e para reforçar conceitos que apresentamos em capítulos posteriores, utilizaremos outros exemplos de EAP que estejam totalmente elaborados e completos. Mas quando fizermos isso, estaremos reforçando conceitos que apresentamos anteriormente, ou mostrando como mais de um conceito está unido junto em um exemplo mais amplo de EAP.

Conforme começamos, porém, temos de pedir a você para se juntar a nós na "suspensão da descrença" sobre a exatidão e concepção da Metáfora da Casa. Se você tem familiaridade com construção de casas ou com o trabalho no setor da construção, provavelmente encontrará muitas razões para desafiar nosso exemplo. Na verdade, se você tem familiaridade com o desenvolvimento de Estruturas Analíticas de Projeto, provavelmente também encontrará várias oportunidades para dissecar a Metáfora da Casa. Para encontrar valor no livro, queremos que você aceite a Metáfora da Casa como válida e concorde em aceitá-la como o exemplo que é, para descrever conceitos.

A Metáfora da Casa em sua mais simples construção — a visão na delineada — é mostrada na Demonstração 1.2.

```
1 Projeto da Casa
    1.1 Estrutura Primária
        1.1.1 Construção da Fundação
            1.1.1.1 Layout-Topografia
            1.1.1.2 Escavação
            1.1.1.3 Despejo do Concreto
        1.1.2 Construção das Paredes Exteriores
        1.1.3 Construção do Telhado
    1.2 Infraestrutura Elétrica
    1.3 Infraestrutura Hidráulica
    1.4 Construção das Paredes Interiores: Acabamento Rústico
```

Demonstração 1.2   Metáfora da Casa — Exemplo na Forma Delineada.

Você verá esse exemplo várias vezes ao longo do livro. Nós o utilizaremos em sua forma completa, utilizaremos partes dele, o representaremos de outras formas e mostraremos a você como ele se relaciona a outros processos de gerenciamento de projetos por meio da elaboração de várias partes da Metáfora da Casa. Qualquer que seja o caso, usaremos esse exemplo como uma linha, ou vários "farelos de pão" que deixaremos para você sempre achar o caminho pelo livro. Procure pela Metáfora da Casa e, rapidamente, você estará de volta na trilha certa.

• Resumo do Capítulo •

Este capítulo apresenta tópicos importantes com relação à história da EAP e sua aplicação em projetos, desde o início de seu uso e desenvolvimento com o Departamento de Defesa dos Estados Unidos e com a NASA (Agência Espacial Norte-Americana), até a aplicação das Estruturas Analíticas de Projeto nos projetos de hoje.

O mais importante é que este capítulo introduz uma série de verdades fundamentais sobre as Estruturas Analíticas de Projeto, incluindo a significativa evolução da própria definição de EAP. Essa evolução surpreendente mostra como o pensamento sobre a EAP progrediu e avançou durante os últimos quarenta anos, quando era apenas uma simples declaração sobre seus atributos...

- Uma "árvore genealógica de atividades orientada a tarefas"

Para o que é agora reconhecido internacionalmente como o último pensamento sobre sua utilidade e função,

- "Uma decomposição hierárquica orientada à entrega do trabalho a ser executado pela equipe do projeto, para atingir os objetivos do projeto e criar as entregas necessárias. Ela organiza e define o escopo total do projeto. Cada nível descendente representa uma definição cada vez mais detalhada do trabalho do projeto. A EAP é decomposta em Pacotes de Trabalho. A orientação da hierarquia para a entrega inclui entregas internas e externas."

Essa definição detalhada e totalmente elaborada reflete o cuidado que foi tomado ao longo das últimas quatro décadas para explicar e documentar a verdadeira função e o papel que a EAP desempenha como alicerce fundamental para projetos e programas.

Conceitos básicos, essenciais para o entendimento e aplicação eficaz das Estruturas Analíticas de Projeto, são apresentados neste capítulo. Primeiro, explicamos como cada nível descendente da EAP é realizado, por meio do processo de decomposição, para atingir o nível mais baixo da EAP, o Pacote de Trabalho. Adicionalmente, nós introduzimos a orientação da Regra 100% fornecida por uma autoridade do exército norte-americano altamente considerada em Estruturas Analíticas de Projeto. Esse conceito, juntamente com uma série de outros, é discutido brevemente neste capítulo. Nos próximos capítulos, cada um dos conceitos é desenvolvido em mais detalhes.

Finalmente, este capítulo introduz um novo conceito e alguns "farelos de pão" para auxiliar na jornada pelos princípios e práticas da EAP. Essa série de "farelos de pão" começa com um exemplo fictício da Metáfora da Casa, que os autores desenvolveram para estabelecer um caminho e um tema comum ao longo do livro desde a Iniciação e o Planejamento até a Execução, o Monitoramento e o Controle e, finalmente, o Encerramento. Esses conceitos apresentados durante o livro utilizam essa metáfora e dependem de sua simplicidade para ajudar a orientar o leitor pelo ciclo de vida típico de um projeto começando neste capítulo e progredindo até o Capítulo 10.

• Questões do Capítulo •

1. De acordo com as normas atuais do PMI, Estruturas Analíticas de Projeto são:
   a. Orientadas a atividades.
   b. Orientadas a processos.
   c. Orientadas a entregas.
   d. Orientadas ao tempo.

2. Os elementos no nível mais baixo da EAP são chamados _____.
   a. Contas de Controle.
   b. Pacotes de Trabalho.

c. Entregas da EAP.

   d. Elementos da EAP de nível mais baixo .

3. O(A) _____ é utilizado(a) como ponto de partida para a criação da EAP.

   a. Declaração do Escopo Preliminar do Projeto.

   b. Descrição do Escopo do Produto.

   c. Declaração do Escopo do Produto Final.

   d. Termo de Abertura do Projeto.

4. Qual das seguintes alternativas corresponde a características fundamentais de uma Estrutura Analítica de Projeto de alta qualidade? (Selecione todas que se aplicam:)

   a. Orientada a atividades.

   b. Orientada a entregas.

   c. Hierárquica.

   d. Inclui somente os produtos, serviços ou resultados finais do projeto.

   e. Aplica inteiramente a Regra 100%.

5. Quem inicialmente desenvolveu Estruturas Analíticas de Projeto?

   a. Departamento de Defesa dos Estados Unidos e a NASA.

   b. Construtores das grandes pirâmides do Egito.

   c. Arquitetos do Coliseu de Roma.

   d. Agência Espacial Russa.

• Referências •

BERG, Cindy; COLENSO, Kim. Work breakdown structure practice standard project — WBS vs. activities. *PM Network*, v. 14, n. 4, p. 69-71, apr. 2000.

CLELAND, David I. Project management: an innovation of thought and theory. *Air University Review*, v. 16, nov.-dec. 1964.

HAUGAN, Gregory T. *Effective work breakdown structures*. Vienna, VA: Management Concepts, 2002.

HOMER, John L.; GUNN, Paul D. Work structuring for effective project management. In: *Project Management Institute 26th Annual Seminar/Symposium*. Nova Orleans, Louisiana, oct. 1995, p. 84.

KERZNER, H. *Project management:* a systems approach to planning, scheduling, and controlling, 6. ed. Nova York: John Wiley & Sons, 1997.

NATIONAL AERONAUTICS AND SPACE ADMINISTRATION. *NASA PERT and Companion Cost System Handbook*. Washington, DC: U.S. Government Printing Office, 1962.

PRITCHARD, Carl L. *How to build a work breakdown structure*: the cornerstone of project management. Arlington, VA: ESI International, 1998.

PROJECT MANAGEMENT INSTITUTE. *A guide to the project management body of knowledge*. Newtown Square, PA: Project Management Institute, 1996.

PROJECT MANAGEMENT INSTITUTE. *A guide to the project management body of knowledge (PMBOK® Guide)*. 2. ed. Newtown Square, PA: Project Management Institute, 2000.

PROJECT MANAGEMENT INSTITUTE. *A guide to the project management body of knowledge (PMBOK® Guide)*. 3. ed. Newtown Square, PA: Project Management Institute, 2004.

PROJECT MANAGEMENT INSTITUTE. *Organizational project management maturity model (OPM3®) knowledge foundation*. Newtown Square, PA: Project Management Institute, 2003.

PROJECT MANAGEMENT INSTITUTE. *Practice standard for earned value management (EVM)*. Newtown Square, PA: Project Management Institute, 2004.

PROJECT MANAGEMENT INSTITUTE. *Practice standard for scheduling.* Newtown Square, PA: Project Management Institute, 2007.

PROJECT MANAGEMENT INSTITUTE. *Practice standard for work breakdown structures*. 2. ed. Newtown Square, PA: Project Management Institute, 2004.

PROJECT MANAGEMENT INSTITUTE. *The project management body of knowledge (PMBOK®)*. Newtown Square, PA: Project Management Institute, 1987.

Capítulo 2

Aplicação dos Conceitos e Atributos da EAP

• **Visão Geral do Capítulo** •

Este capítulo fornece uma introdução para conceitos fundamentais e descreve as características de qualidade da EAP. Os atributos da EAP são descritos aqui, assim como o conceito de decomposição. O capítulo vai avaliar o uso da EAP aplicada a projetos e também a programas, portfólios e empresa ou nível institucional. O capítulo se encerra com uma discussão das representações da EAP e com a apresentação das ferramentas para a criação e o gerenciamento de Estruturas Analíticas de Projeto.

As grandes seções deste capítulo são:
- Atributos da EAP
- Decomposição da EAP
- EAP em Projetos, Programas, Portfólios e nas Empresas
- Representações da EAP
- Ferramentas para EAP

Atributos da EAP

Embora haja consenso geral de que a EAP é a fundação sobre a qual vários processos importantes de gerenciamento de projetos e ferramentas se baseiam, surpreendentemente há pouco consenso sobre a melhor forma de criação da EAP. Portanto, antes de mergulharmos, nos próximos capítulos, na criação e utilização da EAP no ciclo de vida do gerenciamento de projetos, é importante entender os atributos fundamentais de uma Estrutura Analítica de Projeto de alta qualidade. Por meio da descrição dos atributos de uma Estrutura Analítica de Projeto de alta qualidade, você pode começar a compreender o verdadeiro poder da EAP e como aplicá-lo de maneira eficaz em projetos, programas, portfólios e assim por diante.

Com o lançamento da segunda edição do *Practice standard for work breakdown structures*, do Project Management Institute (PMI), dois princípios de qualidade para a

EAP foram introduzidos. Esses princípios de qualidade capturam precisamente a essência de uma EAP de alta qualidade:

1. Uma EAP de qualidade é uma EAP construída de maneira que satisfaça todos os requisitos para o seu uso em um projeto (*Practice standard for work breakdown structures*, 2. ed., p. 19),
2. As características de qualidade para a EAP se aplicam a todos os níveis de definição do escopo (*Practice standard for work breakdown structures*, 2. ed., p. 22).

Desses dois princípios, fica claro que uma EAP de qualidade deve satisfazer todos os requisitos para o seu uso, em qualquer nível, seja no projeto, no programa, no portfólio ou nas empresas. Esse conceito de preencher os requisitos de utilização se enreda perfeitamente com o conceito de qualidade definido na terceira edição do *Guia PMBOK®*, em que a qualidade é definida como "O grau com que um conjunto de características inerentes atende aos requisitos" (*Guia PMBOK®*, 3. ed., p. 371).

Quando aplicamos esses princípios de qualidade ao mundo real, rapidamente se torna aparente que *uso* é, algumas vezes, relativo ao projeto ou programa ao qual está sendo aplicado. A segunda edição do *Practice standard for work breakdown structures* leva isso em conta por meio da definição adicional de dois subprincípios. Esses subprincípios de qualidade apresentam os conceitos de Características Principais e Características Relacionadas ao Uso.

Características Principais da EAP

As **Características Principais** são um conjunto *mínimo* dos atributos específicos que devem estar presentes em toda EAP. Se a EAP adere a essas características, é dito que ela tem Qualidade Principal. Esses atributos principais são claros como a água. Uma EAP, ou possui essas características, ou não. Uma EAP com Qualidade Principal:

- É orientada a entregas
- É hierárquica e construída de tal forma que (a) cada nível de decomposição inclui 100% do trabalho de seu elemento-pai, e (b) cada elemento-pai possui ao menos dois elementos-filho
- Define o escopo total do projeto e inclui todos os elementos de trabalho relativos ao projeto, inclusive todas as entregas internas, externas e provisórias
- Inclui apenas aqueles elementos que serão entregues pelo projeto (e nada que seja considerado fora do escopo)
- Utiliza substantivos e adjetivos, e não verbos, para descrever as entregas
- Emprega um esquema de codificação que descreve claramente a natureza hierárquica do projeto
- Contém, pelo menos, dois níveis de decomposição

- É criada por aqueles que realizam o trabalho, com contribuição técnica dos especialistas e de outras partes interessadas do projeto
- Inclui o Gerenciamento do Programa ou do Projeto no segundo nível da hierarquia
- Inclui um Dicionário da EAP que descreve e define as fronteiras dos elementos da EAP
- Contém pacotes de trabalho que claramente apoiam a identificação de tarefas, atividades e marcos que devem ser realizados para entregar o pacote de trabalho
- Comunica o escopo do projeto a todas as partes interessadas
- É atualizada de acordo com os procedimentos de gerenciamento de mudanças do projeto

A orientação a entregas de uma EAP é tão importante que está incluída diretamente na definição de Estrutura Analítica de Projeto. As entregas, como os produtos do trabalho do projeto, permitem que o escopo total do projeto seja facilmente definido.

Conforme percebido no Capítulo 1, a EAP define o "o que" do projeto. Cada elemento da EAP deve ser expresso como substantivo e adjetivo, não verbo e objeto, o que implicaria ação. A forma de substantivo e adjetivo assegura que os elementos da EAP sejam expressos como entregas, não como tarefas. O exemplo da Figura 2.1 descreve uma EAP com qualidade orientada a entregas. Perceba como as entregas, em cada nível, são rotuladas com a utilização de substantivos e adjetivos. Agora compare o exemplo da Figura 2.1 com a ilustração orientada a tarefas na Figura 2.2.

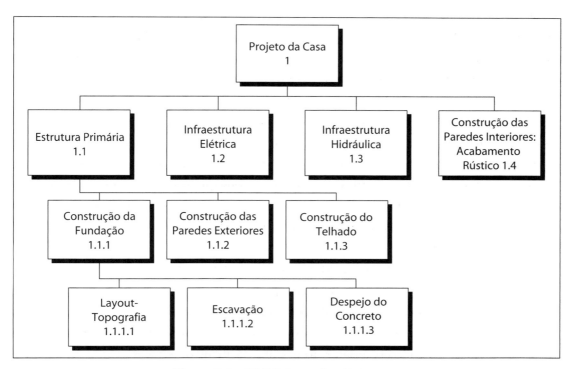

Figura 2.1   EAP Orientada a Entregas.

Estruturas Analíticas de Projeto

Capítulo 2   Aplicação dos Conceitos e Atributos da EAP

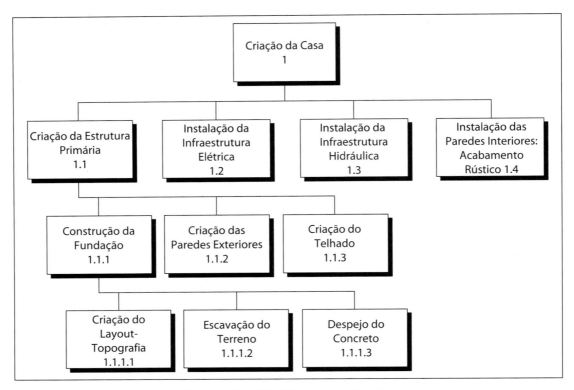

Figura 2.2   EAP Orientada a Tarefas.

Nesse exemplo, os elementos da EAP são expressos utilizando a forma verbo-objeto. Nesses tipos de Estruturas Analíticas de Projeto orientadas a tarefas ou processos, o trabalho é descrito como um processo ou ação. Isso implica que o produto final do elemento da EAP é um processo refinado, em vez das entregas reais do processo. O desempenho do processo, mais do que suas saídas, torna-se o foco do trabalho e, como tal, é possível realizar o processo com perfeição sem nunca produzir entregas específicas. Se esse é o caso, fica muito difícil saber quando as entregas foram concluídas ou quando os critérios de aceitação foram atendidos. A princípio, Estruturas Analíticas de Projeto orientadas a processos parecem lógicas e completas, mas também servem para encobrir e ocultar os verdadeiros objetivos (resultados) do trabalho. Problemas que podem ser diretamente relacionados ao desenvolvimento de Estruturas Analíticas de Projeto orientadas a processos incluem falta de definições claras das entregas do projeto e o uso não frequente do Dicionário da EAP para definir e explicar os resultados. Frequentemente ausentes, também, estão as fronteiras e os critérios de aceitação para cada entrega. Isso resulta em dificuldades na medição do andamento das entregas, já que partes dos componentes do projeto podem estar espalhados pelos múltiplos elementos da EAP na hierarquia (PRITCHARD, 1998, p. 9). Por esses motivos, a Figura 2.2 não representa uma EAP de qualidade.

Outro aspecto importante das Características Principais da EAP é o reforço da ideia de que a EAP inclui o escopo total do esforço do projeto, incluindo todas as entregas. Justamente por isso, a EAP não deve absolutamente conter nenhum elemento ou entrega que não esteja incluído no escopo do projeto. Muitos gerentes de projetos frequentemente confiam na velha declaração, "Se não está na EAP, não está no escopo." Isso é tão verdade hoje, como sempre foi.

As Características Principais também apresentam o conceito da **Regra 100%**. Essa regra diz que "o nível seguinte de decomposição de um elemento da EAP (nível filho) deve representar 100 por cento do trabalho aplicável ao elemento superior próximo (pai)" (HAUGAN, p. 17). Essa regra assegura que, enquanto a hierarquia da EAP é decomposta em níveis adicionais de detalhe, nenhum componente do escopo é perdido. Assegurando que cada nível de decomposição inclui 100% das entregas dos elementos-pai, um Gerente de Projetos pode garantir que o resultado final da definição da EAP seja um conjunto de pacotes de trabalho que definem todas as entregas necessárias do projeto ou programa. A Regra 100% é fundamental para o desenvolvimento das Estruturas Analíticas de Projeto. Nós mencionaremos isso várias vezes ao longo do livro.

As Características Principais também descrevem atributos básicos que devem estar presentes em toda EAP, independentemente do tipo de projeto, setor ou contexto. Toda Estrutura Analítica de Projeto deve ser hierarquicamente definida com um esquema de codificação que ilustre claramente a hierarquia da EAP. Isso é necessário para garantir que haja um relacionamento próximo e facilmente reconhecível entre todos os elementos em uma determinada EAP, enquanto simultaneamente deixa claro que há uma diferença entre os elementos da EAP de um projeto e aqueles de uma EAP de um projeto diferente. Para ilustrar, imagine dois projetos de um programa chamado "Programa Vermelho". Os dois projetos dentro do Programa Vermelho são o Projeto A e o Projeto B. Três elementos da EAP do Projeto A são chamadas A.1 — Planejamento de Testes; A.1.1 Resultados Esperados e A.1.2 — Casos de Teste. O Projeto B também utiliza exatamente os mesmos elementos de EAP, mas os nomeia singularmente para o seu uso. O Projeto B define os mesmos elementos de EAP como B.1 — Planejamento de Testes; B.1.1 — Resultados Esperados e B.1.2 — Casos de Teste. Embora esses elementos produzam os mesmos resultados, utilizem as mesmas palavras e sejam utilizados em dois projetos dentro do mesmo programa, eles são facilmente identificáveis como partes de projetos separados.

Nas Figuras 2.1 e 2.2, o topo do quadro reflete o nível do projeto e está codificado pelo numeral 1. O nível seguinte de decomposição, o nível 2, está dividido em 1.1, 1.2, 1.3 e 1.4. Esse tipo de esquema de codificação é um elemento crucial para a qualidade das Estruturas Analíticas de Projeto. O emprego de um esquema de codificação único para cada elemento da EAP em um projeto, incluindo o elemento no nível 1 da EAP, facilita a identificação de diferenças entre um projeto e outro, entre um agrupamento de elementos e outro, ou entre elementos individuais, mesmo se os elementos são apresentados em quantidades únicas e independentes. Por exemplo, é fácil ver que um elemento de uma EAP hierarquicamente rotulado "X.2.1.1" não faz parte da estrutura da EAP que inclui o elemento hierarquicamente rotulado "A.B.3.2.1". O primeiro é um elemento do projeto X, enquanto o outro é um elemento do projeto A. Como você pode ver, o esquema de codificação não precisa ser totalmente numérico. Aliás, qualquer combinação de caracteres e ícones, contanto que sejam hierárquicos, funcionará bem.

Embora a EAP seja hierárquica, isso não significa que a representação da EAP deva ser retratada como um organograma. O organograma pode ser uma representação bem familiar da EAP, mas uma EAP de qualidade pode ser representada de várias formas, como você verá mais adiante neste capítulo — e todas as formas são válidas. O aspecto importante é assegurar que a EAP comunique claramente o escopo do projeto para todas as partes interessadas. Para realizar isso de forma eficaz, um gerente de projetos pode optar por ilustrar a EAP em mais de uma maneira.

As Características Principais da EAP incluem o conceito de Pacotes de Trabalho, o elemento da EAP em nível mais baixo. Esse conceito é importante, pois são esses Pacotes de Trabalho que futuramente serão decompostos em tarefas, atividades e marcos, como parte da transição da EAP para o Cronograma do Projeto. Embora essa transição seja descrita em mais detalhes nos próximos capítulos, é importante notar que os Pacotes de Trabalho devem claramente apoiar a identificação de tarefas, atividades e marcos que serão necessários para criar apropriadamente as entregas planejadas do projeto.

Características da EAP Relacionadas ao Uso

Se é verdade que uma EAP de qualidade é construída de tal maneira que satisfaça todas as suas necessidades planejadas, então o que nessas necessidades diferencia uma EAP de outra? Nós temos certeza de que todas as Estruturas Analíticas de Projeto não são iguais — então o que as difere e as torna únicas?

É aí que entra em cena o conceito de **Características Relacionadas ao Uso**. Elas incluem aqueles atributos adicionais que variam de um projeto para outro, entre os setores, os ambientes ou na maneira como a EAP é aplicada dentro do projeto. Com as Características Relacionadas ao Uso, a qualidade da EAP depende de quão bem o conteúdo específico e os elementos da EAP abordam o conjunto total das necessidades do projeto ou programa. Isso implica que quanto mais necessidades a EAP atender, maior a qualidade resultante da EAP.

Exemplos de Características Relacionadas ao Uso incluem, mas não se limitam a, as seguintes:

- Atinge um nível de decomposição suficiente para permitir controle e gerenciamento apropriados
- Fornece detalhamento suficiente para delimitar e comunicar o escopo do projeto em sua totalidade

- Contém tipos específicos de elementos da EAP necessários para o projeto
- Permite claramente a atribuição de responsabilidade em nível apropriado, independentemente de a EAP ser de um programa ou um projeto individual.

O que, exatamente, significa *suficiente* nesses exemplos? Bem, como muitas outras respostas em gerenciamento de projetos, a resposta verdadeira é: "Depende". Como percebemos anteriormente, o conceito de Características Relacionadas ao Uso implica que a resposta para essa questão varia de projeto para projeto. As necessidades de um projeto diferem muito das necessidades do projeto seguinte. Isso posto, *suficiente* é o grau em que uma necessidade particular é satisfeita para utilização em um projeto específico.

Não existem dois projetos e programas iguais. As diferenças podem estar no resultado do tipo de projeto, na organização, no tipo de entregas, na complexidade ou em vários outros fatores. Dadas as diferenças entre os projetos, não há um padrão para o nível de decomposição necessário que possa ser aplicado a todos os projetos e que permita gerenciamento e controle adequados para os projetos. Projetos complexos podem necessitar de níveis adicionais de decomposição quando comparados a um projeto simples. Isso também é válido para comunicar o escopo do projeto. O nível de detalhamento necessário para delimitar e comunicar eficazmente o escopo do projeto também depende dos requisitos do projeto em questão.

Como todos os projetos são diferentes, também são os seus requisitos. Isso significa que os tipos de elementos de EAP necessários para satisfazer todos os requisitos serão diferentes de projeto para projeto. Alguns projetos podem exigir elementos de EAP de nível de esforço enquanto outros podem exigir elementos distintos baseados em um ciclo de vida específico de desenvolvimento de produto. **Nível de esforço** é definido pelo PMI como qualquer "atividade auxiliar (por exemplo, contato com fornecedor ou cliente, contabilidade de custos do projeto, gerenciamento do projeto etc.), que não se presta prontamente à medição de realizações distintas. É geralmente caracterizado por um ritmo uniforme de desempenho do trabalho durante um período de tempo determinado pelas atividades suportadas" (Errata do *PMBOK®*, 3. ed., p. 363). Isso difere do esforço distinto, o qual é definido como "Esforço de trabalho diretamente identificável para o término de componentes específicos da estrutura analítica do projeto e entregas, e que pode ser diretamente planejado e medido" (Errata do *PMBOK®*, p. 359. Como a definição destaca, elementos de nível de esforço da EAP são geralmente usados em instâncias onde não há entrega concreta. Exemplos disso incluem acompanhamento administrativo de projeto e o gerenciamento real e controle do projeto. Elementos distintos da EAP são aqueles em que há uma entrega definível e tangível. Exemplos podem ser: um documento, um componente de uma interface gráfica do utilizador (GUI) ou mesmo um resultado específico (aplicação testada).

Os exemplos apresentados na Figura 2.3 e 2.4 são ilustrações tiradas de duas Estruturas Analíticas de Projeto. Estão incluídos aqui para mostrar como o nível de detalha-

Estruturas Analíticas de Projeto

mento da EAP diferirá, dependendo das necessidades do projeto. Enquanto uma EAP é muito breve e simples, a outra é maior e mais complexa. Ambas são Estruturas Analíticas do Projeto válidas, mas os esforços que elas representam têm intenções e resultados diferentes e apresentam escopos imensamente discrepantes. A Figura 2.3 pode representar uma simples implementação de aplicação, tal como instalar uma ferramenta de processamento de texto em um computador pessoal desktop ou servidor departamental. Em contrapartida, a Figura 2.4 é mais complexa e representa uma aplicação personalizada, incluindo entregas para a definição, construção, testes e implantação da aplicação.

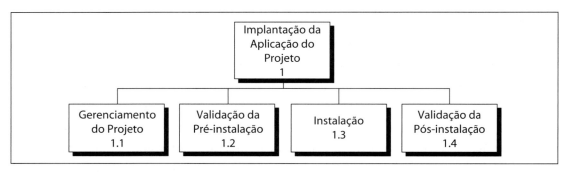

Figura 2.3   EAP Simples.

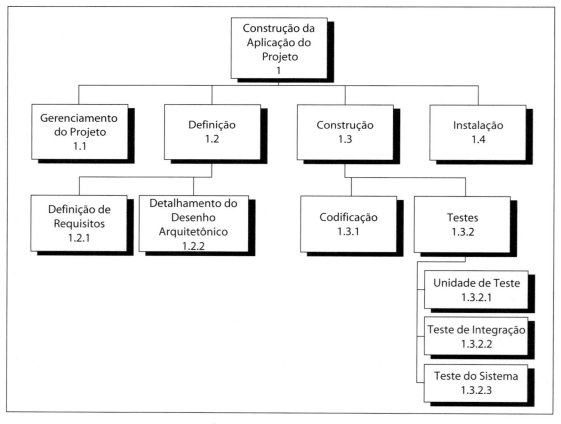

Figura 2.4   EAP Extensa.

Considerando que as Características Principais se aplicam universalmente a todo projeto, as Características Relacionadas ao Uso dependem dos requisitos específicos para cada projeto. Isso implica que o nível de qualidade da EAP está correlacionado diretamente à capacidade da EAP em satisfazer as necessidades do projeto.

Decomposição da EAP

O desenvolvimento da EAP pode ser descrito como um processo de decomposição que culmina em um nível de detalhe que capta com precisão todo o escopo do projeto, enquanto fornece simultaneamente um nível apropriado de detalhamento para uma comunicação eficaz, gestão e controle. Mas quanto detalhe é adequado? A verdadeira resposta é: "Depende". Essa é a essência das Características da EAP Relacionadas ao Uso. O nível de detalhamento depende das necessidades do projeto, com o gerente do projeto trabalhando para acertar o equilíbrio adequado entre complexidade, comunicações, riscos e a necessidade por controle.

Como ilustração, vamos supor que temos dois projetos similares para implementar. O primeiro projeto está com um Gerente de Projetos experiente e uma equipe que trabalhou junta anteriormente em projetos semelhantes. O segundo projeto está com um Gerente de Projetos experiente, mas uma equipe inexperiente, que nunca realizou esse tipo de trabalho. Neste exemplo, provavelmente o Gerente de Projeto para a segunda equipe irá preparar uma EAP mais detalhada, pois a equipe do projeto precisará dos níveis adicionais de detalhamento. A EAP para o primeiro projeto permanecerá, provavelmente, a um nível superior, pois a equipe do projeto é experiente e sabe o que precisa ser feito. Novamente, o nível de detalhamento depende das necessidades específicas do projeto.

Curiosamente, a decomposição total da EAP nem sempre ocorre no início do projeto. Em muitos projetos grandes e complexos, a equipe do projeto pode inicialmente decompor a EAP parcialmente, com a decomposição completa ocorrendo mais tarde, quando mais informações são conhecidas. Alternativamente, algumas partes da EAP podem ser totalmente decompostas, enquanto outras partes são decompostas mais tarde. Esse estilo de decomposição em "ondas sucessivas" (*Guia PMBOK®*, 3. ed., p. 374) ilustra como a EAP pode ser utilizada para satisfazer as necessidades do projeto, mesmo quando essas necessidades mudam durante o ciclo de vida do projeto.

Não importa qual nível de decomposição é certo para um projeto, as Características Principais da EAP são sempre aplicáveis. Entre elas está a aplicação consistente da regra 100% do início ao fim da EAP. Em todos os níveis, os nós de trabalho do elemento-filho devem sempre representar 100% do trabalho do nó do elemento-pai. Além disso, deve ser lembrado que a decomposição dos elementos dentro de uma hierarquia de

EAP não precisa ter o mesmo número de níveis. É perfeitamente aceitável ter níveis variados de detalhe dentro de uma única hierarquia de EAP.

A lógica de decomposição da EAP também é algo que varia de projeto para projeto. As formas mais comuns de decomposição da EAP são divididas pelos seguintes elementos:

- Função
- Papel
- Método
- Entregas (componentes)

Em uma divisão funcional de uma EAP, os resultados do projeto são agrupados por função de negócio enquanto a orientação à entrega da EAP é retida. Essa forma de divisão contribui para facilitar a comunicação das responsabilidades das organizações interessadas envolvidas no projeto. Semelhantemente às divisões funcionais, divisões com base em funções também facilitam a comunicação das responsabilidades pelas entregas. Agrupamentos de trabalho orientados para métodos geralmente organizam os resultados do projeto baseados em uma metodologia definida ou processo de entrega. Isso, por sua vez, ajuda a facilitar a compreensão dos resultados do projeto para a equipe do projeto e outras partes interessadas do projeto. Divisões por entregas ou componentes de nível superior são muito comuns e utilizadas em muitos setores e tipos de projetos. Essa forma de decomposição é independente da organização do projeto ou metodologia de execução. Em muitos casos, isso mantém a EAP simples e direta. Muitas vezes, a escolha de qual lógica de divisão utilizar é definida pelas normas de execução da organização. Em outros casos, o Gerente do Projeto é livre para escolher. Qualquer que seja a opção escolhida, a seleção de qual lógica de divisão utilizar é ainda uma outra Característica Relacionada ao Uso para projeto ou programa em questão.

A Figura 2.1 reproduz uma visão de componente/entrega para a EAP do exemplo da Casa. A Figura 2.5 mostra uma representação alternativa da mesma EAP organizada por função. As duas representações contêm os mesmos Pacotes de Trabalho, elementos de nível mais baixo na EAP. A principal diferença é a organização do nível mais alto dos elementos da EAP.

Em Estruturas Analíticas de Projeto de qualidade, cada Pacote de Trabalho deve representar uma entrega discreta do projeto, seja produto, serviço ou resultado. Os Pacotes Trabalho diferem das tarefas e atividades em que estes são entregas expressas na forma substantivo-objeto. Como parte da transição da EAP para o Cronograma do Projeto, cada pacote de trabalho será decomposto mais adiante em tarefas, atividades e marcos que serão expressos na forma verbo-objeto. Essas tarefas, atividades e marcos não são parte da EAP, mas sim parte do Cronograma do Projeto. Essa questão é discutida em mais detalhes no Capítulo 7.

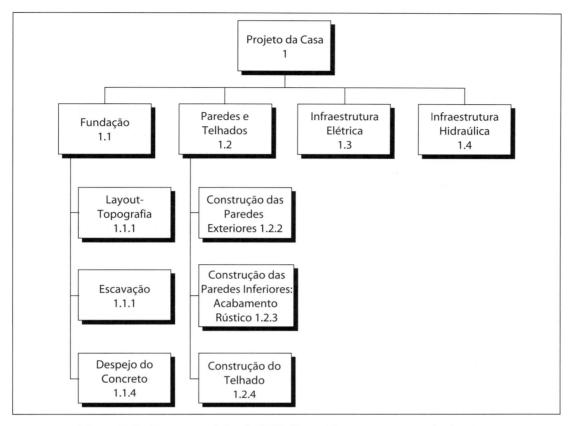

Figura 2.5 Decomposição de EAP alternativa para o exemplo da casa.

EAP em Projetos, Programas, Portfólios e nas Empresas

Estruturas Analíticas de Projeto foram, durante muito tempo, a base para a gestão de projetos individuais. Nos últimos anos, tem havido uma crescente tendência para a utilização da EAP em ajudar a planejar e gerenciar programas e portfólios. Conforme a utilização da EAP em programas e portfólios começa a ocupar espaço, acreditamos que a aplicação da EAP se expandirá ao nível empresarial. A segunda edição do PMI *Practice standard for work breakdown structures* reconhece essa tendência de utilização da EAP além do nível de projeto, definindo um princípio de qualidade para isso. Esse segundo princípio de qualidade da EAP declara que as características de qualidade da EAP se aplicam a todos os níveis da definição do escopo.

Conforme ilustrado na Figura 2.6, o relacionamento entre projetos, programas, portfólios e empresas seguem as mesmas regras e características que uma EAP de um único projeto. Um ou mais projetos podem ser considerados parte de um programa, que juntamente com outros programas, são parte de um portfólio. Por sua vez, um ou mais portfólios formam os investimentos de uma determinada empresa.

Estruturas Analíticas de Projeto

Capítulo 2   Aplicação dos Conceitos e Atributos da EAP

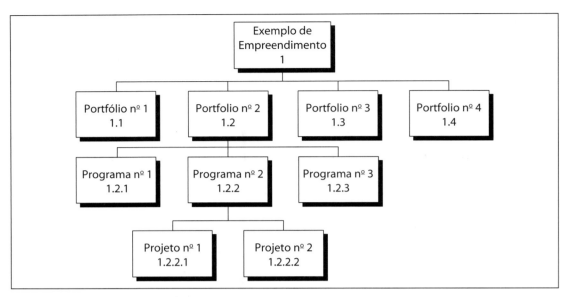

Figura 2.6   EAP da Empresa modelo.

No início do capítulo, vimos que existem várias maneiras para se decompor a EAP de um projeto. Isso é verdade também com programas e portfólios. Cada uma pode ser organizada em uma miríade de formas, incluindo agrupamento por linha de negócio, organização ou função. O aspecto importante a lembrar é que a lógica da decomposição satisfaz as necessidades do negócio. Assim como os pacotes de trabalho para um projeto individual são recolhidos ao nível de projeto, eles também podem ser recolhidos para definir o escopo de um programa ou portfólio. Nesse contexto, os programas e os portfólios também são considerados entregas de nível superior que, por sua vez, são decompostos em resultados mais detalhados (projetos completos) mais abaixo na hierarquia. Além disso, a Regra 100% deve ser usada para garantir que todas as decomposições de portfólios e programas compõem 100% do escopo do elemento-pai.

Quanto maior o nível da hierarquia do projeto-programa-portfólio-empresa, mais difícil torna-se definir o conjunto completo de entregas. A dimensão e a complexidade de muitas organizações fazem esse tipo de análise difícil. Mas enquanto esse esforço pode ser difícil, pode render grandes benefícios.

Uma organização altamente madura, por projetos é uma em que os *projetos* estejam efetivamente fornecendo entregas, serviços e resultados. Estes, por sua vez, fazem parte de *programas* que estão entregando os benefícios necessários para a organização patrocinadora. Esses benefícios, por sua vez, fazem parte do plano estratégico e dos objetivos da organização que são definidos pelos diferentes portfólios em que a empresa optou por investir. Se efetivamente conectados, o escopo de um determinado projeto pode ser rastreado diretamente aos benefícios entregues pelo programa sobre ele que é um componente do plano estratégico da organização. Essa ligação, se claramente definida e mantida, pode ajudar uma organização a garantir que seus investimentos em programas e projetos tragam o máximo de retorno para os investidores e proprietários.

A EAP pode ser uma ferramenta eficaz para ajudar organizações a planejar, comunicar e gerenciar os diversos portfólios, programas e projetos em toda uma hierarquia empresarial. Assim como existem múltiplas abordagens para a decomposição de projetos, também existem muitos pontos de vista com os quais Estruturas Analíticas de Projeto para os níveis de portfólio e da empresa podem ser organizadas. Esses pontos de vista podem ser representados como agrupamentos de trabalho baseados em ênfases organizacionais, estratégicas, financeiras, culturais ou de riscos.

Representações da EAP

Um dos principais atributos das Estruturas Analíticas de Projeto é que elas são criadas para comunicar o escopo às diversas partes interessadas do projeto ou programa. Resulta, portanto, que para comunicar o escopo a diferentes grupos de interessados, diferentes representações da EAP podem ser necessárias.

Não há uma única ou exclusiva representação "correta" para as Estruturas Analíticas de Projeto; contudo, elas são comumente representadas em uma das três formas familiares de visualização — forma delineada, tabular ou estrutura de árvore. Cada visualização, por sua vez, pode assumir muitas formas. No Capítulo 7, será introduzida uma representação que fornece uma nova abordagem para representar o escopo do projeto. Essa nova abordagem, o Diagrama de Relacionamento do Escopo, traz à vanguarda o conceito de *Inclusão*, que se relaciona ao escopo. As figuras no restante desta seção descreverão várias representações comuns da metáfora da Casa, descrita no Capítulo 1.

A forma de visualização mais comum de uma EAP é a estrutura de árvore invertida ou organograma, como representado na Figura 2.7. Nessa versão da EAP, é empregada uma estrutura típica de organograma. Aqui, a raiz da árvore é o topo e a EAP é decomposta verticalmente para o final do diagrama.

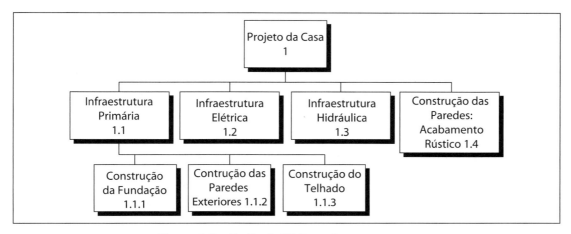

Figura 2.7 Estilo de EAP em Organograma.

Estruturas Analíticas de Projeto

Embora a estrutura típica de organograma seja muito comum, não é a única representação de uma visualização em estrutura de árvore. Na Figura 2.8, a estrutura é modificada de tal forma que a raiz da árvore está à esquerda e a decomposição se move horizontalmente para a direita.

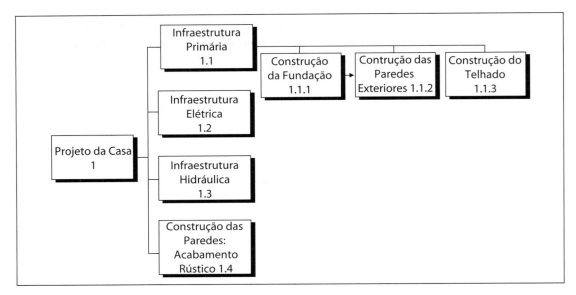

Figura 2.8   EAP Horizontal.

O tipo menos comum de visualização em estrutura de árvore é a representação centralizada. Este tipo de diagrama da EAP pode ser muito útil durante sessões facilitadas de desenvolvimento da EAP. A Figura 2.9 mostra um exemplo de uma visualização em estrutura de árvore centralizada. Nesse exemplo, a raiz da árvore está no centro do diagrama com decomposições da EAP, que flui do centro para fora.

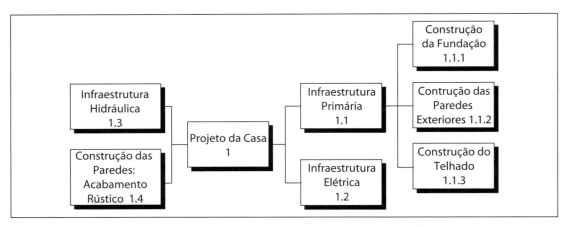

Figura 2.9   EAP em estrutura de árvore centralizada.

Embora gráficos sejam frequentemente usados para representar Estruturas Analíticas de Projeto, eles não são as únicas formas de visualização que podem e devem ser utilizadas. Muitas vezes, as formas, delineada ou tabular, podem retratar com mais precisão a verdadeira natureza da EAP para as partes interessadas. A Tabela 2.1 mostra uma típica visão da EAP na forma delineada.

Tabela 2.1 Visualização na Forma Delineada

Nível	Código da EAP	Nome do Elemento
1	1	Projeto da Casa
2	1.1	Estrutura Primária
3	1.1.1	Construção da Fundação
3	1.1.2	Construção das Paredes Externas
3	1.1.3	Construção do Telhado
2	1.2	Infraestrutura Elétrica
2	1.3	Infraestrutura Hidráulica
2	1.4	Construção das Paredes Internas: Acabamento Rústico

As Tabelas 2.2 e 2.3 mostram exemplos de visualizações tabulares da EAP.

Tabela 2.2 Visualização Tabular da EAP nº 1

Nível 1	Nível 2	Nível 3
1 Projeto da Casa		
	1.1 Estrutura Primária	
		1.1.1 Construção da Fundação 1.1.2 Construção das Paredes Externas 1.1.3 Construção do Telhado
	1.2 Infraestrutura Elétrica	
	1.3 Infraestrutura Hidráulica	
	1.4 Construção das Paredes Internas: Acabamento Rústico	

Tabela 2.3 Visualização Tabular da EAP nº 2

1 Projeto da Casa
1.1 Estrutura Primária
1.1.1 Construção da Fundação 1.1.2 Construção das Paredes Externas 1.1.3 Construção do Telhado
1.2 Infraestrutura Elétrica
1.3 Infraestrutura Hidráulica
1.4 Construção das Paredes Internas: Acabamento Rústico

Todas as representações nas Tabelas 2.1, 2.2 e 2.3 descrevem a mesma EAP. Cada versão pode ser útil na comunicação do escopo, dependendo das necessidades da audiência ou das partes interessadas que revisarão a informação. Algumas pessoas são mais visuais; outras preferem a visualização tabular ou na forma delineada. O importante para lembrar é o objetivo — representar e comunicar o escopo do projeto com precisão.

Ferramentas para EAP

Existem muitas ferramentas no mercado que podem ajudá-lo a criar e representar uma Estrutura Analítica de Projeto. Cada ferramenta tem o seu próprio conjunto de vantagens e desvantagens. Esta seção vai descrever os tipos de ferramentas que podem ser utilizadas para criar e gerenciar uma EAP. Também descreverá a imaturidade relativa de ferramentas existentes no mercado e descreverá os tipos de requisitos desejados para as ferramentas de EAP evoluírem. Esta seção não irá discutir nem revisar ferramentas específicas de fornecedores. O propósito da seção é fornecer discernimento sobre os tipos de ferramentas que podem ser empregadas para a criação e gerenciamento da EAP.

Existem muitos tipos de ferramentas no mercado hoje, de baixa e de alta tecnologia, que podem ser utilizadas para criar e representar uma Estrutura Analítica de Projeto. Algumas das ferramentas originais de baixa tecnologia utilizadas no processo de planejamento eram simples papel e caneta. Em décadas mais recentes o papel e a caneta deram lugar a autoadesivos coloridos e marcadores de quadro branco. Os autoadesivos, embora de baixa tecnologia, ainda são um dos métodos mais eficazes para facilitação de grupo e criação de uma EAP. Podem ser usados autoadesivos coloridos para capturar entregas individuais de projeto. Com o uso de uma parede lisa ou quadro branco, eles podem ser agrupados logicamente para ajudar a criar visualmente uma EAP hierárquica.

Com o advento dos computadores pessoais e laptops, ferramentas de alta tecnologia se tornaram o método mais comum para a criação e representação de Estruturas Analíticas de Projeto. A Tabela 2.4 mostra os tipos mais comuns de ferramentas de tecnologia da informação utilizadas para criar EAPs, bem como os desafios e as vantagens relativas de cada uma.

O rápido crescimento do mercado de ferramentas de elaboração de cronogramas de projeto acompanhou um grande aumento na utilização dessas ferramentas para a criação de Estruturas Analíticas de Projeto. Embora ferramentas de elaboração de cronogramas de projeto, tal como existem hoje, forneçam a integração entre a EAP e o Cronograma, muitas vezes elas podem levar a problemas. Utilizar uma ferramenta de elaboração de cronogramas de projeto pode dificultar a diferenciação entre os elementos da EAP (entregas) e tarefas, atividades e marcos do cronograma do projeto. O conceito de que Pacotes de Trabalho são decompostos em tarefas, atividades e marcos durante o processo de transição entre a EAP e o Cronograma do Projeto é algo que se perde no atual conjunto de ferramentas. Além disso, quando se utilizam ferramentas de elaboração do cronograma do projeto para retratar a EAP, muitas vezes, os gerentes de projetos criam listas de tarefas que não representam fielmente todo o trabalho e que são orientadas a tarefas (ação), em vez de orientadas a entregas.

Tabela 2.4 Tecnologias para a EAP

Tipo de Ferramenta	Vantagens	Desafios
Desenvolvimento do Cronograma	• Integração da EAP com o Cronograma do Projeto	• Falha na criação de uma EAP de alta qualidade, orientada a entregas, em detrimento de uma EAP orientada a tarefas • Difícil diferir entre os elementos da EAP e elementos do Cronograma do Projeto • Inabilidade de limitar e reportar com precisão os elementos do escopo devido à estreita integração com o Cronograma do Projeto
Planilha	• Ferramenta excelente para criação de visualizações tabulares • Habilidade de criar e gerenciar EAPs extensas e complexas • Capacidade de integrar a EAP com o Dicionário da EAP	• Falta de uma representação visual da EAP
Processador de Textos	• Boa ferramenta para integrar visualizações múltiplas, incluindo o Dicionário da EAP	• Difícil aplicar para EAPs extensas e complexas
Desenvolvimento de Gráficos	• Boa ferramenta para criar representações visuais da EAP	• Difícil aplicar para EAPs extensas e complexas
Enterprise Project Management (EPM)	• Integra vários aspectos do gerenciamento de projetos (escopo, cronograma, custos etc.)	• Extensa, complexa e difícil de implementar • Aplicação limitada a projetos pequenos ou médios • Custosa • Ainda em evolução; não tão sofisticada como deveria ser

Com a crescente popularidade de conjuntos de aplicações de escritório, planilhas eletrônicas, processadores de texto e desenvolvimento de aplicativos gráficos, muitos destes estão sendo usados crescentemente para criar visualizações de EAP variadas e personalizadas. Em grandes projetos, as planilhas podem ser usadas para captar o tamanho total e a complexidade da EAP. Além disso, as planilhas fornecem a integração da EAP e do Dicionário da EAP. Como resultado, as planilhas estão sendo usadas com mais frequência para a criação de Estruturas Analíticas de Projeto e Dicionários da EAP. Com ferramentas de desenvolvimento de gráficos ficando mais fáceis de usar e representações visuais se tornando cada vez mais populares, outras tecnologias como processadores de texto, bancos de dados e ferramentas de relatórios também podem ser usadas para a criação, o gerenciamento e a representação de Estruturas Analíticas de Projeto.

Mesmo com toda a tecnologia que existe hoje, as ferramentas para a EAP ainda estão relativamente imaturas. Os autores deste livro gostariam de incentivar os fornecedores a focarem na criação de ferramentas que ofereçam a capacidade de captar e gerenciar adequadamente os elementos de EAP, destacando e incidindo sobre a capacidade de diferenciar os elementos da EAP dos elementos do Cronograma do Projeto. As Estruturas Analíticas de Projeto são o coração do gerenciamento do projeto e do programa. Os fornecedores de ferramentas e, em última instância, todos os setores, podem ser mais bem servidos quando existem ferramentas que permitam aos gerentes de projeto e de programa captar adequadamente, gerenciar e apresentar relatórios sobre o escopo, enquanto permitem a integração com outras ferramentas de gerenciamento do cronograma do projeto.

• Resumo do Capítulo •

Este capítulo detalhou muitos conceitos importantes relativos à EAP. As seções de abertura discutiram os atributos e características que produzem Estruturas Analíticas de Projeto de qualidade. As Características Principais definem o conjunto mínimo exigido em todas as Estruturas Analíticas de Projeto, enquanto as Características Relacionadas ao Uso trazem à tona aquelas que diferenciam um projeto do seguinte.

As seções centrais discutem a decomposição da EAP e o uso de Estruturas Analíticas de Projeto em todos os níveis de definição e gerenciamento do escopo. Percebemos como os atributos e as características que compõem uma EAP de qualidade se aplicam a todos os níveis do escopo, quer sejam aplicados no projeto, no programa, no portfólio ou na empresa. A seção sobre representações da EAP dissipa o mito de que uma EAP deve ser representada por uma árvore invertida, tipo organograma. Várias representações diferentes são fornecidas, incluindo visualizações gráficas, textuais e na forma delineada. O capítulo conclui com uma discussão sobre as ferramentas de auxílio na criação e representação da EAP. Nesta seção, percebemos que, com toda a tecnologia que existe hoje, as ferramentas para a EAP permanecem relativamente imaturas. Os autores continuam a incentivar os fornecedores a acelerar a evolução das ferramentas para a EAP, de tal forma que elas captem e gerenciem adequadamente os elementos da EAP, separados e distintos das tarefas e atividades do Cronograma do Projeto.

• Questões do Capítulo •

1. Qual das seguintes opções representa as Características Principais de uma EAP de qualidade? (Selecione todas que se aplicam.)
   a. Orientada a entregas.
   b. Orientada a tarefas.
   c. Hierárquica.
   d. Inclui somente produtos, serviços ou resultados finais do projeto.
   e. Utiliza substantivos, verbos e adjetivos.
   f. É criada por aqueles que realizam o trabalho.

2. Qual das seguintes afirmações é verdadeira quanto à qualidade da EAP?
   a. O gerenciamento do Projeto/Programa pode ocorrer em qualquer nível da EAP.
   b. A EAP contém ao menos três níveis de decomposição.
   c. A EAP comunica claramente o escopo do projeto a todas as partes interessadas.
   d. Não inclui um Dicionário da EAP.

3. Qual das seguintes afirmações é verdadeira quanto às Características da EAP Relacionadas ao Uso?
   a. As Características são consistentes de um projeto para o outro.
   b. A qualidade da EAP depende de quão bem o conteúdo específico e os elementos da EAP abordam o conjunto total das necessidades do projeto.
   c. Contém somente elementos distintos de EAP.
   d. Devem ser decompostas ao menos em três níveis.

4. Qual das seguintes declarações é verdadeira para qualquer EAP? (Selecione todas que se aplicam.)
   a. As características de qualidade da EAP se aplicam a todos os níveis de definição do escopo.
   b. As representações válidas da EAP incluem somente visualizações gráficas ou na forma delineada.
   c. Utilizar uma ferramenta de criação de cronogramas de projeto para a criação da EAP é útil na diferenciação entre elementos de EAP e tarefas/atividades do Cronograma do Projeto.
   d. As ferramentas para a criação e gerenciamento da EAP são muito maduras e fáceis de usar.

• Referências •

HAUGAN, Gregory T. *Effective work breakdown structures*. Vienna, VA: Management Concepts, 2002.

PRITCHARD, Carl L. *How to build a work breakdown structure:* the cornerstone of project management. Arlington, VA: ESI International, 1998.

PROJECT MANAGEMENT INSTITUTE. *A guide to the project management body of knowledge (PMBOK® Guide)*. 3. ed. Newtown Square, PA: Project Management Institute, 2004.

PROJECT MANAGEMENT INSTITUTE. *Errata to the project management body of knowledge (PMBOK® Guide)*. 3. ed. Newtown Square, PA: Project Management Institute, 2004.

PROJECT MANAGEMENT INSTITUTE. *Practice standard for work breakdown structures*. 2. ed. Newtown Square, PA: Project Management Institute, 2006.

Parte II

Aplicação da EAP em Projetos

Capítulo 3 A Iniciação do Projeto e a EAP

Capítulo 4 Definição do Escopo por meio da EAP

Capítulo 5 A EAP nas Aquisições e no Planejamento Financeiro

Capítulo 6 Planejamento da Qualidade, dos Riscos, dos Recursos e das Comunicações com a EAP

Capítulo 7 A EAP como Ponto de Partida para o Desenvolvimento do Cronograma

Capítulo 8 A EAP na Prática

Capítulo 9 Como Garantir o Sucesso por meio da EAP

Capítulo 10 Verificação do Encerramento do Projeto com a EAP

Capítulo 3

A Iniciação do Projeto e a EAP

• Visão Geral do Capítulo •

Iniciação, por definição, significa "começo, origem" e este capítulo é exatamente isso. Aqui vamos discutir o começo ou início de um projeto e como a EAP interage e desempenha um papel nesse início. Além disso, vamos mostrar como, desde o começo, um Gerente de Projetos (ou outras partes interessadas) pode traçar um escopo do projeto ao longo do ciclo de vida do projeto e suas entregas. Especificamente, este capítulo irá discutir estes temas:

- Termo de Abertura do Projeto
- Declaração do Escopo Preliminar do Projeto
- Contratos, Acordos e Declarações de Trabalho (DT)

Todos esses itens se configurarão e fornecerão um direcionamento para o próximo capítulo, no qual partiremos para o Planejamento. De forma a guiá-lo através da visualização de níveis crescentes de detalhe, rastreabilidade e elaboração do escopo do projeto de entrega a entrega, acrescentamos um ícone triangular neste capítulo e no Capítulo 4.

A primeira aparição do ícone é a versão concluída. Ao começarmos este capítulo, você verá que o ícone está, em grande parte, em branco. Vamos preencher e completar o ícone conforme passamos de conceito a conceito, e deste capítulo até o Capítulo 4. Então, vamos começar.

Capítulo 3   A Iniciação do Projeto e a EAP

O *Project Charter*

Se você procurar a definição de *charter*, poderá rastrear a sua existência até centenas de anos atrás, quando compreendeu-se ser o seguinte:

> Um documento que concede certos direitos, poderes, ou funções. Pode ser emitido pelo corpo soberano de um estado a um órgão, universidade, ou outra corporação ou pela autoridade constituída de uma sociedade ou ordem a uma unidade local. O termo foi empregado amplamente a várias concessões reais de direitos nas Idades Médias e em tempos modernos. O *charter* mais famoso é a Carta Magna da Inglaterra. Companhias que possuem um *charter* celebraram poderes estendidos de comércio e governo por meio de escritura real. Na América colonial, colônias que possuíam um *charter* eram teoricamente, e de fato na realidade, menos sujeitas à interferência real do que as colônias reais.
>
> (*Columbia electronic encyclopedia*, 2008)

Hoje, a definição se alterou ligeiramente em relação a ser considerado um documento emitido por um órgão que formalmente autoriza o trabalho a ser concluído. O *charter*, nos termos atuais continua a descrever o que se espera do órgão ao qual é concedido e fornece a uma pessoa designada (geralmente o Gerente do Projeto) a autoridade para realizar o trabalho nele contido.

Tudo isso pode soar bastante confuso, mas o fato é que o conceito de *charter* não é novo, apenas o uso mudou ligeiramente nos últimos cem anos ou mais. Hoje, o *Project charter* ainda define o escopo de alto nível do trabalho a ser realizado, documenta a razão ou necessidade para a conclusão do projeto e define os produtos, serviços ou resultados a serem entregues ao cliente. Apesar do uso também comum no Brasil do original em inglês *Project Charter*, utilizaremos aqui a sua denominação oficial para a língua portuguesa, "Termo de Abertura do Projeto", de acordo com o padrão estabelecido pela terceira edição do *Guia PMBOK®*.

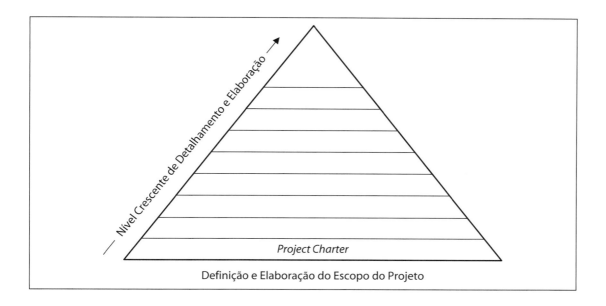

Visão Geral do Projeto
Este projeto será empreendido para estabelecer uma nova residência para o Sr. e Sra. John Smith. A nova casa será uma habitação independente para uma única família construída em um lote de 8.093,71 metros quadrados (lote nº 24) localizado na Avenida North Maple, 200, Minha Cidade, Meu Estado, 20001-1234, Estados Unidos. O projeto terá início na segunda-feira, 2 de fevereiro de 2015 e será concluído até quinta-feira, 31 de dezembro de 2015.
Essa casa será construída para empregar os mais recentes materiais e códigos de construção e utilizará tecnologia emergente para minimizar o consumo de energia. A construção será supervisionada e gerenciada pela Apex Construtora de Casas, fornecedora principal que pode subcontratar componentes do trabalho de construção.
Toda a mão de obra será contratada e todos os materiais irão atender ou exceder as orientações do código local de construção.

Seção I. Propósito do projeto
O projeto da casa está sendo empreendido para estabelecer uma nova residência principal para o Sr. e a Sra. John Smith e família. A nova residência está agendada para conclusão em dezembro para que a família Smith possa se mudar durante as duas primeiras semanas de 2016. O Sr. Smith assumirá a responsabilidade pelas operações norte-americanas de sua empresa em 2016 e está retornando da Europa para isso. O Sr. Smith e sua família irão viajar e se mudar durante dezembro de 2015 e se mudarão diretamente da casa atual para a nova residência concluída.
A casa deve estar concluída em 31 de dezembro de 2015 para que a família Smith possa estabelecer residência na comunidade no prazo adequado para possibilitar que seus filhos sejam matriculados no sistema escolar para iniciar o ano escolar de 2016 juntamente com seus colegas de classe.

Demonstração 3.1   Termo de Abertura do Projeto para o Exemplo da Casa.

Estruturas Analíticas de Projeto

Então você pode estar se perguntando (ou perguntando a nós), como é que a EAP se encaixa nisso? A resposta a essa pergunta é que a EAP é utilizada como uma ferramenta para a definição do escopo, e sem o Termo de Abertura do Projeto fornecendo os limites para o escopo, seria quase impossível criar uma EAP válida. Isso é devido ao fato de que, para a EAP "organizar e definir o escopo total do projeto" (definição da terceira edição do *Guia PMBOK®*), ela deve ter o escopo definido no Termo de Abertura do Projeto. É, portanto, muito importante para a equipe que irá criar a EAP ter um Termo de Abertura do Projeto aprovado disponível para trabalhar e para fornecer orientação. Sem ele, a equipe poderia facilmente caminhar em qualquer direção, e talvez não a direção certa. Esse é também o início do caminho de rastreabilidade do escopo do projeto. A próxima demonstração representa o início de um Termo de Abertura do Projeto para o exemplo da Casa. Uma cópia completa dessa amostra do Termo de Abertura do Projeto pode ser encontrada no Apêndice A, ao final deste livro.

Antes que possamos chegar à EAP, ainda existe um pouco de trabalho de iniciação que deve ser concluído para se ter uma imagem precisa do escopo do projeto antes que ele possa ser totalmente detalhado e articulado. O próximo passo na nossa jornada é a elaboração do Termo de Abertura do Projeto para o desenvolvimento da Declaração do Escopo Preliminar do Projeto.

Declaração do Escopo Preliminar do Projeto

A **Declaração do Escopo Preliminar do Projeto** será utilizada para definir o contexto para o trabalho de planejamento a ser realizado em nosso próximo capítulo. A Declaração do Escopo Preliminar do Projeto deverá ser utilizada para desenvolver e definir as informações fornecidas no Termo de Abertura do Projeto. Ela também documenta as características e os limites do projeto de forma mais detalhada, respondendo à pergunta: "O que precisamos realizar?". Outros itens cobertos na Declaração do Escopo Preliminar do Projeto incluem a forma como o produto final, serviço ou resultado será *medido*, a fim de obter a aceitação do produto final, o modo como o escopo será controlado, o modo como a organização inicial do projeto será formada, os primeiros riscos identificados como parte do projeto e, em última instância, uma estimativa aproximada de custos. A Declaração do Escopo Preliminar do Projeto é uma outra entrada para a criação da EAP e será refinada durante a Definição do Escopo. A seguinte demonstração retrata o início de uma Declaração do Escopo Preliminar do Projeto para o exemplo da Casa. Uma cópia completa dessa amostra de Declaração do Escopo do Projeto pode ser encontrada no Apêndice B, no final deste livro.

Declaração do Escopo do Projeto
Visão Geral do Projeto
Este projeto será empreendido para estabelecer uma nova residência para o Sr. e Sra. John Smith. A nova casa será uma habitação independente para uma única família construída em um lote de 8.093,71 metros quadrados (lote nº 24) localizado na Avenida North Maple, 200, Minha Cidade, Meu Estado, 20001-1234, Estados Unidos. O projeto terá início na segunda-feira, 2 de fevereiro de 2015 e será concluído até quinta-feira, 31 de dezembro de 2015.
Essa casa será construída para empregar os mais recentes materiais e códigos de construção e utilizará tecnologia emergente para minimizar o consumo de energia. A construção será supervisionada e gerenciada pela Apex Construtora de Casas, fornecedora principal que pode subcontratar componentes do trabalho de construção.
Toda a mão de obra será contratada e todos os materiais irão atender ou exceder as orientações do código local de construção.

Seção I. Propósito do projeto
O projeto da casa está sendo empreendido para estabelecer uma nova residência principal para o Sr. e a Sra. John Smith e família. A nova residência está agendada para a conclusão em dezembro para que a família Smith possa se mudar durante as duas primeiras semanas de 2016. O Sr. Smith assumirá a responsabilidade pelas operações norte-americanas de sua empresa em 2016 e está retornando da Europa para isso. O Sr. Smith e sua família irão viajar e se mudar durante dezembro de 2015 e se mudarão diretamente da casa atual para a nova residência concluída.
A casa deve estar concluída em 31 de dezembro de 2015 para que a família Smith possa estabelecer residência na comunidade no prazo adequado para possibilitar que seus filhos sejam matriculados no sistema escolar para iniciar o ano escolar de 2016 juntamente com seus colegas de classe.

Seção II. Escopo do Projeto
Este é um Contrato de Preço Fixo.
O compromisso estimado do contratante é US$ 750.000,00.
Após a conclusão, a nova propriedade incluirá o seguinte, conforme descrito nas especificações detalhadas e no desenho técnico:

(continua)

Capítulo 3 A Iniciação do Projeto e a EAP

(continuação)

- Paisagismo
- Fundação (com porão) — concreto despejado e blocos de concreto
- Entrada de garagem — 609,6 metros quadrados, concreto com tijolos incrustados
- Casa principal — 4.500 metros quadrados, tijolo/estuque
- Sacada/Quintal/Sala de cinema
- Garagem — 1600 metros quadrados, dois andares

Seção III. Marcos do Projeto

Conforme descrito na Seção II, a conclusão do projeto deve se realizar até 31 de dezembro de 2015. Os marcos de progresso associados com o projeto são os seguintes:

1. Desenhos arquitetônicos concluídos e aprovados
2. Permissão de construção aprovada
3. Preparação do lote e limpeza completa
4. Escavação completa da fundação
5. Pisos preparado e prontos
6. Fundação despejada, bloqueio de construção concluído, fundação pronta
7. Casa e garagem externa fechadas ao tempo
8. Entrada de garagem e paisagismo concluídos
9. Fiação interior concluída
10. Fiação exterior concluída
11. Climatização concluída
12. Encanamento interior concluído
13. Encanamento exterior concluído
14. Acabamento interior concluído
15. Acabamento exterior concluído
16. Calçamento concluído
17. Certificado de Ocupação garantido
18. Lista de pendências internas e externas aprovada
19. Lista de pendências internas e externas concluída
20. Revisão de Aceitação e entrega principal concluída

Demonstração 3.2 Declaração do Escopo Preliminar do Projeto para o Exemplo da Casa

Contratos, Acordos e Declarações de Trabalho (DT)

Entradas adicionais para a criação da EAP são contratos, acordos e **Declarações de Trabalho**. Cada um desses deve ser tratado de forma semelhante. Os contratos definem as responsabilidades financeiras e legais entre o comprador e o vendedor, equipe e clientes, ou talvez entre um patrocinador do projeto e a equipe. Embora não seja uma situação ideal ter um contrato em vigor antes de o projeto estar totalmente definido, isso acontece e deve ser utilizado como uma entrada para os processos de definição do escopo já que esse trabalho deve ser concluído durante a execução do projeto.

Comparados à natureza dos contratos, acordos são menos formais. Acordos são geralmente arranjos informais entre duas partes a respeito de um curso de ação específico. Embora possam não ser tão formais, os acordos são considerados vinculados juridicamente. Uma equipe de projeto não deve ignorar acordos informais como entradas para a EAP já que eles também são uma forma de documentar o escopo do projeto.

Uma Declaração de Trabalho (DT) é "uma descrição dos produtos, serviços ou resultados a serem fornecidos" (*Guia PMBOK®*, 3. ed., p. 376) pelo projeto e pela equipe do projeto. A DT deve derivar da Declaração do Escopo Preliminar do Projeto. Da mesma forma, a Declaração do Trabalho do Contrato é definida como "uma descrição dos produtos, serviços ou resultados a serem fornecidos de acordo com o contrato" (*Guia PMBOK®*, 3. ed., p. 355). Essa Declaração do Trabalho do Contrato é utilizada para definir o escopo do trabalho a ser realizado pelos subcontratados.

Tanto a Declaração do Trabalho quanto a Declaração do Trabalho do Contrato derivam do Termo de Abertura do Projeto e da Declaração do Escopo Preliminar do Projeto. Eles devem incluir descrições detalhadas do que o projeto irá produzir — como entregas — e devem incluir a necessidade de negócio, atributos de produto e de serviço, bem como uma descrição do escopo do projeto. A Declaração do Trabalho do Contrato também pode incluir uma definição de outras entregas de processos do projeto, tais como relatório de desempenho e apoio pós-projeto.

Como cada uma dessas entregas de projeto é concluída em progressão, elas definem mais adiante o escopo original do projeto fora do Termo de Abertura, construindo a EAP, que se tornará, junto com a Declaração do Escopo, parte da linha de base do escopo.

O Termo de Abertura do Projeto, a Declaração do Escopo Preliminar do Projeto, os contratos e acordos, a Declaração do Trabalho e a Declaração do Trabalho do Contrato são entradas para o que será realizado no próximo capítulo — a Definição do Escopo e o trabalho para concluir a Estrutura Analítica do Projeto e o Dicionário da EAP.

Cada um desses itens é importante para a iniciação adequada de projetos. Sem essa informação básica, tudo o que se segue pode ser considerado menos completo.

Estruturas Analíticas de Projeto

Nós continuaremos o desenvolvimento de nosso projeto no próximo capítulo — usando cada um dos itens criados aqui durante a Iniciação do Projeto — conforme começamos a planejar.

• Resumo do Capítulo •

Uma definição de escopo totalmente definida e elaborada é a base para qualquer projeto bem-sucedido. Isso é muito parecido com a base essencial para o sucesso do exemplo da casa. Por meio da utilização completa das ferramentas básicas discutidas neste capítulo e do rastreamento do escopo do projeto desde uma declaração um tanto vaga no Termo de Abertura do Projeto até os contratos, os acordos e as Declarações de Trabalho, começamos a fortalecer essa base.

No próximo capítulo, continuaremos a elaborar a base que iniciamos, definindo e detalhando mais o escopo do projeto. Isso culminará na Estrutura Analítica do Projeto, no Dicionário da EAP e na linha de base do Escopo.

• Questões do Capítulo •

1. Qual dos seguintes documentos principais é criado na fase de *iniciação* do projeto? (Selecione todas as opções que se aplicam.)

    a. Termo de Abertura do Projeto.

    b. Declaração do Escopo Preliminar do Projeto.

    c. Descrição do Escopo do Produto.

    d. Estrutura Analítica do Projeto.

2. Qual documento essencial do gerenciamento de projetos fornece os limites iniciais para o escopo do projeto?

    a. Termo de Abertura do Projeto.

    b. Declaração do Escopo Preliminar do Projeto.

    c. Descrição do Escopo do Produto.

    d. Estrutura Analítica do Projeto.

3. Qual documento essencial do gerenciamento de projetos é utilizado para estabelecer o contexto para boa parte da fase de planejamento do projeto?

    a. Termo de Abertura do Projeto.

    b. Declaração do Escopo Preliminar do Projeto.

    c. Descrição do Escopo do Produto.

    d. Estrutura Analítica do Projeto.

4. Qual documento essencial do gerenciamento de projetos inclui informações sobre como os produtos, serviços ou resultados finais do projeto serão medidos?
   a. Termo de Abertura do Projeto
   b. Declaração do Escopo Preliminar do Projeto
   c. Descrição do Escopo do Produto
   d. Estrutura Analítica do Projeto

5. Os contratos devem ser sempre postos em prática antes de o projeto ser totalmente definido.
   a. Verdadeiro.
   b. Falso.

• **Referências** •

Definição de *Charter*. Columbia Electronic Encyclopedia. Disponível em: <http://www.reference.com/browse/columbia/charter>. Acesso em: 29 jan. 2008.

PROJECT MANAGEMENT INSTITUTE. *A guide to the project management body of knowledge (PMBOK® Guide)*. 3. ed. Newtown Square, PA: Project Management Institute, 2004.

Capítulo 4

Definição do Escopo por meio da EAP

• Visão Geral do Capítulo •

Agora que a iniciação do projeto foi concluída, a equipe do projeto deve ter uma sólida compreensão da direção que foi desafiada a seguir. É agora hora de começar o planejamento do projeto.

Neste capítulo, vamos discutir estes tópicos:
- Descrição do Escopo do Produto
- Declaração do Escopo do Projeto
- Estrutura Analítica do Projeto (EAP)
- Dicionário da EAP
- Gestão Baseada em Entregas
- Gestão Baseada em Custeio por Atividade
- Linha de Base do Escopo
- Critérios de Aceitação

Este capítulo irá fornecer uma base sólida para monitorar e controlar o restante do projeto. Você pode se perguntar, o que resta a fazer? Bem, vamos começar e vamos explicar.

Descrição do Escopo do Produto

Primeiro é a **descrição do escopo do produto**. Você pode estar pensando que nós já discutimos essa etapa, mas, na realidade, não discutimos. Iniciamos o capítulo anterior com uma Declaração do Escopo Preliminar do Projeto, que estamos prestes a refinar. Aquela Declaração do Escopo Preliminar do Projeto abrange o trabalho definido no Escopo do Projeto "que deve ser realizado para entregar um produto, serviço ou resultado com as características e funções especificadas" (*Guia PMBOK®*, 3. ed., p. 370). A última parte dessa definição, "características e funções especificadas", é a definição do escopo do *produto*. Essa parte específica da Declaração do Escopo irá fornecer e descrever as características únicas do *produto* que está sendo produzido como resultado do projeto definido no Termo de Abertura. A descrição do escopo do produto fornece, em formato narrativo, a aparência do que está sendo produzido como também o benefício que o programa está entregando. Isso, então, será utilizado para garantir que o trabalho necessário para concluir o produto descrito esteja incluído na EAP. A descrição do escopo do produto deverá ser desenvolvida em paralelo com a declaração do escopo do projeto. Se houver mudanças no escopo relacionadas com mudanças nas características e funções do produto, elas devem estar refletidas na descrição do escopo do produto, como também incluídas e alinhadas com a declaração do escopo do projeto e com os critérios de aceitação do projeto.

Declaração do Escopo do Projeto (Definição do Escopo)

Ao mesmo tempo em que a Definição do Escopo do Produto está sendo concluída, a Declaração do Escopo Preliminar deve ser revisada, para descrever o que será entregue pelo projeto, bem como o trabalho necessário para completar essas entregas. Esses dois documentos se tornarão a base para o planejamento mais detalhado, começando com a criação da EAP. A EAP será usada como um guia e base para monitorar e controlar o projeto durante toda a sua execução e o encerramento. A **Declaração do Escopo do Projeto**, a Descrição do Escopo do Produto e a EAP se tornarão a linha de base para avaliar as mudanças no projeto (conforme descrito no Capítulo 8).

Estrutura Analítica do Projeto

A chave do sucesso do projeto é garantir que todas as partes interessadas e os membros da equipe do projeto tenham um entendimento comum do que o projeto deve alcançar. Para isso, as seguintes questões devem ser feitas e respondidas — por que, quem, o que, quando, onde e como? Ainda que não siga a cadência familiar de como essas questões são geralmente feitas, acreditamos que deveríamos responder a questão *por que* primeiro — e, como somos os autores, podemos fazer isso.

Então, *por que* realizar o projeto e mais ainda, *por que* criar a EAP? Uma queixa comum que ouvimos dos gerentes de projetos é "Eu tenho muito trabalho a ser feito em um período curto de tempo. Por que eu perderia tempo criando a EAP? Eu sei o que tenho de fazer — apenas tenho de fazer — certo?". Bem, talvez. Se você não está preocupado com o resultado do projeto, essa resposta está correta. Na verdade, é importante gastar tempo concluindo a EAP, pois fazer isso ajudará o Gerente de Projeto a determinar e detalhar tudo o que deve ser concluído para alcançar e entregar os objetivos do projeto.

Por exemplo, imagine um projeto em que você trabalhou recentemente, um no qual a EAP não foi concluída. Pense sobre o que era conhecido no início do projeto e então reflita sobre o que foi entregue ao final. Era igual?

Agora imagine esse mesmo projeto com uma EAP criada conforme discutido no Capítulo 2, as Características Principais da EAP. Essa EAP permitiria ao gerente do projeto e *àqueles envolvidos no projeto* criar uma representação *hierárquica e orientada a entregas* de todo o escopo do projeto. Isso abrangeria todo o trabalho a ser entregue pelo projeto, *todos os elementos de trabalho relativos ao projeto incluindo todas as entregas internas, externas e provisórias*. O quão mais bem-sucedido seria o projeto original utilizando esse último cenário? É realmente difícil de prever, mas os autores sugerem que o resultado seria substancialmente mais controlado, se não melhorado. A EAP nesse caso, se utilizada corretamente, pode ser rastreada diretamente ao escopo do projeto, a todas as entregas sucessivas no ciclo de vida do projeto.

Isso também responde à pergunta sobre *o que* deve ser incluído na EAP. A EAP deve incluir todo o trabalho que produzirá os resultados desejados, e nada além desse trabalho. Todas as entregas identificadas na EAP serão produzidas pelo projeto e, consequentemente, o trabalho excluído da EAP, não.

Sem uma EAP bem desenvolvida, criada no início do projeto e atualizada ao longo do projeto, o provável sucesso de qualquer projeto pode ser reduzido. Já que respondemos à questão sobre *por que* a EAP é essencial para um determinado projeto, a próxima questão a abordar é: *quem*? Quem é responsável pela EAP, quem deve ser envolvido no seu desenvolvimento, quem a atualiza? A resposta a cada uma dessas questões é: o gerente do projeto e sua equipe. Como uma das Características Principais de Qualidade, a EAP "é criada por aqueles que realizam o trabalho, com contribuição técnica dos especialistas e de outras partes interessadas do projeto". (*Practice standard work breakdown structures*, 2. ed., p. 20). Isso é absolutamente crucial para o sucesso de qualquer EAP. Portanto, quem é responsável pela manutenção da EAP? Isso é responsabilidade de toda a equipe do projeto. A EAP deve ser criada logo no início do ciclo de vida do projeto e deve amadurecer conforme mais se conhece sobre o escopo do projeto e durante a sua execução. Isso será abordado em detalhes nos capítulos seguintes. Uma lição a se tirar desta seção — A EAP é um documento vivo e deve refletir o escopo do projeto durante o seu ciclo de vida.

Então, *quando* a EAP deve ser criada — e quão frequentemente deve ser atualizada (*onde*)? No início e *continuamente*! Se a EAP é criada no início, permite uma visão conceitual do projeto por todos os participantes e partes interessadas do projeto. Conforme a definição do projeto amadurece — por meio dos exercícios e documentação discutidos no Capítulo 3, a EAP é atualizada continuamente até o ponto da linha de base do escopo. Uma vez gerada a linha de base, a EAP é colocada sob o controle de mudanças juntamente com os documentos do escopo do projeto. Isso produz um ambiente controlado (linha de base) para o projeto e para o Gerente do Projeto pelo qual ele ou ela pode gerenciar de perto as mudanças potenciais ao escopo do *produto* ou do *projeto*. Além disso, permite a geração de componentes subsequentes do projeto, tais como o Cronograma do Projeto, a atribuição de trabalho e recursos, planos de comunicação, gerenciamento de mudanças, gerenciamento financeiro, gerenciamento do escopo e gerenciamento de riscos e problemas. Como cada um desses itens é empregado como parte do projeto, a EAP é atualizada para refletir as mudanças no escopo em evolução, viabilizando um ambiente estável com mudanças controladas para o desenvolvimento das entregas do projeto.

Chegamos à última questão: *como*? Como se cria uma Estrutura Analítica de Projeto? Para começar, o Gerente do Projeto e a equipe devem entender claramente o que define o escopo. E, como vimos antes, um ponto de partida sólido está nas entregas criadas no Capítulo 3 deste livro — o Termo de Abertura do Projeto, a Declaração do Escopo Preliminar do Projeto, contratos, acordos e Declaração(ões) de Trabalho. Por meio da revisão e da análise desses documentos, a equipe pode começar a entender a direção e os limites do projeto e pode iniciar os processos necessários para definir e detalhar o trabalho e as entregas que serão concluídas para entregar os resultados desejados.

A seguir, o gerente do projeto deve determinar que outras ferramentas e recursos ele ou ela tem à disposição para utilizar. Existe um diretório com modelos dentro da empresa? Projetos anteriores utilizaram um modelo específico de EAP que pode se encaixar apropriadamente como ponto de partida para esse projeto? O gerente do projeto utilizou uma outra ferramenta ou modelo de um projeto anterior que pode viabilizar o sucesso? Os modelos dos colegas estão disponíveis? Cada uma dessas fontes pode ser um recurso valioso que pode fornecer um ponto de partida sólido e ajudar no desenvolvimento da EAP.

Finalmente, a equipe precisa determinar como construirá a EAP. Existem quatro abordagens tradicionais para a criação da EAP (Tabela 5.1, Métodos de Criação da EAP, *Practice standard for work breakdown structures*, 2. ed., p. 29). Essas abordagens incluem Top-down, Bottom-Up, Padrões e Modelos. Discutiremos cada uma delas, começando com Padrões e Modelos. Para empresas e organizações em que existam, os padrões e modelos fornecem um formato comum e uma metodologia preferida para o desenvolvimento da EAP para cada projeto. Esses itens são predefinidos e podem ser exigidos pela empresa ou organização. Embora desviar do padrão possa não ser uma opção, utilizar o padrão ou modelo pode ser muito útil para alguém iniciante em Gerenciamento de Projetos e/ou pouco familiar com o desenvolvimento e utilização de Estruturas Analíticas de Projeto. Utilizar padrões e modelos existentes também aumenta e garante a consistência entre os projetos dentro de uma organização. Embora essas ferramentas geralmente forneçam consistência e facilitem o desenvolvimento das entregas do projeto para alguns gerentes de projetos, outros podem achar a utilização de padrões e modelos existentes confinante, limitando a criatividade do gerente de projetos. Gerentes de Projetos que "já viram isso, já fizeram aquilo" podem sentir que a utilização de ferramentas existentes não permite a flexibilidade ou criatividade que desejam para criar a EAP. Além disso, empregar padrões e modelos pode parecer ao gerente de projetos como forçar um "prego quadrado em um buraco redondo" por que os padrões e modelos existentes podem não se encaixar facilmente ao tipo ou estrutura do projeto. Quando isso acontece, pequenas modificações ao protocolo dos padrões e modelos podem ser necessárias para atender às necessidades do projeto.

Por utilizar ou, mais importante, por se basear exclusivamente nos padrões e modelos existentes para a criação da EAP, é possível incluir inadvertidamente entregas ou trabalho desnecessários delineados pelo modelo da EAP e que não sejam, de fato, partes do projeto. O oposto também é verdade. O modelo ou padrão pode excluir trabalho importante que deve ser realizado para alcançar os resultados desejados. Quando essas negligências não são abordadas, a EAP não fornece uma base eficaz para as entregas a que está destinada a produzir. Uma forma de garantir que isso não aconteça é conduzir revisões múltiplas da EAP. Preferencialmente, essas revisões devem ser realizadas por uma variedade de funcionários do projeto. Embora seja possível permitir uma única revisão feita por um membro da equipe, recomendamos uma leitura em grupo da EAP, linha por linha, para garantir 100% que cada componente individual esteja adequado para inclusão e possa ser rastreado ao Termo de Abertura, à Declaração do Escopo Preliminar do Projeto, aos contratos, acordos e Declarações de Trabalho aplicáveis, à Descrição do Escopo do Produto e à Declaração do Escopo do Projeto. Os elementos da EAP devem ser adicionados, atualizados ou apagados conforme apropriado, baseado nesse ciclo de revisão.

Outros métodos de criação da EAP incluem os métodos top-down e bottom-up. A decisão em utilizar um ou outro é geralmente de preferência da equipe de criação da EAP. Com a criação top-down, a equipe começa no topo da EAP, descrevendo o(s) produto(s), serviço(s) ou resultado(s) final(is). Uma vez que as entregas maiores estejam definidas, elas podem ser decompostas nos pacotes de trabalho necessários para realizar cada entrega maior. Esse processo de decomposição continua até que o nível apropriado para o gerenciamento e rastreamento do projeto seja alcançado. O nível de decomposição pode variar significativamente, dependendo de vários fatores, incluindo a maturidade da organização do projeto responsável por produzir as entregas finais. O processo de decomposição é geralmente iterativo. Para atingir o nível adequado de decomposição, o Gerente do Projeto e a equipe devem se perguntar repetidamente:

"Incluímos tudo; e incluímos algo que não esteja definido pela declaração do escopo do projeto e pela declaração do escopo do produto?". Fazendo isso, a equipe garantirá que todo o trabalho a ser concluído pelo projeto esteja identificado e esclarecido.

O oposto, o método bottom-up de criação da EAP, começa com o nível mais baixo das entregas e as reúne, consolidando todo o trabalho até o topo da EAP, para representar o produto final (ou produtos finais) a ser alcançado. Ao utilizar essa abordagem, o Gerente do Projeto e a equipe devem definir todas as entregas e pacotes de trabalho antes de eles serem agrupados logicamente dentro de relacionamentos pai-filho durante a criação da EAP. Ao desenvolver a EAP da maneira bottom-up, o Gerente do Projeto garante que todos os pacotes de trabalho estejam incluídos. Um cuidado para aqueles de vocês que consideram essa abordagem: É muito fácil ficar atolado no detalhe da definição de todos os pacotes de trabalho do projeto e perder de vista a imagem maior do que no final das contas precisa ser alcançado para produzir o produto final.

Não importa o método escolhido, as Características Principais e Relacionadas ao Uso (definidas no Capítulo 2) devem ser seguidas. Além disso, gostaríamos de reiterar e reforçar o fato de que, independentemente do método de composição da EAP, o processo é iterativo e repetido durante as fases de Iniciação e Planejamento do projeto conforme mais e mais informações são reveladas ou se tornam disponíveis. Muitas vezes, a EAP será inicialmente decomposta a um nível satisfatório de detalhe para o Gerente do Projeto e a equipe, mas conforme as questões são respondidas sobre o escopo do projeto o Gerente do Projeto e a equipe perceberão que a EAP pode ser decomposta ainda mais. Por estarem alertas a esse processo, eles podem melhor desenvolver e manter a EAP durante o restante do ciclo de vida do projeto. Para um exemplo da EAP criada para a Metáfora da Casa, veja a Demonstração 4.2 na próxima seção.

Como Começar com a EAP Elaborada

Nós discutimos a criação da EAP utilizando princípios de qualidade, nos referimos a textos dos autores principais e extraímos algo do PMI's da segunda edição de *Practice standard for work breakdown structures*. Revisamos as ferramentas e técnicas que orientam o desenvolvimento das Estruturas Analíticas de Projeto que refletem as Características Principais. Agora gostaríamos de discutir a aplicação dessas características, para que a EAP sirva totalmente à equipe durante a entrega dos projetos.

Alguns dos aspectos mais desafiadores do Gerenciamento de Projetos incluem saber quando aplicar um princípio, ferramenta ou prática específicos e, após decidir, saber quão muito ou pouco desse princípio ou ferramenta aplicar. Esse problema incide sobre o espectro do gerenciamento de projetos e atinge grupos de processos, áreas de conhecimento, competências e habilidades. Isso, naturalmente, resulta que essa questão se aplica ao desenvolvimento de elementos básicos, incluindo a Estrutura Analítica do Projeto e se apresenta frequentemente como uma questão sobre a profundidade ou detalhe da EAP.

Há pontos de vista divergentes sobre o grau ao qual uma dada EAP deve ser decomposta ou elaborada. Como a utilização e aplicação da EAP se expandiu, tem havido bastante controvérsia sobre o quanto cada braço da EAP deve ser elaborado ou dividido. Alguns praticantes e especialistas alegam que todos os braços devem ser decompostos ao mesmo nível em todas as representações, enquanto outros alegam fortemente que não é necessário fazer isso. Os seus autores ficam nessa última categoria. Aliás, recomendamos que você decomponha apenas aqueles elementos da EAP que estão ativamente em ação dentro do projeto em um dado ponto específico no tempo. Conforme os elementos da EAP são decompostos durante a execução do projeto, planos de apoio tais como o Plano de Gerenciamento de Riscos, o Plano de Pessoal, o Cronograma do Projeto, e o Plano de Comunicações devem ser apropriadamente atualizados. Quando o projeto estiver encerrado, todos os elementos da EAP devem estar decompostos.

Por que recomendamos isso? Há várias razões para se utilizar uma abordagem mais flexível para a decomposição da EAP. Para que a EAP funcione como um componente ativo do projeto, ela deve expressar e detalhar os elementos do escopo e entregas que todas as partes interessadas do projeto tenham aprovado para entrega. Enquanto esse for o caso, algumas das entregas que seriam feitas mais tarde no projeto podem não ser totalmente conhecidas durante as fases iniciais — e, mesmo se fossem, detalhá-las e mostrá-las em todos os momentos cria uma tendência de desordem e de confundir as discussões que podem ficar facilmente focadas em elementos de trabalho menores ou estritamente definidos.

A segunda edição do *Practice standard for work breakdown structures* (p. 20) aponta que a EAP deve ser representada por dois níveis de decomposição — no mínimo. Isso significa que deve existir um elemento da EAP que represente o total do projeto no nível 1 e, ao menos, dois elementos no nível seguinte de decomposição, nível 2. Por que dizemos dois elementos no nível seguinte de decomposição? A razão volta à essência real da EAP — a Regra 100%. Com essa regra, o filho de um elemento-pai específico deve representar 100% do escopo do elemento-pai. Se um elemento-pai específico tem apenas um filho, então para a Regra 100% se manter autêntica os elementos do pai e do filho devem ser, na verdade, duplicados um do outro. Se esse é o caso, a redundância não terá propósito útil e, como tal, deve ser eliminada. É por isso que a decomposição de um elemento exigirá sempre, ao menos, dois elementos-filho. Para ilustrar essa Característica Principal, o trabalho deve ser decomposto para representar algo que se pareça com os elementos retratados na Demonstração 4.1 e na Figura 4.1.

```
1 Nome do Projeto
    1.1 Elemento 1 da EAP
    1.2 Elemento 2 da EAP
```

Demonstração 4.1   Visualização da EAP na forma delineada.

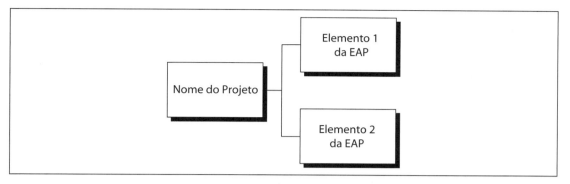

Figura 4.1 Visualização da EAP em Estrutura de Árvore.

Como sabemos, esses dois exemplos mostram o mínimo de divisão ou decomposição da EAP — embora possamos imaginar que se a sua EAP não exigisse mais elaboração do que isso, a sua utilidade provavelmente seria limitada a apenas mostrar como os três elementos se relacionam um com o outro, pois o trabalho definido por esse "projeto" extremamente básico provavelmente é conhecido por todos os envolvidos. E se esse for o caso, você pode parar já — você desenvolveu uma EAP que ilustra a divisão de todo o trabalho, bem como o relacionamento entre os elementos do trabalho listados.

Características Relacionadas ao Uso

Como, em sua maioria, os projetos são consideravelmente mais complexos do que os exemplos na Demonstração 4.1 e na Figura 4.1, o nível de detalhamento exibido não será suficiente para comunicar de maneira eficaz o que deve ser feito. Portanto, agora devemos aplicar alguns conceitos de EAP simultaneamente a um projeto da vida real. É assim que as Características Relacionadas ao Uso aparecem. Vamos usar nossa metáfora da casa para mostrar o que queremos dizer (veja a Demonstração 4.2).

A metáfora da casa mostra a divisão dos níveis 1 a 4 da EAP. Olhando com mais atenção, vemos que apenas um dos "braços" ou ramos da EAP é decomposto ao nível 4 — que é a Estrutura Primária. Os outros elementos maiores da EAP não foram divididos e permanecem no nível 2.

Uma forma comum de determinar quantos níveis existem em uma EAP é somar quantos caracteres individuais (separados por pontos) existem no esquema numérico associado a um componente específico da EAP. Por exemplo, o componente 1.1.1.3 na Demonstração 4.2 está no nível 4 da EAP. Isso pode ser determinado pela contagem dos caracteres individuais (excluindo os pontos), conforme demonstrado na Figura 4.2.

Estruturas Analíticas de Projeto

Capítulo 4 Definição do Escopo por meio da EAP

```
1. Projeto da Casa
   1.1. Estrutura Primária
       1.1.1. Desenvolvimento da Fundação
           1.1.1.1. Layout-Topografia
           1.1.1.2. Escavação
           1.1.1.3. Despejo do Concreto
       1.1.2. Construção das Paredes Externas
       1.1.3. Construção do Telhado
   1.2. Infraestrutura Elétrica
   1.3. Infraestrutura Hidráulica
   1.4. Construção das Paredes Internas: Acabamento Rústico
```

Demonstração 4.2   EAP do Exemplo da Casa.

Figura 4.2   Ilustração de Níveis Numéricos.

Isso é controverso ou confuso? Digamos que "Não, não é". Nós decompomos a Estrutura Primária porque ela aparece no início do projeto. Certamente, se fosse um projeto real, não pararíamos o desenvolvimento da EAP por aí. Com certeza, nós continuaríamos desenvolvendo a Infraestrutura Elétrica, a Infraestrutura Hidráulica e a Construção das Paredes Interiores — porque existiriam outros elementos na EAP, e estes não seriam decompostos logo no começo do projeto. Por exemplo, "Paisagismo" e "Calçamentos" naturalmente apareceriam na EAP totalmente elaborada do Projeto da Casa, mas esses elementos podem não precisar ser totalmente decompostos no início do projeto. Na verdade, se qualquer um de vocês é como nós, quanto mais esse tipo de coisa ficar travada, melhor.

O Eric está falando aqui: Minha esposa não consegue "imaginar" as coisas em sua mente da mesma forma que eu, portanto, se fosse a minha casa sendo construída, detalhar a paisagem e o calçamento no início do projeto serviria apenas como ponto de partida para as várias mudanças que ela iria nos solicitar após ter visto a casa erguida no lote. E se você alguma vez teve alguma coisa parecida com uma casa construída para você, sabe que cada uma dessas solicitações vem sob a forma de um documento formal de mudança para o contratante, junto com a Estimativa de Custos... (ai!). Então, para evitar o inevitável, nós iríamos atrasar a elaboração do paisagismo. Sua situação pode ser diferente e, em caso afirmativo, você poderia decompor o paisagismo em um momento diferente no projeto, talvez até mais cedo.

Agora é o Robert falando: Minha mulher é o oposto. Como arquiteta profissional, ela "imagina" sim o trabalho em sua mente e geralmente antes de mim.

Isto é, na essência, um exemplo de Característica Relacionada ao Uso. A EAP deve ser elaborada de tal forma que se certifique de que atende a todas as necessidades do projeto e das partes interessadas. Para Eric, essa elaboração seria postergada e aconteceria mais tarde no projeto, para a esposa de Robert ou para você, possivelmente mais cedo. "Depende" é a melhor forma de descrever se um elemento do projeto deve ser realizado antes ou depois — depende da **utilização** da EAP dentro da organização realizadora e do projeto.

Esse foi apenas um exemplo de Característica Relacionada ao Uso. Existem muitas outras Características Relacionadas ao Uso, mas elas são inúmeras para discutirmos aqui. O conceito principal é que se aceitarmos a noção de que "a qualidade da EAP depende de quão bem o conteúdo específico e o tipo de elementos da EAP atendem a todas as necessidades para as quais a EAP foi desenvolvida" (*Practice standard for work breakdown structures*, 2. ed., p. 20) é verdadeira, então as Características Relacionadas ao Uso que se aplicam a vários graus de detalhamento e decomposição dependem das necessidades do projeto — e asseguram que a EAP atenda a essas necessidades.

Essas são áreas em que a utilização da EAP direciona a sua construção. Dependendo da circunstância, o Gerente de Projeto desenvolve uma EAP bastante detalhada ou uma muito simples. Além disso, ele ou ela pode elaborar completamente toda a EAP no início do projeto ou postergar a elaboração de alguns componentes para fases posteriores. Seja qual for o caso, o Gerente de Projeto tem de ter o cuidado de desenvolver uma EAP que satisfaça as suas necessidades no gerenciamento do trabalho. É muito fácil criar Estruturas Analíticas de Projeto profundamente detalhadas para projetos que simplesmente aniquilam o Gerente de Projeto e equipe. Vimos Estruturas Analíticas de Projeto desenvolvidas para projetos que têm literalmente milhares de elementos. Em muitos desses casos, encontramos a EAP em uma prateleira ou escondida em algum arquivo. Embora possam ser representações muito precisas e detalhadas do trabalho do projeto, se a EAP não está sendo utilizada para gerenciar o projeto, perde o valor. O objetivo é o de buscar na EAP orientação para o projeto e tomada de decisões. Se não puder ser utilizada para esse fim, ela não tem serventia alguma.

Além disso, a EAP deve ser desenvolvida de uma forma que garanta e atenda a um nível suficiente de decomposição para o controle do projeto, para comunicar o trabalho do projeto eficazmente através e em toda a organização do projeto, para fornecer às partes interessadas uma supervisão e para designar responsabilidades em nível de pacotes de trabalho. O quão decomposta deve ser? Novamente, "Depende". Depende da natureza e da organização do projeto.

Considere isso: Se você trabalhou em uma organização em que um processo específico foi utilizado para entregar produtos de tempos em tempos, a EAP para as entregas

Estruturas Analíticas de Projeto

do produto provavelmente era similar em cada projeto. Alguns elementos seriam modificados para atender às necessidades de determinados projetos, mas em geral, as várias Estruturas Analíticas de Projeto provavelmente seriam muito parecidas se você fosse comparar um projeto com outro. A Estrutura Analítica de Projeto de uma empresa farmacêutica provavelmente se encaixaria nesse modelo, já que os processos de pesquisa, desenvolvimento, recebimento de aprovação para a introdução de novos produtos farmacêuticos não mudam significativamente de produto a produto. Esses processos geralmente são estáticos e repetitivos. Além disso, em uma organização em que os processos do projeto são repetidos, familiares e conhecidos pelas equipes dos projetos, as Estruturas Analíticas de Projeto podem ser menos elaboradas, porque há menos necessidade de detalhar o que a maioria dos membros da equipe do projeto já conhece.

Ao contrário, se cada projeto que uma organização assume é novo e diferente, a EAP criada para cada projeto precisaria ser concebidas especificamente para atender às necessidades de entregas e resultados de produto. Assim, cada uma das Estruturas Analíticas de Projeto seria única e teria níveis variados de detalhamento, dependentes das necessidades do projeto. Como você pode ver, não há uma única resposta para a questão de quanta decomposição é adequada — a resposta é "Depende".

Para recapitular essa discussão, gostaríamos de encorajá-lo a iniciar uma EAP — e determinar o nível apropriado de decomposição (Característica Relacionada ao Uso) garantindo que todos os elementos sejam representados — mas, mais importante, modificar a EAP conforme necessário para fazê-la se encaixar em suas circunstâncias únicas. Se, por um lado, você ou as partes interessadas exigem uma EAP bem detalhada e querem gerenciar por meio de um documento bem detalhado, então a desenvolva. Se, por outro lado, as partes interessadas não estão familiarizadas com a construção da EAP e não entendem completamente como utilizar a EAP, então não as sobrecarregue com detalhes elaborados. Forneça uma divisão de trabalho que se comunique com os membros da equipe do projeto e com as partes interessadas no seu mesmo nível de compreensão. Não force para que a EAP seja profundamente elaborada quando a situação não requer que seja. Uma vez que você esteja confortável em desenvolver e utilizar Estruturas Analíticas de Projeto, permita que as necessidades do projeto e da organização ditem o nível de complexidade e detalhamento para a EAP que for produzir.

Dicionário da EAP

Conforme a EAP para o projeto é desenvolvida, o Dicionário correspondente de EAP também deve ser elaborado para dar suporte a ela. Embora muitos profissionais não sintam que isso seja uma obrigação e frequentemente evitem a criação do Dicionário da EAP, nós descobrimos que o Dicionário da EAP fornece um nível adicional de clareza para todos os membros da equipe, patrocinadores e partes interessadas. Por meio do fornecimento de explicações necessárias, do contexto e do detalhamento, o Dicionário da EAP ajuda na comunicação e facilita o entendimento. Seus autores acreditam que esse elemento de "apoio" no projeto é uma prática padrão em evolução e nós recomendamos e encorajamos fortemente todos os Gerentes de Projeto que criam Estruturas Analíticas de Projeto a incluir o Dicionário da EAP. Ele fornecerá informações cruciais para todos os participantes diretos do projeto ou para aqueles afetados por ele — incluindo patrocinadores, partes interessadas e clientes.

Como ponto de referência, a palavra *dicionário* é definida como "Um livro de referência contendo uma lista alfabética de palavras, com informações dadas para cada palavra, geralmente incluindo significados, pronunciação e etimologia" (traduzido do *American heritage dictionary*, www.dictionary.com). Utilizando essa definição em um sentido bastante literal, você pode esperar que o Dicionário da EAP seja uma explicação de cada um dos elementos dentro da EAP. O Dicionário é uma elaboração maior do que está incluído em cada elemento dentro da EAP, abrangendo limites do escopo para cada um. Como resultado, o Dicionário da EAP fornece uma definição clara das entregas do projeto para todos os membros da equipe e articula especificamente o que cada elemento dentro da EAP espera abordar. O Dicionário da EAP também pode ajudar na resolução de questões relacionadas ao escopo que não podem ser explicadas com um simples lançamento da EAP, e auxiliará na comunicação com toda a equipe. Como dito, os autores acreditam que o Dicionário é quase tão importante como a própria EAP e contribui significativamente para a eficácia da EAP para o gerenciamento de um projeto.

Agora é um bom momento para discutir duas abordagens diferentes para o gerenciamento do projeto. Podemos abordar a questão sobre o gerenciamento como um esforço baseado em atividades, contrariamente ao gerenciamento do projeto baseado em

Estruturas Analíticas de Projeto 61

entregas. Nós inicialmente trocamos esses itens no esboço do livro — falar sobre gerenciamento baseado em atividades e depois sobre gerenciamento baseado em entregas. Como parte da nossa pesquisa para o livro, escolhemos discutir o gerenciamento baseado em entregas primeiro e depois o gerenciamento baseado em atividades — parece fluir melhor dessa maneira, como você pode ver, queremos enfatizar a orientação a entregas. Essas duas abordagens são comparadas e contrastadas nas próximas seções.

Gestão Baseada em Entregas

Com a **Gestão Baseada em Entregas**, o conceito de controle é levado para além do Pacote de Trabalho para tarefas e atividades do Cronograma do Projeto. Aqui, Pacotes de Trabalho são decompostos em funções e atividades individuais, resultados das quais são entregas mais refinadas. Quando um Cronograma de Projeto para essa abordagem é criado, cada tarefa e atividade produzirá uma "entrega" que pode ser combinada com entregas de outras funções e atividades destinadas a formar a entrega do Pacote de Trabalho. E, como nós discutimos anteriormente, Pacotes de Trabalho são naturalmente recolhidos pelos elementos em nível mais alto da EAP. Com essa abordagem, todo o projeto é gerenciado pela criação e integração dessas entregas individuais e compostas. A capacidade para gerenciar o projeto em detalhe e recolher as entregas com base na hierarquia da EAP é o verdadeiro poder da gestão baseada em entregas. Acreditamos firmemente que uma abordagem baseada em entregas é o que deve ser utilizado para a maioria dos projetos, a maior parte do tempo.

A gestão baseada em entregas permite que cronograma, custos, recursos e qualidade sejam compreendidos, agregados, medidos e monitorados tanto em nível de entregas específicas quanto de elementos de alto nível da EAP, proporcionando assim ao Gerente do Projeto a habilidade de visualizar e comunicar (particularmente para entregas dependentes) como o projeto está desempenhando. Além disso, se uma entrega não está sendo realizada, essa metodologia permite ao Gerente do Projeto perceber rapidamente o impacto que essa entrega causa em outras, bem como no projeto como um todo. Esse nível de ciência e controle é difícil de alcançar quando o projeto é gerenciado por meio de metodologias baseadas em atividades. Essa abordagem, se seguida, fornece um nível de rastreabilidade muito necessário durante todo o projeto.

Gestão Baseada em Custeio por Atividade

Em contrapartida, a **Gestão Baseada em Custeio por Atividade** (ABM — Activity-Based Management) é uma técnica válida para uso no suporte às operações contínuas de negócio. Nesses casos, o custo no nível de atividade é essencial para o gerenciamento e o controle dos custos de um negócio em geral. Com ABM, o gerente pode aliar os custos (diretos, indiretos e despesas gerais indiretas) para atividades operacionais específicas e é capaz de controlar custos associados, se necessário. Embora isso seja adequado para as operações contínuas de um negócio, geralmente é inadequado para o gerenciamento de um projeto ou programa. É sempre difícil, moroso e oneroso realizar uma análise detalhada para entregas operacionais específicas porque essas atividades geralmente impactam simultaneamente outras entregas e podem atravessar unidades de negócio ou funções. É precisamente essa inabilidade de agrupar o trabalho e o custo, dentro da hierarquia da EAP para mostrar a rastreabilidade, o que torna esse tipo de gestão problemática para o Gerente do Projeto.

Como você pode ver, tanto a Gestão Baseada em Entregas quanto a Gestão Baseada em Custeio por Atividade tem seu uso adequado. Embora nem sempre seja fácil fazer essa determinação, é importante utilizar a metodologia apropriada para a situação apropriada.

Linha de Base do Escopo

Depois que a EAP e o Dicionário correspondente da EAP foram concluídos, o triunvirato da **Linha de Base** do Escopo está completo. Isso inclui a Declaração do Escopo do Projeto, a EAP e o Dicionário da EAP, e esses itens se tornam a linha de base contra a qual todas as mudanças do projeto serão gerenciadas e comparadas. Uma vez que esses itens estejam aprovados, acordados e a linha de base estabelecida, o gerenciamento formal das mudanças do projeto se inicia.

Critérios de Aceitação

Um último item a cobrir neste capítulo são os **critérios de aceitação** — ou seja, como será determinada a aceitação ou a recusa de um projeto e seus resultados? Ao utilizar a

Estruturas Analíticas de Projeto

EAP e suas entregas definidas, a equipe do projeto não apenas pode se guiar para os resultados desejados, como também determina os critérios de aceitação apropriados contra os quais o projeto deve ser medido. Isso possibilitará à equipe do projeto definir no início como o escopo do *produto* (lembre-se, características e funções) será aceito, e também como as entregas da EAP serão aceitas.

Se os critérios de aceitação *não* estão definidos no Dicionário da EAP, há dois problemas que podem ser encontrados. Primeiro e acima de tudo, na ausência de critérios de aceitação, os membros da equipe responsáveis pela criação das entregas do projeto não têm meta à qual se dirigirem. A aceitabilidade do resultado individual é deixada ao acaso. A entrega produzida pelo membro da equipe será aceita pelo cliente? Talvez sim, talvez não. Sem critérios de aceitação explícitos, começa uma negociação entre o fornecedor e o cliente (comprador e vendedor) em vez de um aviso de sim ou não. Isso pode levar a questões sobre o grau de conclusão e qualidade para todo o conjunto de entregas e pode resultar potencialmente em uma experiência não satisfatória do cliente. Além disso, sem um conjunto de critérios de aceitação definido e amarrado à EAP e ao Dicionário da EAP, o Gerente do Projeto terá dificuldades em determinar quando o projeto estará totalmente concluído e pronto para entrega ao cliente.

Como dito anteriormente, sem critérios de aceitação específicos, a aceitação pelo cliente e a transição do projeto pode ser um alvo móvel. Quando isso acontece, pode atrasar a entrega ao cliente e impacta o início do período de garantia (se aplicável). Finalmente, a ausência de critérios de aceitação pode impactar no encerramento das atividades do projeto e pode, em último caso, impedir o projeto de ser total e formalmente concluído. A Demonstração 4.3 mostra (um exemplo de) os critérios de aceitação do Projeto da Casa.

> **Projeto da Casa — Critérios de Aceitação do Comprador**
> - Todo o trabalho concluído e aprovado — por assinatura(s) do contratante
> - Todos os itens da lista de coisas internas a fazer resolvidos
> - Todos os itens da lista de coisas externas a fazer resolvidos
> - Todos os sistemas testados e realizados de acordo com as especificações
> - Todas as inspeções concluídas e transpostas
> - A casa está limpa e pronta para a mudança

Demonstração 4.3 Critérios de Aceitação para o Projeto da Casa.

Embora essas não sejam as únicas atividades de planejamento dentro de um projeto, nós atingimos um ponto no qual o projeto tem a linha de base estabelecida e em que a EAP e as entregas associadas a ela são postas sob o controle do Gerenciamento de Mudanças. Nós próximos três capítulos, discutiremos atividades de planejamento adicional que ocorrem após a criação e o estabelecimento da linha de base da EAP. Também avaliaremos como esses processos interagem com a EAP.

• Resumo do Capítulo •

Neste capítulo, respondemos às questões por que, quem, o que, quando, onde e como, com relação à interação entre a Estrutura Analítica do Projeto e os processos aplicáveis de planejamento do escopo do projeto.

Começamos o capítulo discutindo as duas entregas seguintes a serem concluídas em qualquer projeto — a Descrição do Escopo do Produto e a Declaração do Escopo do Projeto. A Descrição do Escopo do Produto permite à equipe definir e elaborar as características e funções especificadas que serão incluídas no(s) produto(s) final(is) entregue(s) ao cliente. Ao mesmo tempo, a Declaração do Escopo Preliminar do Projeto é revisada para refletir a visão atualizada do que o projeto irá entregar, bem como do trabalho necessário para produzir as entregas desejadas. Isso tudo se torna a Declaração do Escopo do Projeto.

Uma vez que essas entregas estejam concluídas, nossa atenção se volta à criação e entrega da Estrutura Analítica do Projeto. No desenvolvimento da EAP, nós respondemos às seguintes questões:

Por que: É crucial concluir a EAP para definir e detalhar todo o trabalho que deve ser concluído para alcançar os objetivos do projeto.

Quem: A EAP deve ser concluída pelo gerente do projeto e pela equipe. É responsabilidade deles não apenas construir, mas também manter a EAP durante o ciclo de vida do projeto.

O que: Deve estar incluído na EAP o escopo do projeto e somente o escopo do projeto. Nada mais, nada menos. Uma regra de ouro é que se não está na EAP, não deve ser criado ou entregue como parte do projeto.

Quando/Onde: No início e continuamente. Como dissemos, a EAP é um elemento crucial para ser utilizado na definição e manutenção do escopo de qualquer projeto. Além disso, deve ser utilizada para medir o progresso do projeto para a conclusão das entregas e objetivos.

Como: Essa é a maior parte deste capítulo e abrange os passos para criar a EAP. Esses passos incluem começar com o que se é sabido pelo Termo de Abertura, pela Declaração do Escopo Preliminar do Projeto, pelos contratos, acordos e Declarações de Trabalho. Partindo daí, as ferramentas disponíveis e os métodos para a criação da EAP são determinados. Essas ferramentas podem variar de lápis e papel a ferramenta de software e os métodos de top-down a bottom-up. Em paralelo, o Dicionário da EAP deve ser criado para reforçar e continuar a definir os elementos da EAP. Assim que a EAP estiver construída, as Características Principais e Relacionadas ao Uso definidas no Capítulo 2 são usadas para garantir o nível de qualidade da EAP. Finalmente, a EAP é colocada sob o controle do Gerenciamento de Mudanças para controlar e gerenciar as mudanças ao escopo do projeto durante o seu ciclo de vida.

A seção seguinte do capítulo discute os métodos de abordagem de gestão do projeto baseada em atividades e entregas — esboçando as vantagens e desvantagens de cada método e onde cada método é mais bem utilizado.

A seção final do capítulo discute os Critérios de Aceitação. Estes podem ser facilmente determinados diretamente pelos elementos da EAP e seu respectivo Dicionário. Exemplos da Metáfora da Casa foram fornecidos neste capítulo.

Como você pode ver, a EAP é essencial ao sucesso do projeto — não apenas durante as fases de elaboração e planejamento do escopo, mas também durante a execução, o gerenciamento e o controle do projeto durante todo o seu ciclo de vida.

• Questões do Capítulo •

1. Qual dos seguintes documentos do projeto descreve a aparência dos resultados do projeto de forma narrativa?
    a. Termo de Abertura do Projeto.
    b. Declaração do Escopo Preliminar do Projeto.
    c. Descrição do Escopo do Produto.
    d. Estrutura Analítica do Projeto.

2. Estruturas Analíticas do Projeto de qualidade incluem quais das seguintes alternativas? (Selecione todas que se aplicam.)
    a. Entregas internas.
    b. Entregas externas.
    c. Entregas provisórias.
    d. Entregas não planejadas.

3. Qual dessas abordagens de criação da EAP envolve definir primeiro todas as entregas detalhadas do projeto?
    a. Top-down.
    b. Bottom-up.
    c. Padrões de EAP.
    d. Modelos.

4. Estruturas Analíticas do Projeto de qualidade devem ter ao menos _____ níveis de decomposição.
    a. Um.
    b. Dois.
    c. Três.
    d. Quatro.

5. Qual abordagem de gerenciamento de projetos permite que cronograma, custos, recursos e qualidade sejam compreendidos, agregados, medidos e monitorados tanto no nível de entregas específicas quanto no de elementos de alto nível da EAP?
    a. Gestão Baseada em Custeio por Atividade.
    b. Gestão Baseada em Tarefas.
    c. Gestão Baseada em Entregas.
    d. Gestão Baseada em Marcos.

• Referências •

Definição de "Dictionary". American Heritage Dictionary. Disponível em: <www.dictionary.com>.

PROJECT MANAGEMENT INSTITUTE. *A guide to the project management body of knowledge (PMBOK® Guide)*. 3. ed. Newtown Square, PA: Project Management Institute, 2004.

PROJECT MANAGEMENT INSTITUTE. *Practice standard for work breakdown structures*. Newtown Square, PA: Project Management Institute, 2001.

Capítulo 5

A EAP nas Aquisições e no Planejamento Financeiro

• **Visão Geral do Capítulo** •

Este capítulo investiga dois usos principais da EAP durante a fase de planejamento. A seção de abertura descreve como a EAP apoia o processo de tomada de decisão fazer ou comprar. As seções finais do capítulo avaliam o papel da EAP durante os processos Estimativa de Custos e Orçamentação.

As principais seções deste capítulo incluem:
- Decisões Fazer ou Comprar
- Estimativa de Custos
- Orçamentação
- Estrutura Analítica dos Custos

Decisões Fazer ou Comprar

Como vimos anteriormente, a EAP contém a hierarquia completa do projeto ou programa. Um dos muitos benefícios de Estruturas Analíticas de Projeto orientadas a entregas é que elas facilitam o processo de tomada de decisões **fazer ou comprar**. Com uma EAP orientada a entregas, os pacotes de trabalho individuais (entregas) ou partes inteiras de uma hierarquia da EAP podem ser avaliados para determinar se suas entregas devem ser construídas pela equipe do projeto ou adquiridas (contratadas ou subcontratadas). Se uma decisão de comprar é feita, uma avaliação maior pode ser exigida para determinar se a compra, o leasing ou o aluguel são mais adequados às necessidades do projeto.

A Figura 5.1 retrata uma parte de uma EAP para um Projeto de Desenvolvimento de um Website. Para entregar o que é exigido conforme definido nessa EAP, a equipe do projeto precisará implementar todos os componentes que estão abaixo de Componentes

(1.1). Um dos componentes do Website será o mecanismo de buscas. A equipe do projeto pode desenvolver internamente um mecanismo de buscas ou escolher contratar externamente para esse componente.

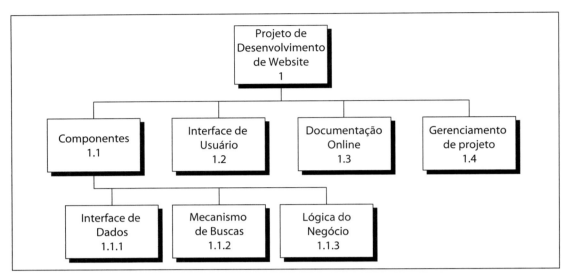

Figura 5.1   EAP para o desenvolvimento de Website.

Depois de alguma análise, o Gerente do Projeto decide adquirir um mecanismo de buscas disponível no mercado. Novamente, há várias opções. Entre elas estão: (1) uma empresa de mecanismo de buscas pode ser adquirida (não é necessariamente uma boa opção, mas ainda assim é uma opção), (2) um módulo de um mecanismo de buscas pode ser licenciado e embutido no Website, ou (3) um mecanismo de buscas pode ser obtido no mercado open-source e embutido no Website. Para os propósitos deste exemplo, diremos que a opção 2 seja selecionada. Neste simples exemplo, o elemento da EAP 1.1.2 será adquirido de um terceiro externo à organização que entregará o projeto. Do ponto de vista da entrega do projeto, a entrega não foi modificada — 1.1.2 ainda é o mecanismo de buscas componente do Website. A única diferença é que o elemento da EAP será atribuído a um fornecedor terceirizado, não a um membro da equipe interna do projeto.

Com uma EAP e um Dicionário da EAP de alta qualidade, informações suficientes sobre cada entrega estão disponíveis para possibilitar à equipe do projeto avaliar as relativas vantagens e desvantagens de construir a entrega versus comprá-la. Com a informação apropriada disponível, a equipe de gerenciamento do projeto pode determinar quais entregas estão dentro da capacidade da(s) organização(ões) de entrega direta e quais devem ser adquiridas de fontes externas. Se uma decisão de comprar é tomada, a equipe do projeto pode configurar um novo processo de qualidade ou utilizar um existente para ajudar a garantir que os melhores resultados possíveis para o projeto sejam entregues pelos recursos mais qualificados.

A terceira edição do *Guia PMBOK®* reconhece a importância da EAP e do Dicionário da EAP nas decisões fazer ou comprar, pois estão incluídas como entradas principais para o processo Planejar Compras e Aquisições (*Guia PMBOK®*, 3. ed., p. 54). Na verdade, decisões fazer ou comprar são entradas ou saídas principais de vários processos relativos às Aquisições na terceira edição do *Guia PMBOK®*.

A EAP também pode ser usada como veículo para a facilitação de subcontratação de trabalho e estabelecimento de entregas individuais pertencentes a fornecedores específicos. Valores podem ser atribuídos às entregas individuais e incluídos no Dicionário da EAP. Essa informação, por sua vez, pode ser usada e monitorada durante os processos de Execução e Monitoramento e Controle para ajudar a garantir a qualidade e conclusão das entregas subcontratadas.

Estimativa de Custos

Estimativa de Custos inclui o desenvolvimento de custos aproximados para cada pacote de trabalho da EAP, incluindo todo e qualquer custo exigido para concluir a(s) entrega(s) do pacote de trabalho. As estimativas de custos devem incluir todos os custos relacionados ao projeto e ao *produto*, tais como:

- Custos de recursos
- Custos de materiais
- Custos de qualidade
- Custos de resposta aos riscos
- Custos de comunicações

A informação contida no Dicionário da EAP pode fornecer entendimento valioso para o processo Estimativa de Custos. O Dicionário da EAP pode incluir os limites de escopo para as entregas, uma referência cruzada com a **Matriz de Responsabilidades (MR)** ou mesmo uma descrição detalhada da entrega que pode conter elementos exigidos no processo de custeio. Essa informação pode, por sua vez, fornecer uma orientação valiosa para estimar os custos dos pacotes de trabalho. Quanto mais definido for o Dicionário da EAP, mais refinadas serão as estimativas.

Mais uma vez, vamos usar a metáfora da Casa para ilustrar esse ponto. A Figura 5.2 mostra a Estrutura Analítica para o projeto da Casa. Nosso objetivo agora é estimar os custos para os três Pacotes de Trabalho que são parte do elemento construção da fundação da EAP.

Para esse projeto, foi decidido que o elemento Layout-Topografia seria contratado externamente de uma empresa terceirizada especializada nesse tipo de trabalho. Sendo assim, os custos do projeto são estimados em $8.000 para o fornecedor terceirizado, mais outros $2.000 em custos de material. Portanto, o custo total do pacote de trabalho Layout-Topografia está estimado em $10.000.

Capítulo 5   A EAP nas Aquisições e no Planejamento Financeiro

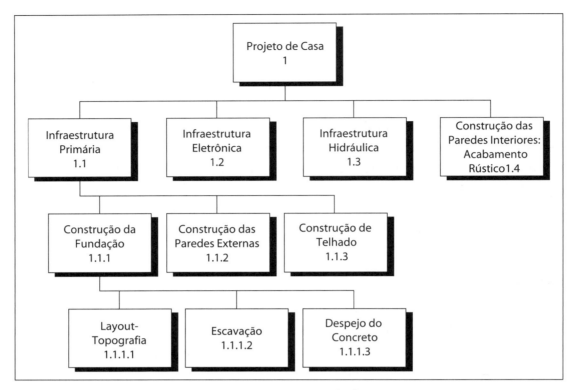

Figura 5.2   **EAP do exemplo da Casa.**

Para a Escavação, o trabalho será realizado internamente pela equipe do projeto. Os custos para esse elemento da EAP não incluem apenas trabalho e mão de obra, mas também os custos com as autorizações necessárias, bem como os custos de aluguel para os equipamentos pesados que serão necessários. Isso posto, a estimativa para o pacote de trabalho Escavação é de $30.000 e está dividida da seguinte forma:

- Materiais — $3.500
- Mão de obra — $15.000
- Autorizações — $1.500
- Aluguéis — $10.000

O *Guia PMBOK®*, em sua terceira edição, reconhece a importância da EAP e do Dicionário da EAP para estimar os custos, pois são considerados como entradas principais para o processo Estimativa de Custos (*Guia PMBOK®*, 3. ed., p. 51). Em última análise, as entregas definidas na EAP orientam o processo de estimativa de custos que, por sua vez, orienta o processo de orçamentação.

Orçamentação

Seguido dos processos de estimativa para cada pacote de trabalho, a **Orçamentação** é utilizada para consolidar e agregar as estimativas dos pacotes de trabalho individuais em um custo total para o projeto — e estabelecer a linha de base inicial de custos. A agregação dos custos no nível de pacotes de trabalho pode e deve seguir a própria construção hierárquica da EAP. Estruturar os custos dessa maneira fornece muitas vantagens, incluindo:

- A Regra 100% usada na criação da hierarquia da EAP garante que cada nível de decomposição inclua 100% dos elementos-pai. Seguir essa hierarquia para estimar os custos garante que o orçamento, por fim, incluirá 100% dos custos, supondo que a EAP esteja totalmente e corretamente definida.
- Os elementos da EAP na estrutura hierárquica são usados como Contas de Controle, assegurando assim a sincronização entre o modo como o trabalho é definido e o modo como ele é realizado e gerenciado.
- A EAP proporciona o recolhimento dos custos, similar ao recolhimento das entregas na hierarquia da EAP.

A Figura 5.3 mostra o nosso exemplo da Casa com custos estimados incluídos dentro dos elementos individuais da EAP. Agora, para aqueles que estão dizendo que esses custos são irreais, queremos declarar aqui e agora que não pretendemos fazer a ilustração realista dos custos em escala. Estamos usando isso apenas como exemplo, e pedimos a você que gentilmente suspenda a descrença por um instante. E para aqueles que estão questionando se esse exemplo se refere a dólares americanos, canadenses ou australianos, a resposta é sim. Por favor, lembre-se que os números incluídos no exemplo têm propósitos ilustrativos, apenas.

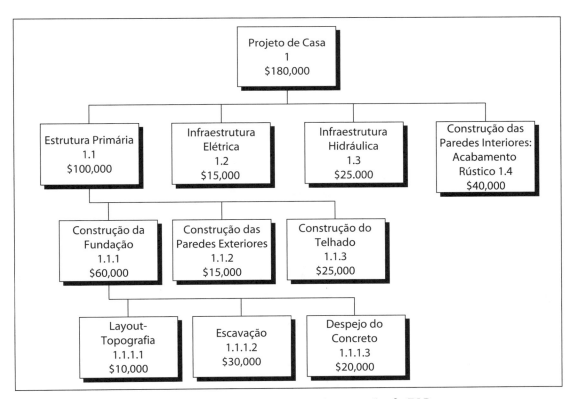

Figura 5.3   Orçamentação — Integração da EAP.

Estruturas Analíticas de Projeto

Como você pode ver na Figura 5.3, o custo estimado da Casa é $180.000. Esse custo pode ser dividido em $100.000 para a Estrutura Primária (1.1), $15.000 para a Infraestrutura Elétrica (1.2), $25.000 para a Infraestrutura Hidráulica (1.3) e $40.000 para a Construção das Paredes Internas — Acabamento Rústico. A Estrutura Primária, por sua vez, pode ser dividida ainda mais, assim como a Construção da Fundação. Como você pode notar, os custos dos elementos da EAP 1.1.1.1, 1.1.1.2 e 1.1.1.3 foram recolhidos e igualados aos custos do elemento 1.1.1. Esse recolhimento pode ser visto por todo o caminho até a raiz da árvore, $180.000 para o projeto da Casa.

O *Guia PMBOK®*, em sua terceira edição, define uma conta de controle (anteriormente chamada de conta de custos) como "ponto de controle gerencial onde se realiza a integração do escopo, do orçamento, do custo real e do cronograma e onde ocorrerá a medição de desempenho". (*Guia PMBOK®*, 3. ed., p. 355). Esse conceito de utilizar a EAP como linha de base para o controle do projeto está incorporado em toda a terceira edição do *Guia PMBOK®*. É por isso que dizemos que a EAP é fundamental para o gerenciamento dos custos e do tempo, e não apenas do escopo.

Estrutura Analítica dos Custos

Uma **Estrutura Analítica dos Custos** é uma divisão hierárquica dos componentes de custos para um projeto. Assim como uma Estrutura Analítica do Projeto, a Estrutura Analítica dos Custos pode ser representada hierarquicamente. A Figura 5.4 reflete uma Estrutura Analítica dos Custos para o projeto da Casa. Novamente, pedimos a você para suspender a descrença, uma vez que se trata apenas de uma ilustração. Neste exemplo simplificado, a Estrutura Analítica dos Custos reflete quatro tipos de custos de projeto: materiais, mão de obra, autorizações e aluguéis.

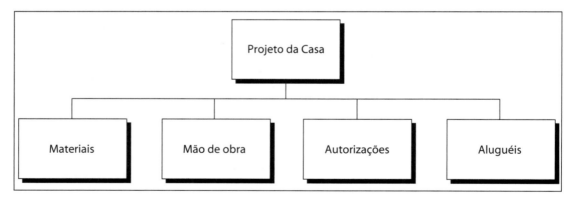

Figura 5.4 Estrutura Analítica dos Custos.

Após ter uma EAP concluída, o Orçamento do Projeto e a Estrutura Analítica dos Custos, agora é possível integrar essas três ferramentas e mostrar a divisão dos custos dos pacotes de trabalho individuais, como mostrado na Figura 5.5.

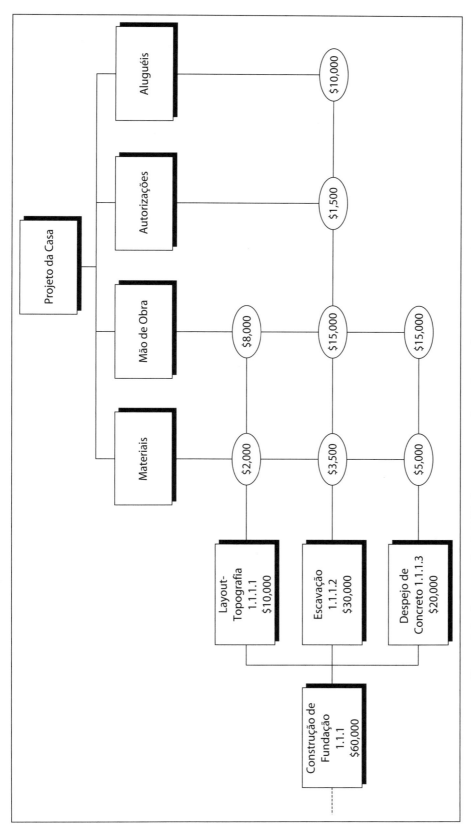

Figura 5.5 Integração da EAP, do orçamento do projeto e da Estrutura Analítica dos Custos.

Estruturas Analíticas de Projeto

Esse exemplo mostra a EAP e o Orçamento do Projeto mais integrado com a Estrutura Analítica dos Custos. Para manter a ilustração simples, nós retratamos apenas os três pacotes de trabalho para o elemento da EAP Construção da Fundação, do exemplo da Casa. Integrar o uso dessas ferramentas de gerenciamento de projetos dá um entendimento não apenas da divisão do escopo do projeto, mas também de seus custos. Também dá um ponto de vista único para a apresentação do que poderia ser uma informação complexa para as partes interessadas em uma forma fácil de entender. Isso tudo é possível por meio do alinhamento dessas ferramentas e processos principais de planejamento do projeto com a Estrutura Analítica do Projeto.

• Resumo do Capítulo •

Este capítulo aborda alguns dos aspectos do planejamento de Estruturas Analíticas de Projeto. A seção inicial discute como a EAP ajuda na tomada de decisões fazer ou comprar. As duas seções seguintes explicam como a EAP é parte integrante das estimativas de custos e da orçamentação do projeto. O capítulo encerra com uma discussão das Estruturas Analíticas dos Custos e fornece exemplo da integração entre a EAP e a Estrutura Analítica dos Custos.

• Questões do Capítulo •

1. Estimativas de custos do pacote de trabalho devem incluir quais dos seguintes? (Selecione todos que se aplicam.)
    a. Custos de recursos.
    b. Custos de materiais.
    c. Custos de qualidade.
    d. Custos de resposta aos riscos.
    e. Custos de comunicações.
    f. apenas a e b.

2. Qual entrega relacionada ao gerenciamento do escopo pode ajudar consideravelmente nas estimativas dos custos?
    a. Termo de Abertura do Projeto.
    b. Declaração do Escopo do Projeto.
    c. Descrição do Escopo do Produto.
    d. Dicionário da EAP.

3. Quais das seguintes opções representam vantagens por estruturar o orçamento dos custos de acordo com a construção da EAP? (Selecione todas que se aplicam.)
    a. A Regra 100% usada na criação da hierarquia também garante que o orçamento incluirá, por fim, 100% dos custos.

b. Os elementos da EAP na estrutura hierárquica são usados como Contas de Controle, garantindo assim a sincronização entre o modo como o trabalho é definido e como ele é realizado e gerenciado.

   c. A EAP fornece o recolhimento dos custos, similar ao recolhimento de entregas na hierarquia da EAP.

   d. b e c apenas.

4. O que é um "ponto de controle gerencial em que a integração do escopo, do orçamento, do curso real e do cronograma acontece"?

   a. Elemento da EAP.

   b. Pacote de trabalho.

   c. Conta de controle.

   d. Nenhuma das alternativas.

5. Qual é a divisão hierárquica dos componentes de custos do projeto?

   a. Estrutura Analítica do Projeto.

   b. Estrutura Analítica dos Recursos.

   c. Estrutura Analítica da Organização.

   d. Estrutura Analítica dos Custos.

• Referências •

PROJECT MANAGEMENT INSTITUTE. *A guide to the project management body of knowledge (PMBOK® Guide)*. 3. ed. Newtown Square, PA: Project Management Institute, 2004.

Capítulo 6

Planejamento da Qualidade, dos Riscos, dos Recursos e das Comunicações com a EAP

• **Visão Geral do Capítulo** •

Conforme o planejamento para um projeto evolui, processos adicionais de gerenciamento de projetos entram em jogo. Esses processos familiares são vitais ao progresso do projeto e ajudam a assegurar a entrega dos resultados acordados — os produtos, serviços, ou resultados derivados do esforço. Neste capítulo nós discutimos a interação entre a EAP desenvolvida para o projeto e esses processos principais do projeto, incluindo as atividades de planejamento para Qualidade, Recursos, Riscos e, o mais importante, Comunicações.

Este capítulo aborda os seguintes tópicos:
- Como Alcançar o Planejamento da Qualidade, dos Recursos e dos Riscos
- Como Utilizar Modelos e Processos Existentes
- Criação de Processos para Apoiar o Projeto
- Utilização da EAP como Base para o Desenvolvimento de Processos
- Como Empregar a EAP e o Dicionário da EAP
- O Todo não é Maior do que a Soma das Partes — Ele é precisamente 100% da Soma das Partes
- Como Examinar as Considerações do Processo
- Planejamento das Comunicações Utilizando a EAP como base
- Desenvolvimento do Plano das Comunicações, incluindo a Matriz das Comunicações, a Hierarquia da Informação e a Matriz de Reuniões

Para cada um desses processos, a EAP exerce um papel fundamental como base:
- Pelo fato de a EAP detalhar cada uma das entregas do projeto, nós contamos com ela durante o **Planejamento da Qualidade** para ajudar a determinar quais processos de qualidade são apropriados para cada entrega do projeto. Além disso, a EAP e o Dicionário da EAP fornecem clareza com relação ao escopo,

enquanto permitem ao gerente do projeto desenvolver Planos de Garantia da Qualidade e atividades que detalham processos de qualidade para o projeto. Finalmente, conforme a fase de execução do ocorre, são implementados processos de Controle de Qualidade para garantir a conformidade das entregas do projeto com os critérios de qualidade para a aceitação. Durante essa fase do projeto, os esforços contínuos de monitoramento e controle são amarrados aos pontos de verificação da qualidade que permitem à equipe do projeto verificar vários resultados provisórios e fazer ajustes onde for necessário. Nós examinaremos como a EAP exerce seu papel na identificação e medição de controles apropriados.

- O **Planejamento de Recursos** envolve o mapeamento das necessidades específicas de recursos, identificadas por meio da decomposição de cada pacote de trabalho em cronograma de tarefas e atividades do projeto e permite a integração da EAR do projeto (Estrutura Analítica dos Recursos), do Organograma e da EAP. Dessa forma, demonstramos como a EAP sustenta o alinhamento dos recursos às necessidades específicas dentro do projeto.

- O **Planejamento de Riscos** é um dos poucos processos prospectivos do gerenciamento de projetos que podem fornecer percepção sobre o que a equipe poderia encontrar durante a execução do projeto. Da mesma forma como as estimativas de projeto são baseadas na antecipação de *necessidades*, o planejamento de riscos procura por *eventos* futuros potenciais que possam impactar o projeto e ajuda o Gerente de Projeto e a equipe a desenvolver planos efetivos para lidar com esses eventos, caso eles ocorram. A EAP fornece um veículo para perceber e descrever riscos que possam afetar positiva ou negativamente os vários elementos de trabalho e entregas do projeto. Na realidade, dado que o planejamento eficaz e prospectivo de riscos lida especificamente com entregas únicas do projeto, o conhecimento de que o trabalho do projeto está em si decomposto em entregas individuais (como um produto da EAP) força o gerente do projeto a fundamentar o Planejamento de Riscos na EAP desenvolvida. A EAP e o Dicionário da EAP juntos fornecem uma visão clara do escopo do projeto e seus limites — e proveem uma ferramenta pronta para que o Gerente de Projetos possibilite a identificação de riscos e o desenvolvimento de estratégias eficazes de resposta aos riscos.

- Finalmente, o sucesso do **Planejamento das Comunicações**, um dos papéis principais do gerente de projetos, depende do claro e total entendimento das necessidades de comunicação de cada parte interessada e grupos de partes interessadas do projeto. Neste capítulo nós compartilhamos estratégias para o desenvolvimento de planos de comunicação globais que simplificam esse processo enquanto ajustam os métodos e meios de comunicação às necessidades específicas de grupos individuais de partes interessadas.

Como Alcançar o Planejamento da Qualidade, dos Recursos e dos Riscos

Durante as fases críticas e iniciais de um projeto, Iniciação e Planejamento, o gerente de projeto se depara com um conjunto esmagador de responsabilidades e desafios. Confúcio disse: "Um homem que não planeja com antecedência encontrará problemas a sua porta". Ele ou ela tem de demonstrar liderança forte para os membros atuais da equipe do projeto como também às várias partes interessadas e grupos de partes interessadas, além de, na maioria dos casos, dar o tom e a direção quando muita informação sobre o projeto permanecer desconhecida.

Geralmente, nesse estágio os requisitos são vagos, com declarações curtas compostas de orações simples que contêm pouco detalhamento. Essas declarações de "requisitos" podem capturar apenas funções de alto nível, casos de uso, atributos ou resultados tais como "o produto deve estar em conformidade às restrições legais e regulatórias aplicáveis" ou "o edifício não pode exceder 27,77 metros acima do nível da rua". Ao mesmo tempo, os desenhos de produto são frequentemente incompletos e fornecem pouco entendimento sobre as complexidades do trabalho a seguir, uma vez que, geralmente, eles foram desenvolvidos em nível mais alto para facilitar a comunicação (e a "promoção") do conceito geral do produto. Como resultado, eles estão muito longe do detalhamento necessário para sustentar a construção do produto ou serviço real.

A abordagem para decisões fazer ou comprar que podem se aplicar a certos componentes do projeto ainda não foi determinada e é bastante provável que muitos dos recursos necessários para a sustentação do projeto ainda não tenham sido identificados. Com tantos fatores desconhecidos, como o gerente de projeto segue adiante para efetivamente planejar processos fundamentais para o projeto? Felizmente, há duas maneiras de abordar a resposta a essa pergunta. As escolhas são simples. O gerente de projeto pode aplicar os processos existentes dentro da companhia, divisão ou organização para satisfazer as necessidades do projeto para o gerenciamento da Qualidade, dos Recursos, dos Riscos e das Comunicações, ou pode criá-los onde forem necessários. E isso é tudo — usar o que existe ou criar os processos necessários para apoiar o projeto. Seguir adiante sem esses processos em vigor não é uma opção — o projeto será fundamentalmente inconsistente sem eles, portanto a escolha é, na verdade, bastante simples.

Porém, nós apostamos que agora mesmo você está pensando que na maior parte do tempo esses processos principais de gerenciamento de projetos simplesmente não existem, e, portanto, você *deve* criá-los, queira ou não. E você teria razão, mas apenas em parte, dependendo da indústria ou setor que estamos discutindo. Em alguns casos — por exemplo, na indústria aeroespacial, farmacêutica, no Departamento de Defesa dos Estados Unidos e no turismo — esses processos existem e têm sido utilizados há muito tempo no apoio a iniciativas importantes de projetos. Na verdade, há evidências (por exemplo, arquivos de documentos de projetos do governo norte-americano) nesses setores de que processos fundamentais estiveram em vigor tempo suficiente para se tornarem muito sofisticados, detalhados e refinados. Em outros setores, porém, como por exemplo, novas tecnologias e partes da indústria de tecnologia da informação, esses processos são raramente estáveis o bastante para serem chamados "repetitivos". Os Gerentes de Projeto nesses setores encontram-se criando os mesmos processos principais de gerenciamento de projetos repetidamente.

Vamos agora examinar esses dois caminhos um pouco mais de perto. Mais adiante no capítulo, quando veremos como criar processos repetitivos, de apoio a projetos, em vez de usar os processos existentes dentro de uma organização ou empresa, nós discutiremos como a EAP desempenha seu papel durante o desenvolvimento e a implementação do processo. Como uma observação adicional, nós abordaremos o Planejamento das Comunicações separadamente, porque a singularidade e o papel crítico das comunicações em todos os projetos permitem a abordagem do desenvolvimento de processos eficazes de comunicação como um assunto separado. Como mencionamos antes, nesse ponto particular do ciclo de vida do projeto, o gerente de projeto se encontra em uma encruzilhada e pode seguir duas abordagens muito diferentes para colocar os processos básicos necessários em vigor. Independentemente da direção tomada, porém, está claro que agora não é hora de o gerente de projeto determinar como avançar (embora frequentemente a decisão seja tomada aqui). Esse planejamento é algo que poderia ter sido mais bem determinado antes de haver pressão, antes que todos os olhos estivessem no projeto e no gerente do projeto. A preparação para a implementação de processos principais de apoio a um projeto tem um grau de pesquisa e planejamento por parte do gerente do projeto, e o tempo necessário para esse trabalho deve ser antecipado ou planejado dentro do projeto, como parte do esforço.

Como Utilizar Modelos e Processos Existentes

Um caminho certo do sucesso para o gerente de projeto é aplicar processos experimentados e testados para Qualidade, Recursos, Riscos e Comunicações. A princípio, isso pressupõe que os processos existam atualmente e estejam disponíveis ao gerente do projeto para utilização. Esses processos são processos que teriam evoluído com o passar do tempo dentro da divisão, empresa ou organização, como resultado de uso repetitivo — e teriam provado serem eficientes e eficazes. É claro, isso requer e implica a instituição ou organização onde isso acontece ter investido no estabelecimento e na manutenção desses processos, e assim o tenha feito propositadamente, e provavelmente, sem necessidade. Os produtos, serviços e resultados que essas empresas e organizações fornecem têm de satisfazer padrões rígidos de qualidade e devem fazê-lo com um grau de confiança e consistência difíceis de alcançar.

Imagine por um instante o setor aéreo. No momento em que estamos escrevendo este livro e durante o passado recente, nós testemunhamos um quase colapso na habilidade de todo o setor aéreo em manter os horários de partida e chegada de voos. Decolar ou pousar conforme anunciado em seu voo, em horário marcado, ou presenciar voos em que ambos ocorrem conforme agendado está se tornando uma raridade. O descontentamento público e os protestos estão em alta, as companhias aéreas e os aeroportos estão na linha de tiro. E o problema chamou a atenção dos Estados Unidos e das agências governamentais internacionais. Porém, de forma bastante interessante, o público viajante em geral não deixou de voar por causa desse problema. Seguramente, os viajantes estão claramente aborrecidos e estão reclamando em números recordes. As companhias aéreas estão fazendo "o que podem", mas a verdade é que esse desvio significativo do padrão para a decolagem e pouso de voos, ou a baixa "qualidade" do horário agendado não são fatores de controle para influenciar a ação pública, porque os benefícios de voar, até mesmo com as recentes inconveniências e problemas, ainda excedem em valor os prejuízos e o tempo envolvidos em encontrar opções alternativas de viagem.

A segurança de voo, ao contrário, é uma questão completamente diferente. As regras de "qualidade" que se aplicam à segurança pública no setor aéreo são rígidas e estão ficando ainda mais rígidas. (E a importância desse aspecto da viagem aérea provavelmente está causando algumas das demoras que nós discutimos há pouco.) As pessoas simplesmente deixariam completamente de voar se o atributo de "qualidade" para voos seguros fosse afrouxado para não mais que alguns centésimos de um único ponto de porcentagem. É isso que queremos dizer: Se nós fôssemos afrouxar nossos processos de controle de qualidade de segurança existentes para a companhia aérea com relação à manutenção de aeronaves, horas de descanso da tripulação de voo, consumo de álcool da tripulação de voo, inspeção da bagagem de mão do passageiro, rastreamento de bagagens ou passageiros, e permitíssemos que os "incidentes" (acidentes) de segurança da companhia aérea saltassem de repente do nível atual para um número que é estatisticamente representado por meio de um desvio padrão; significando a diferença entre 6 sigma e 4 sigma, ou um aumento em probabilidade de ocorrência em 235 por cento, as pessoas provavelmente optariam por outros meios de viagem em vez de aceitar o risco de estar em um dos voos menos rigorosamente monitorados e controlados.

Nesse caso, gerentes de projeto em operações do setor aéreo geralmente aplicam processos existentes para qualidade, riscos, gerenciamento de recursos e comunicações. Por quê? Porque eles têm de fazer isso para garantir níveis consistentes e repetidos de qualidade, reduzindo os riscos conhecidos e verificando a proteção e a segurança de viagem para o público.

Ainda nesse caso, o setor aéreo como um todo adotou uma inspeção de segurança rigorosa e um protocolo de certificação. Esse protocolo consistentemente verifica e valida que todos os aspectos de gerenciamento de voo satisfazem padrões de segurança específicos. As companhias aéreas particulares abordaram essa necessidade e desenvolveram processos permanentes para assegurar o resultado desejado. A entrega confiável e consistente de resultados, por sua própria natureza, demanda processos estáveis e refinados para assegurar alta qualidade e adequação ao uso.

Para trazer outra analogia, pense agora em operações de linha de produção em empresas ou instituições que geram bens de consumo como eletrodomésticos, veículos, alimentos, ferramentas, maquinários e similares. Nesses casos, embora os projetos dentro das empresas ou organizações possam ser novos, o gerente de projeto utiliza os processos e recursos existentes disponíveis, como o processo de garantia de qualidade do produto, a "máquina" administrativa ou plataforma de pessoal para o preenchimento dos papéis necessários nas equipes específicas de projetos. O projeto pode empregar o modelo estatístico, as provas e as análises existentes para garantia de qualidade e o uso específico de técnicas de controle para medição e monitoramento da qualidade dos produtos entregues. Seja qual for o caso, a criação desses processos não é considerada e seria completamente desnecessária. Essas funções são vistas como ativos organizacionais valiosos e reutilizáveis que apoiam uma variedade de esforços de projeto e são frequentemente mecanismos sofisticados e eficientes para a empresa.

Vamos sintetizar brevemente a utilização de processos e modelos existentes que estão ao alcance das mãos do gerente de projeto em algumas organizações:

- Organizações que produzem linhas conhecidas de produtos ou serviços que devem atender a certos padrões de qualidade predeterminados ou produzem produtos e serviços que evoluem por meio de mudanças incrementais geralmente mantêm um conjunto de processos e modelos no qual o gerente de projeto pode confiar para entregar projetos específicos dentro desses conjuntos de produtos/serviços.
- Para o gerenciamento da qualidade, frequentemente há critérios específicos, processos de garantia da qualidade e ferramentas disponíveis de controle da qualidade que foram refinadas com o passar do tempo e usadas repetidamente para entregar os produtos e serviços da empresa. Aqui, o papel do gerente de projeto seria utilizar totalmente esses critérios, processos e ferramentas e apenas modificá-los ligeiramente ou talvez nem isso, para assegurar que os produtos/serviços atendem aos critérios especificados.
- A utilização de processos padronizados da empresa para a alocação de pessoal às tarefas individuais do projeto é mais benéfica ao gerente do projeto em organizações em que esses processos são conhecidos e estáveis. A empresa ou organização que entrega produtos e serviços conhecidos frequentemente desenvolve metodologias permanentes para abordar as necessidades de recur-

sos para o projeto e já tem planejado o uso de empregados, fornecedores e consultores em várias quantidades predeterminadas.

- Da mesma forma, a Análise de Riscos e o Planejamento de Riscos em empresas e organizações como essas também podem confiar em metodologias testadas. É muito provável que o gerente de projetos terá acesso total a modelos e ferramentas de Gerenciamento de Riscos usadas para orientar cuidadosamente a identificação, a análise e o planejamento de resposta aos riscos. Esses modelos e ferramentas geralmente são formados por guias completamente elaborados que pré-identificam as categorias de riscos mais significativas (alto impacto/alta probabilidade de ocorrência) para a empresa e incluem riscos que foram vistos repetidamente em esforços de projetos anteriores.
- Dependendo da indústria, empresa e setor, categorias específicas de riscos que a empresa seguramente tem de abordar aparecem nos modelos e ferramentas. Isso pode incluir categorias de riscos como riscos ambientais, legais, regulatórios, ou estatutários; riscos operacionais como contratação ou administrativo; e riscos catastróficos ou inesperados, imprevisíveis, incluindo clima, roubo, interrupções de poder, eventos de ambientes físicos (explosão, desmoronamento de construção, inundação etc.), e atos de guerra. Independentemente do caso, quando esses modelos existem, eles fornecem orientação forte para o gerente do projeto e para a equipe do projeto e fornecem evidências claras da estrada à frente. O gerente de projeto é bem aconselhado a utilizar completamente essas ferramentas valiosas — aplicando-as sistematicamente durante a fase de planejamento, modificando-as e aprimorando-as para satisfazer as necessidades de projetos específicos.

Criação de Processos para Apoiar o Projeto

Há muitos casos em que os processos de gerenciamento da Qualidade, de Riscos, de Recursos e das Comunicações, como esses previamente descritos, simplesmente não existem. Há razões infinitas para isso e nós poderíamos começar a enumerá-las aqui, mas em toda a probabilidade nós inadvertidamente negligenciaríamos a que descreve a sua situação em particular e, se fizéssemos isso, você poderia desinteressar-se em continuar a leitura, portanto, não vamos listá-las. Basta dizer que muitos de vocês, da mesma forma como nós mesmos presenciamos, chegaram a essa mesma conjuntura, responsáveis por projetos que têm de avançar com pouco mais que requisitos esboçados e rascunhos de guardanapo.

Claro que não há nenhum processo existente no qual você possa confiar para entregar o projeto — em alguns casos eles não foram necessários antes. E, se esses processos por um acaso existirem, é improvável que você acredite que eles são robustos ou estáveis o bastante para apoiar seu projeto. Goste ou não disso, você tem de criar os processos dos quais você precisará para gerenciar a Qualidade, os Riscos, os Recursos e as Comunicações, e você tem de fazer isso imediatamente, com o mínimo de orientação.

Você está ciente de que deve também desenvolver processos eficazes similares para o Gerenciamento de Mudanças (Escopo), Gerenciamento do Cronograma (Tempo) e Gerenciamento Financeiro (Orçamento), mas esses tópicos não fazem parte da discussão deste capítulo, portanto não vamos incluí-los agora.

Utilização da EAP como Base para o Desenvolvimento de Processos

Se os processos de Qualidade, Riscos, Gerenciamento de Recursos e Comunicações necessários para apoiar o projeto não existem, ou são insuficientes para gerenciar eficazmente o projeto, a EAP fornece um ponto de partida útil para melhorar a situação.

Estamos cientes de que alguns gerentes de projeto preferem ir direto ao ponto, iniciar o desenvolvimento de processos através da reunião da equipe do projeto em um esforço de começar um *brainstorming* para as soluções de um ou mais desses desafios. Se o objetivo é o Gerenciamento de Riscos, a equipe começaria o *brainstorming* para identificar riscos potenciais. Se, por outro lado, a necessidade imediata é o Planejamento da Qualidade ou o Planejamento dos Recursos (pessoal), a equipe começaria o *brainstorming* para definir potenciais pontos de verificação ou lacunas em termos de habilidades gerenciais ou técnicas de qualidade. Algumas vezes, essa é uma forma produtiva para começar, pois pode gerar algumas percepções imediatas e trazer à tona desafios reais. No entanto, essa forma livre e não estruturada de abordagem tem uma desvantagem. Em muitos casos, os resultados dessa abordagem são inexatos. As soluções encontradas podem abordar alguns aspectos óbvios dos processos de maneira eficaz, enquanto outros podem ser completamente ignorados ou involuntariamente deixados de lado. Quando isso ocorre, essas negligências ocasionalmente não parecem, na verdade, serem problemas reais, até que seja tarde demais no projeto para abordá-las eficazmente. O gerente do projeto e a equipe são então forçados a um modo reativo, enquanto o custo de corrigir o lapso e atender a necessidade do processo provoca um impacto significativo no avanço do progresso do projeto.

Em discussões com os gerentes de projeto sobre isso, temos ouvido algumas opiniões bastante interessantes sobre a abordagem. Alguns afirmam que simplesmente não existe melhor maneira de começar a construir soluções para esse problema urgente do que trazer a equipe unida em um cenário informal e não estruturado para, de forma coletiva ou colaborativa, realizar um *brainstorm* — quanto menos restrições para a atividade de *brainstorming*, melhor. Outros optariam por começar com quaisquer processos de riscos, qualidade, recursos e comunicações que os membros da equipe possam ter usado no passado. A atividade de desenvolvimento dos processos incluiria remendar os pedaços para formar um processo coeso ou trabalhar com eles para moldá-los de forma a apoiar o projeto.

Claro que essas abordagens podem produzir resultados satisfatórios, mas também é muito possível que não produzam. Considerando os papéis de liderança no projeto, porém, temos de concordar que o Gerente de Projeto precisa de uma metodologia de desenvolvimento de processos mais confiável para o estabelecimento de processos-chave no início da vida do projeto. Além disso, em vez de deixar essa oportunidade ao acaso, se fôssemos buscar a orientação essencial de *Os 7 hábitos das pessoas altamente eficazes,* do Dr. Stephen Covey; talvez uma abordagem mais eficaz para o desenvolvimento de processos seria a de "Começar com um fim em mente". A EAP, com suas Características Principais e Relacionadas ao Uso, fornece um ponto de partida claro para o desenvolvimento de processos.

Como Empregar a EAP e o Dicionário da EAP

Como discutimos anteriormente, embora possa ser benéfico praticar o *brainstorming* para gerar ideias sobre o Gerenciamento da Qualidade, dos Riscos e de Recursos, essa abordagem não estruturada apresenta grande potencial para a omissão involuntária de pontos de monitoramento ou importantes controles da qualidade, perda de riscos importantes ou atrasos na alocação de pessoal para os papéis centrais da equipe e outros problemas desconhecidos e inesperados.

Ao contrário, se admitirmos que o Gerente de Projeto seguiu orientação permanente em relação ao desenvolvimento da EAP e envolveu quem será responsável por fazer o trabalho na criação dessa representação fundamental do escopo do projeto, então a EAP e o Dicionário da EAP fornecem uma plataforma pronta para enquadrar o desenvolvimento dos processos críticos de apoio ao projeto.

Portanto, quando os gerentes de projetos comentam que prefeririam trabalhar no desenvolvimento dos processos do projeto por meio de uma forma não estruturada, nós nos opomos perguntando como eles podem ter certeza de que todos os aspectos do escopo do projeto são abordados pelos processos por eles desenvolvidos, se eles não começaram com uma divisão do escopo do projeto, a EAP.

Como a EAP decompõe o escopo do projeto, ela destaca agrupamentos naturais de trabalho para o Gerente de Projeto, bem como para a equipe. Esses agrupamentos de trabalho se encaixam bem na análise e construção necessárias para o desenvolvimento de processos de apoio ao projeto. Utilizando a metáfora da Casa na Demonstração 6.1, vamos aplicar a EAP para o planejamento da Qualidade, dos Riscos e de Recursos.

> 1 Projeto da Casa
>   1.1 Estrutura Primária
>   1.1.1 Construção da Fundação
>   1.1.1.1 Layout-Topografia
>   1.1.1.2 Escavação
>   1.1.1.3 Despejo do Concreto
>   1.1.2 Construção das Paredes Externas
>   1.1.3 Construção do Telhado
>   1.2 Infraestrutura Elétrica
>   1.3 Infraestrutura Hidráulica
>   1.4 Construção das Paredes Internas: Acabamento Rústico

Demonstração 6.1   EAP do Exemplo da Casa.

O Todo não é Maior do que a Soma das Partes — Ele é precisamente 100% da Soma das Partes

Vamos primeiro olhar para a EAP como um todo. Mais tarde, nós vamos quebrá-la em segmentos para ilustrar itens específicos. Quando olhamos para essa divisão do trabalho, nós imediatamente vemos que existem algumas diferenciações importantes entre os elementos de trabalho descritos pela EAP. Se você pode imaginar o trabalho sendo efetivamente realizado, pode vislumbrar que muitos técnicos especificamente qualificados e trabalhadores são necessários para concluir o trabalho descrito por essas simples entradas. Certamente, pode haver algumas pessoas com habilidades suficientes em cada uma das áreas definidas pela EAP para completar todo o trabalho por elas mesmas, mas gostaríamos que você pensasse na abordagem mais comum, onde os trabalhadores de construção de casas de hoje são mais especializados e sabem bem o seu ofício específico. A construção de casas tornou-se um outro domínio de especialização de competências.

Se considerarmos essa situação, então se torna muito claro, a partir da decomposição do trabalho, que as competências exigidas para alguns dos elementos da EAP são separadas e distintas das competências necessárias para outros. Na realidade, os trabalhadores que você possa identificar como "crucialmente necessários" para alguns dos elementos da EAP seriam totalmente sem valor para outros. Por exemplo, você não gostaria de ter um eletricista certificado trabalhando na canalização das infraestruturas, a menos que essa pessoa tivesse algum tipo de certificação no encanamento também. São competências claramente separadas e distintas.

Outro aspecto muito importante que vemos conforme olhamos para a EAP como um todo é o fato de que cada um de seus subelementos é um componente completo de trabalho em si próprio, mas que deve poder ser integrado e se reunir sem emendas para produzir o produto final concluído, a casa. Se esses componentes não se encaixam bem, há toda a probabilidade de o comprador não aceitar o produto acabado.

Portanto, o que podemos deduzir a partir desse breve olhar sobre a EAP? Primeiro, nós podemos usar a EAP para "prever", ou perceber o modo como o trabalho será alocado com as qualificações específicas de pessoal. Além disso, podemos ver facilmente que haverá coisas que devem ser consideradas sobre como os vários componentes separados devem ser desenvolvidos para que esses possam ser integrados e funcionar em conjunto como um todo. E, pensando adiante através do processo de desenvolvimento, nós podemos imaginar os passos de testes e verificações que terão de ocorrer para assegurar que eles atendam às especificações aplicáveis de qualidade e os critérios que definem a "adequação ao uso".

Agora vamos discutir como usaríamos a EAP para desenvolver processos para o Gerenciamento da Qualidade, dos Riscos e dos Recursos voltados especificamente para apoiar esse projeto. Vamos pegar aqui alguns elementos da EAP separadamente.

Quando olhamos nos níveis 3 e 4 da EAP (veja Demonstração 6.2) elementos que formam os componentes da Construção da Fundação, vemos imediatamente que existem definições de trabalho nessa relação pai-filho que requerem um conjunto um pouco diferente de habilidades. O trabalho também demandará um ritmo cuidadoso e um considerável grau de supervisão.

Os componentes de que estamos falando são mostrados aqui:

1 Construção da Fundação
   1.1 Layout-Topografia
   1.2 Escavação
   1.3 Despejo do Concreto

Demonstração 6.2   Componente da EAP do Exemplo da Casa.

Esse momento ocorre quando a maioria das construções de casas inicia. E dado o fato de que representa a base para o restante da estrutura da casa, a qualidade desse componente terá grande influência na qualidade da casa concluída e finalizada.

Como Examinar as Considerações do Processo

Ao considerar os riscos e os recursos para o projeto, o Gerente de Projeto (ou a empreiteira contratada) para a casa pode estar antecipando que cada elemento da EAP será subcontratado por diferentes empresas especializadas em tarefas específicas descritas por esses elementos. Aqui, o Gerente de Projeto estaria equilibrando pessoal/especialização com a necessidade de subcontratação do trabalho. Para reduzir o risco e melhorar a qualidade geral, é bastante comum, na construção de casas, descobrir que empresas de construção se alinham a subempreiteiras específicas que se especializam em certos aspectos da construção e irão executar as mesmas tarefas em uma série de projetos de

Estruturas Analíticas de Projeto

casas. Frequentemente, subcontratos para esse trabalho específico dentro da EAP são definidos com semanas, meses e até anos de antecedência. Dessa forma, a empreiteira e a(s) subempreiteira(s) têm pleno conhecimento do trabalho antecipado que vem sendo realizado (representado pelos elementos específicos da EAP descrevendo o trabalho) como entregas subcontratadas, e pode escrever contratos articulando o relacionamento, bem como o cronograma dos trabalhos. A EAP torna fácil separar essas entregas em subcontratos, estimando e antecipando os custos de componentes individuais dentro de cada um dos elementos da EAP. Isso também permite a supervisão e o gerenciamento do trabalho como produtos independentes que contribuem para um todo coeso, contabilizando o custo de cada elemento-filho da EAP (entrega) como um componente do elemento-pai, seja ele realizado como um conjunto de entregas subcontratadas ou não. Assim, o Gerente de Projetos pode traçar uma relação direta entre os elementos e Pacotes de Trabalho definidos e articulados na EAP e os elementos de custos para cada um desses elementos e Pacotes de Trabalho, representados no modelo descrito pela Estrutura Analítica dos Custos para o projeto e pelas ferramentas de gerenciamento de custos usadas para monitorar e gerenciar os aspectos financeiros do projeto.

Por exemplo, pode existir uma empresa de vistoria, familiar com a geografia na área na qual a casa está sendo construída, que pode também ter experiência com as leis, códigos e regulamentos aplicáveis que devem ser considerados quando se constrói uma casa em uma propriedade particular. Seria importante subcontratar o elemento da EAP 1.1.1.1 Layout-Topografia para uma empresa desse tipo para se certificar de que foram tomadas as medidas adequadas no layout da fundação para que ele se enquadre dentro dos limites e restrições definidos por essas leis, códigos e regulamentos. Subcontratar esse serviço resolve o problema de recursos e permite que o rastreamento do custo para este trabalho seja contido dentro deste elemento específico da EAP. Fazer isso, porém, apresenta seus próprios riscos. Muitas vezes, as empresas que são familiarizadas e têm experiência em realizar trabalhos especializados estão em alta demanda. Programá-los para executar o trabalho em datas específicas pode ser uma questão desafiadora. Os cronogramas são frequentemente preenchidos com trabalho previamente contratado: condições climáticas e imprevistos podem impactar a disponibilidade dos trabalhadores e, devido à natureza do trabalho, pode impactar o cronograma para o restante do projeto.

O mesmo seria válido para uma organização subcontratada que seria responsável pela escavação da fundação, elemento da EAP 1.1.1.2, ou para a equipe contratada que iria despejar a fundação, elemento da EAP 1.1.1.3. Cada um desses componentes pode ser facilmente visto como partes subcontratadas de componentes da Construção da Fundação e, ao mesmo tempo podem ilustrar os riscos inerentes na subcontratação de desempenho, bem como responsabilidade de terceiros. Embora um aspecto possa ser resolvido, outros riscos são apresentados.

Aqui podemos apontar considerações para a qualidade, riscos e recursos associados a apenas esses quatro elementos da EAP, enquanto, ao mesmo tempo, podemos ver como esses elementos apresentam risco e impacto potencial a outros elementos do projeto. Embora o principal contratante possa subcontratar a realização de determinados trabalhos para terceiros responsáveis, em último caso, o principal contratante é responsável por todo o trabalho a ser realizado de acordo com a especificação, executado dentro do orçamento e entregue de acordo com o cronograma predeterminado. Infelizmente, embora a principal empreiteira possa impor incentivos às organizações subempreiteiras para garantir o seu desempenho e entrega, ele ou ela não pode controlar totalmente seus desempenhos. Eventos alheios ao controle de quaisquer das partes pode impactar na entrega.

Além disso, é evidente que esses três importantes componentes da EAP estão inter-relacionados. O layout-topografia deve ser concluído, e deve estar em conformidade com as especificações aplicáveis relacionadas ao ambiente, à localização do lote, ao acesso, ao abastecimento de serviços públicos e à aparência antes que uma única pá de lixo seja retirada do terreno. O concreto necessário para a fundação deve ser planejado e pedido antes que a fundação tenha sido iniciada, ou a empreiteira principal corre o risco de o concreto não estar disponível quando for necessário. Se houver um atraso, seja nos elementos da EAP layout ou escavação, entretanto, há uma alta probabilidade de o concreto estar no local antes que seja realmente necessário. Sem lugar para despejá-lo na chegada, o concreto teria de voltar à fonte. Re-agendar a disponibilidade de concreto poderia apresentar um conjunto adicional de desafios, riscos e custos imprevistos para o Gerente.

Os processos de Gerenciamento da Qualidade relativos a esses mesmos elementos da EAP são igualmente concebidos para satisfazer as necessidades específicas do trabalho que vem sendo realizado. A EAP permite que o Gerente de Projeto perceba os atributos únicos de avaliação da qualidade, monitoramento e controle associados a cada elemento próprio da EAP. Por exemplo, os processos de garantia da qualidade e controle de qualidade associados com layout e topografia seriam muito diferentes de processos da qualidade que se aplicam ao concreto despejado na fundação. Exatidão e conformidade a códigos ou leis que se aplicam ao elemento da EAP 1.1.1.1 (Layout-Topografia), enquanto prumo, nível, alinhamento, tempo de secagem, dosagem, forma e acabamento seria adequado para 1.1.1.2 (Escavação) e 1.1.1.3 (Escoamento do Concreto).

Esse é, como você pode imaginar, um conjunto de trabalho delicadamente agendado e coordenado. A EAP permite que o gerente do projeto e o restante da equipe do projeto (empreiteiras, subempreiteiras), bem como as partes interessadas (o comprador, o titular da hipoteca, o proprietário do lote), agrupem as atribuições de recursos (possivelmente por meio da atribuição de elementos específicos da EAP para organizações subcontratadas), riscos e atributos de gerenciamento da qualidade. A EAP também

Estruturas Analíticas de Projeto

permite que o Gerente de Projeto veja o inter-relacionamento entre os elementos da EAP e informa a tomada de decisões para garantir que os aspectos de integração de cada um dos elementos individuais da EAP seja abordado e gerenciado.

Embora a EAP exerça um papel vital na concepção e no desenvolvimento desses processos, ela também serve de base para o estabelecimento de critérios de entrada e de saída para os vários estágios dos próprios processos.

Por exemplo, critérios de *entrada* para o elemento da EAP 1.1.1.3 (Despejo do Concreto) implica um conjunto de critérios de *saída* para o elemento da EAP 1.1.1.2 e pode ser listado como um conjunto de critérios que inclui:
- A escavação da fundação (elemento da EAP 1.1.1.2) esteja concluída.
  - O solo esteja no nível e no quadrado (desvio de tolerância $\pm \frac{1}{10}$ de 0,3048 metro. A elevação é igual ao solo menos 10,16 centímetros.
  - A escavação de paredes tem inclinação apropriada da área do solo (aproximadamente 5 centímetros de inclinação).
  - A área de escavação do solo é de 0,9144 metro passado o esboço do prédio (permitindo a fixação adequada das formas).
  - O solo da fundação, as pedras, a argila etc. estão secos (sem água visível permanente).
  - A formas estão fixadas e protegidas.

Agora que descrevemos os inter-relacionamentos importantes entre a EAP e alguns dos processos principais derivados dela para dar apoio ao projeto, devemos avaliar o aspecto mais crítico da liderança, da manutenção e do controle do projeto — o Gerenciamento das Comunicações do Projeto.

Planejamento das Comunicações utilizando a EAP como Base

No começo do capítulo, mencionamos que reservaríamos a discussão do Planejamento das Comunicações para mais adiante no capítulo. Chegamos agora no ponto que queríamos atingir antes de iniciarmos a discussão.

Em primeiro lugar, a EAP é por si só uma ferramenta de comunicação. A EAP articula o escopo do projeto decompondo-o em partes claras, compreensíveis e componentes do todo, cada uma fornecendo conhecimento sobre produtos específicos que constituem o produto, serviço ou resultado final. Isso se torna, portanto, uma representação do projeto que pode ser compartilhada e discutida entre as partes, revisada, negociada e aprovada. Pode funcionar como a principal representação dos acordos entre o comprador e o fornecedor, descrevendo claramente o que vai fazer parte do esforço do projeto e o que não vai. Quando mudanças são propostas, a EAP pode ser o ponto de partida para as discussões sobre os custos, o cronograma e características/funcionalidades. Vamos discutir isso em mais detalhes no Capítulo 8. Por si só, a EAP desempenha um papel inestimável como a histórica representação (memória em equipe) do resultado acordado do projeto.

Além disso, e independentemente do processo utilizado para o gerenciamento da Qualidade, dos Riscos e dos Recursos, a EAP deve ser consultada para o desenvolvimento dos processos de Comunicações para apoiar seus projetos. Você pode perguntar: "Por quê?". Para responder a essa pergunta, considere o seguinte: Apesar de muitos projetos em uma organização poderem ser semelhantes, dois não podem ser exatamente iguais. As circunstâncias em matéria de componentes específicos podem ser diferentes, os indivíduos que participaram de um projeto podem não estar disponíveis para outro, os clientes ou partes interessadas podem ser diferentes, e assim por diante. A lista poderia continuar um pouco mais longa. Não importa quem seja o condutor, os projetos, pela sua própria natureza, diferem um do outro. Eles têm pontos de início e fim únicos e são esforços separados justamente porque são diferentes. Se dois projetos fossem conduzidos para produzir precisamente o mesmo resultado, precisamente à mesma hora e precisamente no mesmo espaço, eles não existiriam como dois esforços distintos e únicos. Teriam de ser considerados um projeto único. Ou isso ou algum aspecto de um deles seria diferente levando-os a serem esforços de projeto separados. Lembre-se de que um projeto é "um esforço temporário empreendido para criar um produto, serviço ou resultado exclusivo" (*Guia PMBOK®*. 3. ed., p. 368).

Pelo fato de que cada projeto é diferente, cada projeto terá diferentes requisitos de comunicações. Mais uma vez, essas diferenças podem ser leves ou pequenas, porém, de todo modo, serão diferenças. Quando isso ocorre, as *necessidades* de comunicação para o projeto e o Plano das Comunicações devem ser analisadas cuidadosamente.

À primeira vista, o Gerente de Projetos pode deduzir que cada membro da "comunidade" do projeto precisa das mesmas informações apresentadas da mesma maneira. Porém, para permitir comunicações eficazes no projeto, o Gerente descobre durante a evolução do projeto que cada grupo de membros (a equipe, os patrocinadores, e as partes interessadas) exige que informações importantes sobre o projeto sejam apresentadas de diferentes formas. A EAP ajuda o Gerente de Projetos no ajuste das comunicações para satisfazer as necessidades de grupos específicos e revela os limites de interesse para cada grupo. Mais importante ainda, o Plano das Comunicações deve descrever a forma como as informações do projeto serão entregues aos diversos grupos de partes interessadas nos métodos e meios que *eles* acreditam ser mais benéficos para eles. As Comunicações do Projeto são mais eficazes quando são concebidas para satisfazer as necessidades do *receptor*, e não do remetente.

Assim como a EAP fornece conhecimento aos atributos de Riscos, Recursos e Qualidade associados com cada entrega individual, o Gerente do Projeto pode utilizar a EAP para construir uma Matriz das Comunicações associada ao trabalho em conjunto com a EAP.

Desenvolvimento do Plano das Comunicações

O principal objetivo do **Plano das Comunicações** é precisamente combinar o tipo de comunicação do projeto às necessidades dos receptores da comunicação, enquanto faz uso de um método principal e um de backup ou de um método principal e um secundário para comunicar um conjunto particular de informações. Por exemplo, quando uma reunião face a face pode ser o *método* principal de comunicação para um determinado evento, um *método* secundário para comunicar a mesma informação pode ser implementado por meio da distribuição de Ata da Reunião com um Registro de Ações anexado, enviado por e-mail.

Conforme o Plano das Comunicações (e a plataforma ou estrutura conceitual de comunicações na qual se baseia) evolui, deve ser feito um esforço para utilizar um *meio* primário e secundário para determinadas (se não todas as) comunicações. Para esclarecer, no atual momento, o *meio* mais comum (ou médio) utilizado para a distribuição de atas de reunião, registros de ações, Cronograma do Projeto e afins é o e-mail direto, utilizando listas de distribuição *ad-hoc* ou armazenadas mantidas pelo Gerente de Projeto. Nesse *meio*, líderes da equipe do projeto *empurram* (enviam, sem esperar por um pedido) informações às partes interessadas do projeto e, como resultado, os participantes e partes interessadas recebem o que o Gerente de Projeto determinou que seria importante para eles. Esse meio poderia, com a mesma eficácia, ser complementado — e, em alguns casos, completamente substituído — por um método ou meio alternativo, em que as partes interessadas do projeto acessam a um Website, uma loja eletrônica de dados ou um ambiente compartilhado de computação e *puxam* (selecionam, leem, imprimem ou visualizam) apenas as informações específicas de projeto que desejam ver.

Embora hoje, o principal *meio* para a distribuição de informações do Cronograma do Projeto deva ser *empurrado* para as partes interessadas e membros da equipe, um *meio* secundário alternativo, poderia ser a versão eletrônica armazenada do cronograma, a partir da qual os membros da equipe e as partes interessadas *puxam* as informações de um servidor compartilhado ou de um local de armazenamento. Em algum momento futuro, o Gerente do Projeto pode achar que os meios preferidos, primário e secundário, para as informações do cronograma do projeto poderiam ser revertidos.

Existem muitos outros meios de comunicação para o compartilhamento de informações. Reuniões face a face, em que os participantes se reúnem em uma única sala, podem também ser "aproximadas", utilizando teleconferências, videoconferências, recursos de compartilhamento de documentos e/ou *Webinars*, nos quais muitas pessoas visualizam e compartilham um documento, enquanto o líder da reunião descreve as informações em vídeo por meio de *streaming media*, slides projetados ou documentos escritos.

A Matriz das Comunicações

Para desenvolver um Plano de Comunicações eficaz, gerentes de projeto podem querer considerar a possibilidade de desenvolver a **Matriz das Comunicações**, na qual cada um dos associados ao projeto está incluído, de partes interessadas a desenvolvedores, de representantes do cliente a engenharia, construção, desenvolvimento e organizações de apoio. Essas listas podem ser diretamente associadas aos vários elementos da EAP, nos quais as informações específicas relativas às entregas individuais podem ser resumidas e apresentadas como agrupamentos de informações relacionadas diretamente aos agrupamentos de trabalho.

A Matriz das Comunicações deve incluir todos aqueles que irão realizar e executar diretamente as atividades dentro do projeto ou programa, bem como aqueles que serão afetados por essas atividades. Aqui, o Dicionário da EAP torna-se cada vez mais valioso. Ele explica cada elemento em mais detalhes e pode incluir diferentes papéis, resultados específicos, entregas e responsabilidades, esclarecendo as necessidades de informação daqueles associados ao elemento. Papéis específicos para cada indivíduo, grupo ou equipe, podem também ser definidos na Matriz das Comunicações para ajudar a esclarecer o tipo de *canal* de comunicação que eles podem preferir, permitindo ao Gerente de Projeto planejar e conceber os métodos e os meios mais adequados para se comunicar com todos.

Um elemento fundamental da completa Matriz das Comunicações será a lista de participantes e partes interessadas mostrando o método e o meio mais adequado para se comunicar com eles. Um complemento natural para a Matriz das Comunicações seria uma reunião e um cronograma de comunicações documentado para delinear a frequência, a duração e a agenda de reuniões regulares, bem como a lista esperada de participantes. A Matriz das Comunicações poderá também destacar o(s) meio(s) utilizado(s) para a entrega de relatórios e publicações impressas para cada grupo de partes interessadas e incluir detalhes suficientes para abordar as necessidades de comunicações de todos os membros do grupo.

Quando concluída, a Matriz das Comunicações passa a ser a base do Plano das Comunicações e pode ser atualizada junto com o restante da documentação do projeto para garantir que um conjunto de informações diretas, claras e concisas seja comunicado àqueles que dele precisam, quando precisam e da forma que pretendem recebê-lo. Novamente, o objetivo da Matriz das Comunicações é fornecer um guia para a entrega específica de informações para quem delas necessitar, utilizando métodos e meios adaptados para satisfazer as necessidades do *receptor*. A Tabela 6.1 — um exemplo do Departamento de Informações do Novo México — mostra como a Matriz das Comunicações é desenvolvida e utilizada.

Tabela 6.1 Matriz das Comunicações

Nome/Natureza da Comunicação	De	Para	Conteúdo Fornecido Por	Tipo (Man/Mktg/Info)	Frequência	Formato Usado	Meio de Entrega	Comentários
Patrocinadores								
Problemas Urgentes	Gerente do Programa, Diretor do Programa	Patrocinador, Executivo Patrocinador do Programa	Gerente do Programa, Gerentes de Projeto, Partes Interessadas Externas		Conforme necessário		E-mail	O Gerente do Programa coletará esse problema e adicionará uma entrada no registro de problemas.
Problemas Atualizações /Resoluções	Patrocinador, Executivo Patrocinador do Programa	Diretor do Programa, Gerente do Programa	Patrocinador, Executivo Patrocinador do Programa		Conforme necessário		Atualizações verbais, E-mail, Memorandos	O Gerente do Programa atualizará o problema e o registro de problemas associado.
Relatório de Andamento	Gerente do Programa	Diretor do Programa	Gerente do Programa, Gerentes de Projeto	Obrigatório	Mensalmente	Formulário do Relatório de Andamento	E-mail ou Armazenamento compartilhado	O Gerente do Programa puxará as informações reunidas dos relatórios de andamento do programa.
Apresentação Especial ou Reuniões de Atualização para os Executivos	Gerente do Programa	Equipe Executiva	Gerente do Programa, Diretor do Programa	Informativo	Conforme necessário	A ser determinado, baseado nos requisitos	Reunião	

	Partes Interessadas					
Novos Problemas/ Itens de ação	Partes Interessadas	Gerente do Programa	Partes Interessadas	Bissemanal	Discussões durante as reuniões bissemanais das partes interessadas	Seção de Problemas/Itens de Ação das atas de reunião	O autor da ata irá capturar os problemas/itens de ação e manterá um registro ativo no documento de ata da reunião. Também encaminhará esses problemas/itens de ação ao banco de dados do Gerente do Programa.
Problemas/Itens de ação Andamento/ Atualizações/ Resoluções	Gerente do Programa	Partes Interessadas	Gerente do Programa, Gerentes de Projeto, Membros de Equipe	Bissemanal	Atualização do Gerenciamento do Programa durante a reunião das partes interessadas.	Reunião das partes interessadas.	O Gerente do Programa irá revisar os problemas/itens de ação abertos com as equipes dos projetos e fornecerá atualizações, coletando tudo no banco de dados do Gerente do Programa.
Informações urgentes de impacto à equipe e às partes interessadas externas.	Diretor do Programa	Equipe & Partes Interessadas Externas	Gerente do Programa, Diretor do Programa, Gerentes de Projeto	Conforme necessário	A ser desenvolvido	E-Mail/Voice Mail, conforme apropriado	Conforme informações críticas tais como novos problemas desenvolvidos aparecem, um comunicado será distribuído para garantir transferência imediata de conhecimento.

Fonte: Departamento de Informações do Novo México. "Matriz das Comunicações do Projeto."

A Hierarquia da Informação

Em cada projeto existem vários canais para comunicar as informações. Pela própria natureza de sua estrutura, a informação gerada em alguns níveis do projeto provavelmente não será importante para os participantes e partes interessadas de outros níveis. Por exemplo, atas de reunião e notas de reuniões diárias ou semanais da equipe de trabalho raramente são de utilidade para os patrocinadores do projeto e para os executivos da corporação. Para compreender as atividades de projetos específicos, as principais partes interessadas no nível executivo frequentemente solicitam resumos do projeto, relatórios de página única com revisões, andamento e destaques mostrando os marcos do projeto e seus andamentos, problemas percebidos, precauções ou perigos. Assim como as atas de reunião seriam de pouco valor para os altos dirigentes do projeto, os membros da equipe de trabalho provavelmente achariam os relatórios de resumo abrangentes e generalistas demais para serem de alguma utilidade para eles. Um exemplo de uma hierarquia da informação é ilustrado na Tabela 6.2.

Tabela 6.2   Exemplo de Hierarquia da Informação

Nível	Tipo de Informação
Partes Interessadas do Alto Escalão (CIO, Patrocinadores do Projeto, Alta Gerência do Cliente, Alta Gerência do Fornecedor, Líderes de Programa e de Projeto, Comitê Diretor etc.)	Painel de Controle do Projeto, Gráfico de Marcos, Resumo do Projeto: Últimos 30 dias, Próximos 30 dias, Problemas Principais, Relatório do Orçamento, Relatório de Valor, Resumo de Riscos, Problemas precisando de intervenção executiva
Diretores Funcionais, Líderes da Matriz Organizacional, Gerentes de Projeto, Gerentes de Contas etc.	Resumo do Cronograma do Projeto e Gráfico de Marcos, Gráfico de Progresso, Semáforos, Resumos de Reuniões, Registro de Problemas, Cronogramas de Entregas, Análise de Impacto de Riscos Específicos, Notificação de Problemas (Escalada)
Gerentes Componentes, Gerentes de Operações, Gerentes de Apoio Organizacional, Gerentes de Projeto	Cronograma Detalhado do Projeto, Resumo Detalhado dos Riscos, Atas de Reunião, Matriz de Dependências, Registros de Ações
Etc.	Etc.

Os Gerentes de Projeto podem achar difícil construir uma hierarquia similar baseada nos vários elementos da EAP. Pode ser muito incômodo para o Gerente de Projeto conceber uma hierarquia única para cada elemento individual da EAP. Mas pode ser bastante útil preparar uma visualização da informação que seria relevante para cada um dos níveis da EAP.

A Matriz de Reuniões

Para ter certeza de que estamos falando a mesma língua, devemos dizer uma verdade: reunião também é comunicação! Agora que esclarecemos esse ponto, vamos seguir em frente.

Assim como a **Hierarquia da Informação** define os tipos de comunicação necessários a serem compartilhados com membros da equipe, partes interessadas da comunidade e patrocinadores, a **Matriz de Reuniões** esclarece quais serão os participantes naturais, para cada tipo de reunião e indica a frequência com que essas reuniões serão realizadas. A Matriz de Reuniões pode incluir uma grande quantidade de informação e, novamente, ela reflete as necessidades de cronograma dos participantes. A EAP descreve o trabalho juntamente com o Organograma, que mostra a relação entre a organização e os vários participantes do projeto. A Matriz de Reuniões tenta estabelecer um cronograma para cada tipo de reunião importante do projeto e inclui detalhes suficientes para explicar o conteúdo desejado das reuniões planejadas, enquanto ajuda a comunicar a adequação das reuniões aos participantes planejados.

Para explicar, usaremos um exemplo. As reuniões de trabalho do projeto ocorrem muito frequentemente, na verdade, elas geralmente ocorrem diariamente. Embora um alto dirigente ou parte interessada possa frequentar as reuniões de trabalho com a finalidade de observar ou compartilhar informações principais, muito provavelmente sua agenda não possibilita muitas frequências. Além disso, as discussões detalhadas que ocorrem nessas reuniões estão muito além do escopo de interesses e utilidade para muitos dos líderes. Em contrapartida, uma discussão do alto escalão sobre o posicionamento estratégico da iniciativa do projeto atual poderia ser um evento interessante para um desenvolvedor ou engenheiro, mas não teria relevante valor direto para ele. Da mesma forma que a Hierarquia da Informação liga o conteúdo a ser compartilhado com as necessidades do indivíduo ou grupo, a Matriz de Reuniões delineia a lista de participantes, o cronograma e os objetivos para reuniões específicas pré-agendadas do projeto. Um exemplo de uma Matriz de Reuniões é encontrado na Tabela 6.3.

Tabela 6.3 Exemplo de Matriz de Reuniões

Nível	Tipo de Reunião	Frequência
Partes Interessadas do Alto Escalão (CIO, Patrocinadores do Projeto, Alta Gerência do Cliente, Alta Gerência do Fornecedor, Líderes de Programa e de Projeto, Comitê Diretor etc.)	Revisão das Partes Interessadas Comitê Gestor	Trimestral Mensal
Diretores Funcionais, Líderes da Matriz Organizacional, Gerentes de Projeto, Gerentes de Contas etc.	Equipe de Liderança do Projeto (Conselho de Administração) Diretoria de Revisão de Arquitetura/Equipe de Finanças/Orçamento	Bissemanal Mensal Semanal
Gerentes Componentes, Gerentes de Operações, Gerentes de Apoio Organizacional, Gerentes de Projeto	Reuniões da Equipe de Reporte Direto Reuniões da Equipe Multidepartamental Reuniões da Equipe do Projeto	Semanal Bissemanal Semanal
Etc.	Etc.	

Estruturas Analíticas de Projeto

Além disso, tal como a Hierarquia da Informação pode ser útil para o Gerente de Projeto para a antecipação das necessidades de informação da equipe do projeto e das partes interessadas, a Matriz de Reuniões pode fornecer uma explicação fácil de eventos fundamentais do projeto para esses mesmos grupos e fornece provisão sobre eventos futuros.

• Resumo do Capítulo •

Com a EAP e o Dicionário da EAP utilizados como base para o desenvolvimento de processos, as nuances de cada processo podem ser equilibradas com a descrição de conteúdo de cada entrega. Se o assunto for Qualidade, Riscos, Gerenciamento de Recursos ou das Comunicações, o Gerente de Projeto será guiado pelo detalhamento da EAP e do Dicionário da EAP. Se não existem processos estáveis e repetitivos no projeto com o qual você está lidando, a EAP pode fornecer o caminho das pedras que você precisa para encontrar o seu rumo (e criar o processo).

Como já discutimos em capítulos anteriores, uma das principais características de qualidade da EAP é que ela é criada por aqueles que executam o trabalho. Quando os membros da equipe estão diretamente envolvidos na criação da EAP, existe uma alta probabilidade de que eles irão garantir que seus trabalhos estejam representados na EAP. De fato, os membros da equipe do projeto que participam nessas atividades muitas vezes insistem para que seus trabalhos estejam representados na EAP, e não permitirão que a EAP caminhe para a conclusão, sem uma confirmação dessa representação. Ao invés de tomar uma postura passiva, os membros da equipe que participam da construção da EAP geralmente identificarão elementos de trabalho ausentes ou omitidos.

Em contrapartida, quando os membros da equipe do projeto são apresentados aos elementos de projeto (tais como a EAP, Cronograma do Projeto ou Relatório de Andamento) que foram produzidos sem o seu envolvimento, eles muitas vezes os ignoram ou os rejeitam.

• Questões do Capítulo •

1. Um caminho seguro para o sucesso do gerente do projeto é aplicar processos experimentados e testados.

    a. Verdadeiro.

    b. Falso.

2. A EAP pode ser utilizada para qual das opções seguintes? (Selecione todas que se aplicam.)

    a. Prever trabalho a ser alocado.

    b. Compreender a integração dos componentes.

c. Imaginar os passos de teste e verificação.

   d. Somente a e b.

3. Utilizar processos-padrão da empresa para alocar recursos a tarefas individuais do projeto não é benéfico ao gerente de projeto em organizações em que os processos são conhecidos e estáveis.

   a. Verdadeiro.

   b. Falso.

4. A _____ serve como base para o estabelecimento de critérios de entrada e saída para vários estágios do projeto.

   a. Estrutura Analítica do Projeto.

   b. Cronograma do Projeto.

   c. Termo de Abertura do Projeto.

   d. Declaração do Escopo.

5. A EAP pode ser considerada uma _____. (Selecione todas que se aplicam.)

   a. Ferramenta de comunicação.

   b. Ferramenta de escopo.

   c. Ferramenta de planejamento.

   d. Ferramenta de medição.

   e. a, b, e d.

• Referências •

COVEY, Stephen R. *Os 7 hábitos das pessoas altamente eficazes*. Nova York: Simon and Schuster, 1989.

Departamento de Informações do Novo México. *New Mexico Department of Information.*

PROJECT MANAGEMENT INSTITUTE. *A guide to the project management body of knowledge (PMBOK® Guide)*. 3. ed. Newtown Square, PA: Project Management Institute, 2004.

Capítulo 7

A EAP como Ponto de Partida para o Desenvolvimento do Cronograma

• **Visão Geral do Capítulo** •

Neste capítulo, vamos apresentar alguns conceitos significativamente importantes. Como profissionais de gerenciamento de projetos, lutamos com essas questões e conceitos diariamente e, como autores e palestrantes, somos frequentemente convidados a comentar ou explicar a nossa abordagem a um ou mais desses conceitos. Neste capítulo também há um pouco de informação nova. Com isso em mente, queremos destacar os conceitos suficientemente importantes para você. Este capítulo inclui os seguintes elementos:

- Desmistificação da Transição da EAP para o Cronograma do Projeto
- Como Aplicar Conceitos de Cronograma (Como Colocar os Conceitos para Funcionar)
- Representação das Dependências e Sequências do Escopo
- Criação de uma Representação da Sequência de Escopo de Alto Nível
- O Conceito de Inclusão
- O Diagrama de Relacionamento do Escopo
- Criação de um Plano de Dependências do Escopo por meio da Lista de Elementos da EAP e do Diagrama de Relacionamento do Escopo

Como discutimos antes e conforme aprendemos por nossa própria experiência, não existe uma única resposta "certa" para muitas das questões sobre o modo de aplicar um determinado conceito, ferramenta ou técnica de Gerenciamento de Projetos. Neste capítulo, apresentamos informações sobre as abordagens que têm funcionado bem para nós e fornecido orientações para outros — ou pelo menos assim o dizem.

O que é particularmente interessante para nós é que, enquanto colegas descrevem sua experiência em gerenciamento de projetos, revelam que os problemas enfrentados com frequência não estão relacionados com o entendimento sobre como usar e aplicar uma ferramenta, processo, conceito ou técnica individual, mas dizem respeito à necessidade para integrar duas ou mais destas para conseguir um resultado desejado. Os seus comentários são, muitas vezes, baseados no fato de que a orientação necessária sobre a "melhor" (ou mesmo o pior) abordagem para fazer isso, em muitos casos, não existe.

Queremos dizer o seguinte: Por muitos anos, os autores têm discutido, escrito sobre, apresentado e demonstrado métodos para desenvolver uma Estrutura Analítica de Projeto eficaz. Enquanto fizemos isso, outras pessoas no ramo de gerenciamento de projetos foram entregando os mesmos tipos de comunicação em uma gama vasta de temas — de Critérios de Aceitação até Planejamento de Soluções Alternativas — e de todos os temas em gerenciamento de projetos. O que nós normalmente não discutimos ou descrevemos em mais detalhes, no entanto, é como alguns desses elementos fundamentais desempenham (melhor) em conjunto. Quanto ao desenvolvimento da EAP, os profissionais nos dizem que a utilização de algumas das orientações disponíveis por meio dos textos — e com a aplicação de um pouco de prática — eles podem aprender a desenvolver Estruturas Analíticas de Projeto eficazes. Eles entendem e podem produzir o que a maioria de nós consideraria Estruturas Analíticas de Projeto de *alta qualidade* (ver capítulos anteriores sobre esse aspecto da construção da EAP). Assim que tiverem escalado e conquistado essa montanha, no entanto, eles nos dizem que são apresentados a outro desafio, ainda maior: fazer com que todo o trabalho a que se dedicaram no desenvolvimento da EAP seja relevante. Por exemplo, embora possam ter desenvolvido Estruturas Analíticas de Projeto verdadeiramente "bonitas" para os seus projetos, eles acham difícil a aplicação da EAP totalmente concluída no desenvolvimento do Cronograma do Projeto.

Além disso, uma vez que o projeto está em curso, manter a integração desses dois componentes principais de Gerenciamento de Projetos ou aplicar a EAP de uma maneira significativa para outros aspectos do projeto parece ser quase impossível.

Apresentamos o material deste capítulo para abordar esses desafios, ilustrar a maneira pela qual a EAP age como ponto de partida para o desenvolvimento do Cronograma do Projeto, e como a EAP exerce um papel ativo durante a execução do projeto, servindo de base para o controle do projeto e para a tomada de decisões. Nós incluímos alguns temas interessantes que vamos discutir em detalhes ao longo deste capítulo:

- Como começar a EAP
- Transição da EAP para o Cronograma do Projeto
- O conceito de *Inclusão* como uma nova dimensão na representação dos relacionamentos do escopo
- O *Diagrama de Relacionamento do Escopo* — uma nova representação que ajudará a relacionar o escopo do projeto com o Cronograma, com as Entregas e como os Produtos Finais (resultados)

Vamos agora abordar cada uma dessas questões individualmente. Primeiramente, discutiremos uma das questões mais desafiadoras, a transição da EAP para o Cronograma do Projeto.

Desmistificação da Transição da EAP para o Cronograma do Projeto

As queixas frequentes que ouvimos sobre a relevância das Estruturas Analíticas de Projeto orientadas a entregas parecem ser atribuídas à ausência de orientações claras sobre a metodologia utilizada para aplicar essa definição de escopo a outros processos, ferramentas e tarefas do projeto. Particularmente, a falta de informações úteis sobre os processos utilizados para empregar Estruturas Analíticas de Projeto *orientadas a entregas* no desenvolvimento do cronograma é vista como o principal obstáculo que os gerentes de projeto enfrentam quando tentam empregá-las como base para o gerenciamento do escopo e o desenvolvimento do cronograma. A dificuldade que encontram ao fazer a associação lógica e a transição da EAP para o Cronograma do Projeto direciona para a relutância em adotar a prática. Na verdade, grande parte da documentação disponível (por exemplo, Pritchard, 1998) para a aplicação de Estruturas Analíticas de Projeto ao cronograma sugere o desenvolvimento de Estruturas Analíticas de Projeto "orientadas a ação" ou "orientadas a processos" para facilitar a transição da EAP para o Cronograma do Projeto.

Para corrigir e contrariar essa instrução confusa, direcionamos você às principais orientações para os gerentes de projeto no *Guia PMBOK®*, 3. ed., Capítulo 6. Esse capítulo, "Project Time Management" (Gerenciamento de Tempo do Projeto), contém muita informação necessária para explicar e solucionar o desafio da transição da EAP orientada a entregas para o Cronograma do Projeto. Na verdade, os conceitos-chave para a transição são um pouco obscurecidos por outros conceitos importantes apresentados no capítulo. Especificamente, não iremos discutir todos os elementos apresentados relativos ao Gerenciamento de Tempo, como Estimativa de Recursos da Atividade e Estimativa de Duração da Atividade. No entanto, os elementos fundamentais que mostram a ligação entre a EAP orientada a entregas e o Cronograma do Projeto estão certamente presentes. Nos próximos parágrafos, extraímos os elementos que explicam essa transição. Especificamente, vamos verificar cuidadosamente a Definição da Atividade (*Guia PMBOK®*, 3. ed., Capítulo 6, Seção 6.1); o Sequenciamento de Atividades (Seção 6.2) e o Desenvolvimento do Cronograma (Seção 6.5). Estes são os conceitos fundamentais necessários para simplificar o processo. Há três conceitos fundamentais que explicam a transição. Nós resumimos estes conceitos para você nos próximos parágrafos.

O processo **Definição da Atividade** descreve as entradas, ferramentas, técnicas e saídas necessárias para criar a lista de atividades que serão realizadas para produzir os resultados desejados do projeto. A visão geral do Gerenciamento de Tempo do Projeto (*Guia PMBOK®*, 3. ed., Figura 6.1, p. 125) e os detalhes encontrados nesta seção mostram claramente que a Declaração do Escopo, a EAP e o Dicionário da EAP atuam

Capítulo 7   A EAP como Ponto de Partida para o Desenvolvimento do Cronograma

como entradas para o processo Definição da Atividade. A EAP e o Dicionário da EAP também apoiam as ferramentas, incluindo Decomposição, Planejamento em Ondas Sucessivas e outras, para o desenvolvimento da Lista de Atividades, Lista de Marcos e as saídas restantes do processo. Para explicar, vamos analisar a nossa metáfora da Casa um pouco mais de perto. Utilizando a Demonstração 7.1 vamos nos concentrar em dois dos elementos do nível 4 da EAP 1.1.1.1 (Layout-Topografia) e 1.1.1.2 (Escavação).

```
1 Projeto da Casa
   1.1 Estrutura Primária
      1.1.1 Construção da Fundação
         1.1.1.1 Layout-Topografia
         1.1.1.2 Escavação
         1.1.1.3 Despejo do Concreto
      1.1.2 Construção das Paredes Externas
      1.1.3 Construção do Telhado
   1.2 Infraestrutura Elétrica
   1.3 Infraestrutura Hidráulica
   1.4 Construção das Paredes Internas: Acabamento Rústico
```

Demonstração 7.1   Elementos da EAP para o Projeto da Casa — Uma ilustração.

Nesse caso, os elementos da EAP 1.1.1.1 e 1.1.1.2 são considerados Pacotes de Trabalho — o nível mais baixo da EAP. Quando transferidos a partir da EAP para o cronograma, no entanto, esses elementos da EAP seriam ainda decompostos em Tarefas, Atividades e Marcos. Usando um processo de decomposição semelhante ao utilizado para desenvolver inicialmente a EAP, a equipe iria definir como quebrar esses elementos da EAP em unidades lógicas de trabalho (ou tarefas) e atividades associadas com marcos significativos. A Demonstração 7.2 é um exemplo possível (fictício) da decomposição dos elementos da EAP (Pacotes de Trabalho) 1.1.1.1 e 1.1.1.2.

```
1 Construção da Fundação (Elemento da EAP)
   1.1 Layout-Topografia (Elemento da EAP, Pacote de Trabalho)
      1.1.1 Duplicar os Desenhos Topográficos
      1.1.2 Verificar Cronograma da(s) Empreiteira(s)
      1.1.3 Conduzir Vistoria
      1.1.4 Vistoria Concluída (Marco)
      1.1.5 Demarcar a Propriedade
      1.1.6 Demarcar os Limites da Fundação
      1.1.7 Layout-Topografia Concluída (Marco)
   1.2 Escavação (Elemento da EAP, Pacote de Trabalho)
      1.2.1 Limpar Propriedade
      1.2.2 Retirar Escombros
      1.2.3 Cavar Fundação
      1.2.4 Escavação da Fundação Concluída (Marco)
```

Demonstração 7.2   Elementos da Construção da Fundação Decompostos Adicionalmente.

Nós vamos capturar os elementos essenciais para a elaboração da lista para você. De forma simplificada, apareceria como entrada (EAP e Dicionário da EAP) para Processo (decomposição) para Saída (Lista de Atividades/Marcos). Graficamente, seria parecido com esta representação:

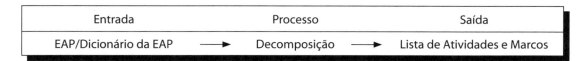

O **Sequenciamento de Atividades** explica como as atividades, os marcos e as mudanças aprovadas do projeto são utilizados como entradas para o processo de sequenciamento de atividades. As ferramentas para o desenvolvimento das saídas também são descritas, incluindo o Diagrama de Rede do Cronograma do Projeto, Listas de Atividades e Marcos atualizados, e incluem diversas técnicas de diagramação de rede, como o Método do Diagrama de Precedência (MDP) e o Método do Diagrama de Setas (MDS). Uma visualização simplificada seria:

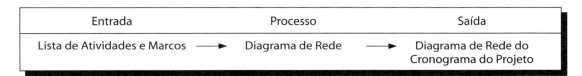

O processo **Desenvolvimento do Cronograma** descreve como os dois processos, Definição da Atividade e Sequenciamento de Atividades são utilizados para produzir os objetivos finais do processo — o Cronograma do Projeto, Dados do Modelo de Cronograma, Linha de Base do Cronograma e outros componentes relacionados. Nesta seção do capítulo, vamos explicar a forma como as saídas dos dois processos anteriores são incorporadas como entradas para as ferramentas e metodologias de elaboração do cronograma para produzir o cronograma do projeto. De maneira simplificada, pode ser ilustrada como:

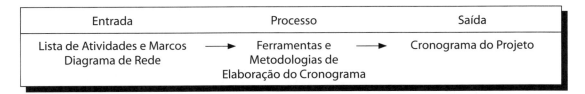

Resumindo as informações encontradas nessas seções, os elementos essenciais que permitem a elaboração e o desenvolvimento do Cronograma do Projeto começam com a Declaração do Escopo, a EAP e o Dicionário da EAP.
- A partir dos pacotes de trabalho da EAP, essas entradas passam por um processo de decomposição para produzir as Listas de Atividades e Marcos do projeto.

Capítulo 7   A EAP como Ponto de Partida para o Desenvolvimento do Cronograma

- Estas, por sua vez, são entradas para a diagramação de rede que produz o Diagrama de Rede do Cronograma do Projeto e as Listas de Atividades e Marcos atualizadas. O Diagrama de Rede do Cronograma do Projeto detalha como (em qual sequência), os resultados do projeto serão alcançados.
- Por último, o Diagrama de Rede do Cronograma do Projeto e as Listas de Atividades e Marcos atualizadas são então utilizados como entradas para as ferramentas e metodologias de elaboração do cronograma para gerar o Cronograma do Projeto. Ilustrado na forma de um fluxo de processo simplificado, como antes, o processo todo pode ser resumido da seguinte forma:

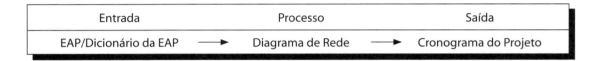

Essa visualização simplificada na forma de diagrama em blocos é demonstrada na Figura 7.1.

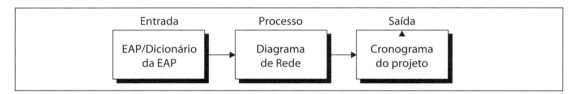

Figura 7.1   Transição da EAP para o Cronograma do Projeto.

Como Colocar os Conceitos para Funcionar

Para ilustrar como esse processo poderia ser posto em prática, vamos continuar com a nossa simples metáfora da casa. Para garantir que expliquemos corretamente a construção dessa EAP, vamos supor para essa discussão que os elementos da EAP listados na forma delineada são alguns dos principais componentes do escopo derivados de um contrato inicial de construção da casa. Representando os níveis 1, 2, 3 e 4 da EAP, os elementos de alto nível do escopo incluem os componentes da estrutura primária, a fundação, paredes externas, telhado, encanamentos, infraestrutura elétrica e paredes internas. Estes onze elementos aparecem sem estrutura hierárquica para o gerente do projeto (da empreiteira) da seguinte forma:

- Projeto da Casa
- Estrutura Primária
- Construção da Fundação
- Layout-Topografia
- Escavação

- Despejo do Concreto
- Construção das Paredes Externas
- Construção do Telhado
- Infraestrutura Elétrica
- Infraestrutura Hidráulica
- Construção das Paredes Internas: Acabamento Rústico

A EAP na Forma Delineada Hierárquica

Para organizar essa lista de componentes na forma como deve ser desenvolvida, a empreiteira, trabalhando em conjunto como gerente do projeto, deve organizar a lista dos elementos conforme eles estão demonstrados aqui. Mesmo um iniciante provavelmente concordaria que essas relações hierárquicas se aplicam. Para esse exemplo, estamos presumindo que essa é realmente a representação correta.

Na Demonstração 7.3, o nível 1 indica o trabalho chamado "Projeto da Casa", o que representa 100% do trabalho do projeto. Todos os outros elementos do escopo (EAP) associados ao projeto seriam subordinados ao elemento do Projeto da Casa.

```
1 Projeto da Casa
    1.1 Estrutura Primária
        1.1.1 Construção da Fundação
            1.1.1.1 Layout-Topografia
            1.1.1.2 Escavação
            1.1.1.3 Despejo do Concreto
        1.1.2 Construção das Paredes Externas
        1.1.3 Construção do Telhado
    1.2 Infraestrutura Elétrica
    1.3 Infraestrutura Hidráulica
    1.4 Construção das Paredes Internas: Acabamento Rústico
```

Demonstração 7.3   Elementos da EAP para o Projeto da Casa — Uma ilustração.

No nível 2, existem quatro componentes maiores que constituem o Projeto da Casa:
- Estrutura Primária
- Infraestrutura Elétrica
- Infraestrutura Hidráulica
- Construção das Paredes Internas

O nível 3 mostra os três componentes principais da Estrutura Primária:
- Construção da Fundação
- Construção das Paredes Externas
- Construção do Telhado

E, finalmente, a Construção da Fundação é decomposta em três elementos de trabalho que se tornam o nível 4:
- Layout-Topografia
- Escavação
- Despejo do Concreto

Reconhecidamente, essa é uma caracterização altamente simplificada do trabalho. É utilizada aqui, porém, para auxiliar na ilustração do conceito hierárquico da Estrutura Analítica do Projeto, e não necessariamente na divisão apropriada de todo o trabalho necessário para a construção de uma casa.

Identificação das Dependências entre os Elementos do Escopo

Conforme iniciamos os debates sobre os seguintes temas, os autores percebem que estamos prestes a sair do tradicional diagrama de precedência/rede e das orientações de sequenciamento de atividades do projeto. Nos parágrafos anteriores nós cuidadosamente descrevemos os processos que seguem a transição da EAP para o Cronograma do Projeto, e apontamos para registros específicos na terceira edição do *Guia PMBOK®*, em que esse processo está explicado. Acreditamos que essa orientação é fundamental para a plena compreensão e utilização da EAP e da abordagem adequada para a transição de uma perspectiva conceitual para uma perspectiva sequenciada do projeto.

Ao mesmo tempo, reconhecemos também que essas "regras" muito bem guardadas sobre diagramas de precedência e cronogramas podem limitar alguns dos valores adicionais à disposição dos gerentes de projeto por meio da utilização expandida da EAP. Com a introdução de alguns novos conceitos e processos para pensamento através dos elementos do escopo, acreditamos que o gerente do projeto irá se beneficiar enormemente com a EAP. Aqui vamos documentar mais claramente e detalhar as inter-relações entre elementos do escopo (EAP) e começar a esboçar analogias entre técnicas de diagramação de rede e o escopo — dois conceitos raramente mencionados na mesma frase. Com isso em mente, nós respeitosamente pedimos que você suspenda a descrença, mais uma vez, e junte-se a nós na discussão de algumas das novas abordagens para a definição do escopo.

Representação das Dependências e Sequências do Escopo

Olhando para a divisão do trabalho anteriormente descrita na Demonstração 7.3, empreiteiras, gerentes de projeto, proprietários de imóveis e outros provavelmente reconheceriam que se esse fosse o trabalho a ser concluído, ele poderia ocorrer em uma ordem determinada, com alguns elementos do escopo vindo antes e sendo concluídos antes de outros. Por exemplo, seria muito útil construir a fundação e as paredes antes da construção do telhado. Embora não seja obrigatório fazer dessa forma, a construção, primeiro, da fundação e, em seguida, das paredes, instituir essa ordem permitiria ao telhado ser construído em cima das paredes, onde seria concluído e integrado para garantir a estrutura. Certamente essa não é a única abordagem para a construção de casas e a ordem pode seguramente ser modificada a fim de acelerar o processo, como é o caso da construção modular de casas, mas para esse exemplo, vamos supor uma construção tradicional, e a ordem seria fundação, paredes exteriores e, em seguida, telhado.

Uma vez que a fundação, as paredes e o telhado estão concluídos (e supondo que detalhes adicionais, tais como janelas, portas e acabamento exteriores façam parte do trabalho), a construção pode avançar para o interior da casa. Aqui, faria sentido concluir o trabalho elétrico e hidráulico antes de colocar o acabamento das paredes internas. Tal como antes, essa ordem não é obrigatória, mas uma prática comum que indicaria que a abordagem mais simples, rápida e fácil seria, primeiro, concluir o trabalho que estaria escondido pelas paredes internas e, em seguida, aplicar o acabamento das paredes internas. Novamente, para este exemplo, vamos utilizar essa convenção.

Criação de uma Representação da Sequência de Escopo de Alto Nível

Com a discussão prévia em mente, um gerente de projeto poderá começar a desenvolver uma representação de alto nível do trabalho descrito pelo escopo (EAP), usando nada mais sofisticado do que lápis e papel para ilustrar as dependências descritas. Começando com o elemento no nível 1 do Projeto da Casa, e incluindo todos os elementos necessários da EAP para mostrar a dependência implícita, uma representação do trabalho pode parecer como o conjunto de elementos inter-relacionados encontrado na Figura 7.2.

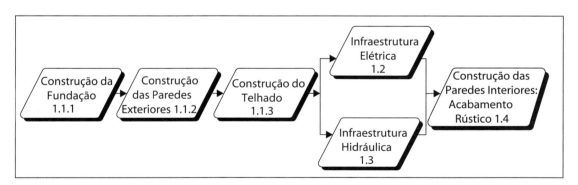

Figura 7.2 Sequência de Escopo de Alto Nível para o Projeto da Casa.

A Figura 7.2 mostra como o gerente do projeto utilizaria uma representação de sequência — ou um mapa ilustrado de dependências — para indicar que a Construção

Estruturas Analíticas de Projeto

da Fundação (com seus Pacotes de Trabalho, Layout-Topografia, Escavação e Despejo do Concreto) deve ser concluída antes que a Construção das Paredes Externas possa começar, e que a Construção do Telhado depende da conclusão das Paredes Externas. Uma vez que o telhado esteja concluído, tanto o trabalho elétrico quanto o hidráulico podem começar, mas as Paredes Internas não iriam começar até que a infraestrutura elétrica e a hidráulica estivessem concluídas. (Na realidade, a palavra "concluída" aqui *poderia* significar "grosseiramente", onde fios e os tubos são instalados de e para os seus destinos, mas não existem suportes ligados a eles.) É importante notar que os elementos de trabalho mostrados aqui não são tarefas ou atividades, mas sim componentes significativos de escopo que, logicamente, conduzem e seguem uns aos outros. Quando esses elementos (Pacotes de Trabalho) são decompostos por meio do processo descrito anteriormente, as tarefas, atividades e marcos resultantes podem ser inseridos na ferramenta de elaboração do cronograma do projeto.

O Conceito de Inclusão

Para facilitar a transição da EAP orientada a entregas para o Cronograma do Projeto, podemos refinar o processo central para ilustrar mais claramente os relacionamentos entre os elementos do escopo antes que eles sejam colocados em um Plano de Dependências do Escopo, o qual discutiremos mais à frente no capítulo.

Na Figura 7.2, uma sequência de escopo de alto nível foi ilustrada para mostrar as dependências entre os vários elementos da EAP. Nesse exemplo, cada elemento é apresentado de forma linear, usando um formato bidimensional, com linhas que conectam os elementos para mostrar as dependências predecessoras e sucessoras. Para produzir essa série de elementos do escopo, as duas dimensões no centro do processo são ordem (ou "precedência") e dependência. Embora essas duas dimensões sejam significantemente importantes para o desenvolvimento de uma ilustração sequencial, em alguns casos elas não são suficientes para permitir ao gerente do projeto visualizar facilmente o *todo* do projeto através da sequência.

Ausente dessa descrição do escopo está a adição de uma terceira dimensão para complementar a precedência e a dependência. Para esclarecer, o conceito ou dimensão de **Inclusão** pode ser adicionado ao processo para converter a sequência linear, bidimensional em uma ilustração gráfica que represente mais precisamente como os elementos individuais da EAP se relacionam uns com os outros, como elementos-pai e elementos subordinados. A ilustração resultante demonstra mais precisamente como os elementos da EAP aparecem em representações alternativas, como na forma delineada, gráfica ou em modelos de EAP.

A *Inclusão*, como dimensão, é utilizada aqui para mostrar quais elementos "fazem parte" de elementos maiores de escopo, bem como para articular claramente quais elementos da EAP *não* "fazem parte" do trabalho de outros. Dito de outra maneira, alguns dos trabalhos descritos pela EAP devem ser vistos como parte de um elemento de trabalho de ordem superior, enquanto outros elementos da EAP claramente não fazem parte de elementos específicos de ordem superior.

Utilizando o exemplo do projeto da casa, daremos mais uma olhada na forma delineada hierárquica para o trabalho na Demonstração 7.4.

```
1 Projeto da Casa
   1.1 Estrutura Primária
       1.1.1 Construção da Fundação
             1.1.1.1 Layout-Topografia
             1.1.1.2 Escavação
             1.1.1.3 Despejo do Concreto
       1.1.2 Construção das Paredes Externas
       1.1.3 Construção do Telhado
   1.2 Infraestrutura Elétrica
   1.3 Infraestrutura Hidráulica
   1.4 Construção das Paredes Internas: Acabamento Rústico
```

Demonstração 7.4   EAP do Exemplo da Casa.

A descrição na forma delineada utilizando o conceito de inclusão torna fácil ver que os elementos 1.1, 1.2, 1.3 e 1.4 da EAP — Estrutura Primária, Infraestrutura Elétrica, Infraestrutura Hidráulica e Construção das Paredes Internas — todos "fazem parte" do Projeto da Casa. Eles são integrantes da conclusão do projeto e estão "incluídos" no trabalho. Da mesma forma, fica claramente delineado que os elementos 1.1.1.1, 1.1.1.2 e 1.1.1.3, todos "fazem parte" de e estão "incluídos" no trabalho que forma o elemento da EAP Construção da Fundação, elemento 1.1.1.

Nosso diagrama de sequência na Figura 7.2 mostra a precedência e dependência entre esses elementos do escopo, mas não mostra claramente quais elementos são realmente parte do escopo de outros elementos. Na verdade, se você analisar a Figura 7.2 cuidadosamente, perceberá que alguns dos elementos foram deixados fora do diagrama — por exemplo, o elemento de nível 1 da EAP Projeto da Casa não está incluído. Adicionalmente, o primeiro elemento do nível 2, Estrutura Primária, foi excluído, assim como os três elementos do nível 4, Layout, Escavação e Despejo do Concreto. Por que foram excluídos? Porque inclui-los nessa representação seria confuso e atrapalharia a ilustração das dependências que estão presentes. Como seria possível representar na Figura 7.2 os elementos da EAP de nível 1 ou nível 4 sem atrapalhar o fluxo lógico das dependências entre os elementos relevantes? De fato, é quase impossível incluir apropriadamente esses elementos nessa ilustração. Para corrigir esse problema e explicar, vamos analisar mais de perto os elementos da Construção da Fundação.

Estruturas Analíticas de Projeto

Na Figura 7.2 os elementos da Construção da Fundação no nível 4, Layout-Topografia, Escavação e Despejo do Concreto foram excluídos para reduzir a confusão sobre as dependências entre os elementos do nível 3, Construção da Fundação (1.1.1), Construção das Paredes Externas (1.1.2) e Construção do Telhado (1.1.3). Se fôssemos incluí-los, porém, eles também refletiriam suas sequências lógicas e naturais. Por exemplo, o layout da fundação deve preceder qualquer escavação — e a escavação de ser concluída antes de qualquer concreto ser despejado. Considerando as dependências desses elementos, eles poderiam ser mostrados como uma série de elementos do escopo executados de maneira sequencial, sob o elemento-pai "Construção da Fundação" no nível 3. Esse conceito é mostrado como um trecho do Projeto da Casa, na Figura 7.3.

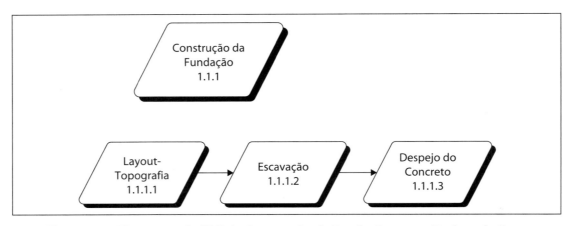

Figura 7.3   Elementos da EAP da Construção da Fundação para o Projeto da Casa.

Nesse trecho, é difícil imaginar claramente ou compreender o relacionamento entre os elementos-pai e os elementos-filho da EAP, tirando o fato de que dissemos a você que os três elementos no nível 4 são filhos do elemento-pai Construção da Fundação — que não está representado com precisão na Figura 7.3. Se fôssemos ligar o pai, a Construção da Fundação apareceria como mais um simples nó na sequência quando, na realidade, não o é. Na verdade, o relacionamento entre o elemento no nível 3 Construção da Fundação e seus filhos no nível 4 é mostrado mais claramente na forma textual, delineada da Demonstração 7.5.

```
1 Construção da Fundação
   1.1 Layout-Topografia
   1.2 Escavação
   1.3 Despejo do Concreto
```

Demonstração 7.5   Construção da Fundação na Forma Delineada do Projeto da Casa.

Aqui fica fácil reconhecer o relacionamento pai-filho entre o nível 3: elemento da EAP Construção da Fundação e os elementos do nível 4, Layout-Topografia, Escavação e Despejo do Concreto. Devido à endentação dos elementos da EAP do nível 4 abaixo do elemento-pai, essa forma delineada nos comunica e mostra claramente que Layout-Topografia, Escavação e Despejo do Concreto realmente "fazem parte" de e estão "incluídos" no trabalho chamado Construção da Fundação. Apresentar em formato gráfico (veja Figura 7.4) utilizando uma visualização alternativa para representar o relacionamento pai-filho pode até ajudar, mas não capta totalmente o relacionamento real entre os elementos-pai e os elementos-filho.

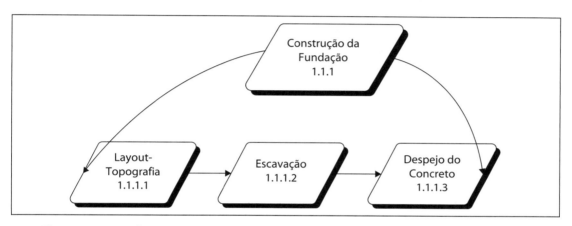

Figura 7.4 Gráfico Alternativo da Construção da Fundação para o Projeto da Casa.

Na Figura 7.4, é difícil determinar o verdadeiro relacionamento entre os elementos-pai e os elementos-filho. "Construção da Fundação" vem antes ou talvez depois dos elementos-filho? É claro, nenhum dos dois estaria correto. Certamente, precisamos de uma forma melhor de representar e comunicar o relacionamento entre esses elementos.

O Diagrama de Relacionamento do Escopo

Para resolver e ilustrar como esses relacionamentos de fato ocorrem, um **Diagrama de Relacionamento do Escopo** será utilizado para mostrar claramente os relacionamentos detalhados na versão delineada na Demonstração 7.5, bem como a ordem e precedência mostradas na Figura 7.3.

O *Diagrama de Relacionamento do Escopo* resultante reflete a dimensão adicionada de *Inclusão* representando esses mesmos elementos da EAP conforme mostrado na Figura 7.5.

Capítulo 7 A EAP como Ponto de Partida para o Desenvolvimento do Cronograma

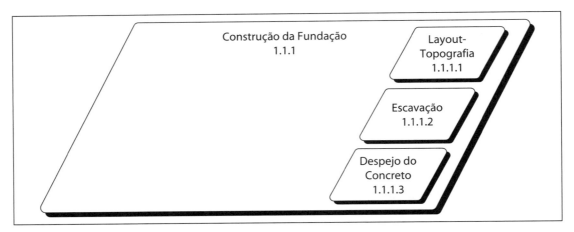

Figura 7.5 Diagrama de Relacionamento de Escopo do Segmento Construção da Fundação para o Projeto da Casa.

Aqui, nessa representação do Diagrama de Relacionamento do Escopo, o elemento da EAP Construção da Fundação1.1.1 é maior e *inclui* visualmente os elementos de nível mais baixo 1.1.1.1, 1.1.1.2 e 1.1.1.3.

Com a adição de setas para mostrar a sequência do escopo descrita previamente, nós agora podemos ilustrar como os elementos do escopo são planejados dentro do conceito de inclusão. Na Figura 7.6 fica claro que os três elementos do nível 4 são executados na sequência "dentro" ou "fazem parte" do escopo do elemento-pai, Construção da Fundação.

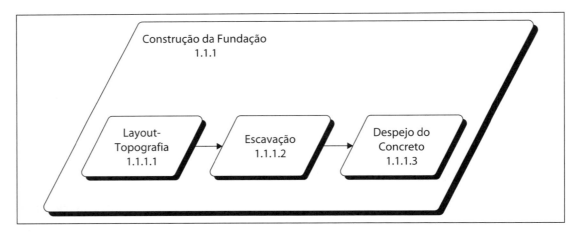

Figura 7.6 Diagrama de Relacionamento de Escopo para o Projeto da Casa, com a Sequência de Escopo para o Segmento Construção da Fundação.

Expandindo esse conceito mais além para incluir todos os elementos no Projeto da Casa, um Diagrama de Relacionamento do Escopo mostrando 100% (Característica Principal) do trabalho definido na forma delineada apresentada na Demonstração 7.4 produziria o gráfico visual ilustrado na Figura 7.7.

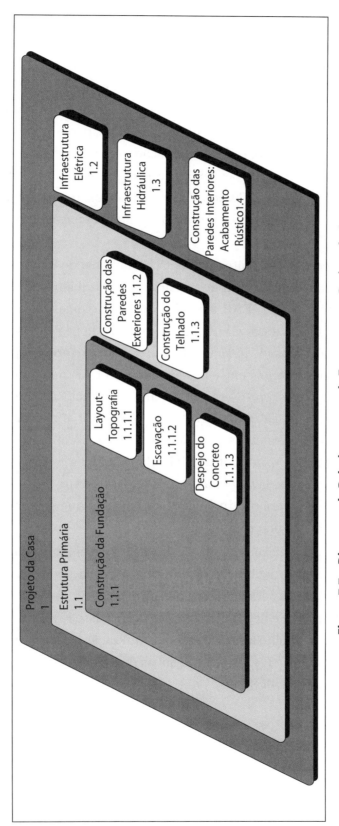

Figura 7.7 Diagrama de Relacionamento de Escopo para o Projeto da Casa.

Estruturas Analíticas de Projeto

Com essa ilustração, demonstrar ou descrever quais elementos da EAP "fazem parte" de outros se torna fácil. Os elementos-pai sempre incluem elementos-filho, e aparecem como representações aninhadas do trabalho dentro do Diagrama de Relacionamento do Escopo. Além disso, é fácil reconhecer quais elementos da EAP são ambos, pai e filho. Aninhar os elementos do escopo esclarece o verdadeiro relacionamento entre os elementos, uma representação que antes poderia ser ilustrada apenas na forma delineada. Finalmente, toda a orientação que compartilhamos com você sobre o desenvolvimento de Estruturas Analíticas de Projeto de "qualidade" permanece intacta com essa representação. Características Principais e Relacionadas ao Uso são inalteradas e se aplicam a essa representação, da mesma forma que nas representações anteriores.

Para levar esse conceito adiante, enquanto o Diagrama de Relacionamento do Escopo para o Projeto da Casa permite a visualização do trabalho "incluído" dentro do escopo de cada elemento-pai da EAP, ele também permite uma transição mais direta e objetiva da EAP orientada a entregas para o cronograma do projeto. Isso resulta da clareza adicional que o Diagrama de Relacionamento do Escopo fornece, já que representa graficamente os relacionamentos entre os elementos da EAP, mostrando como eles interagem dentro de todo o escopo do projeto. Benefícios adicionais também são derivados dessa representação da EAP. Conforme a decomposição é realizada contra os elementos da EAP nesse Diagrama de Relacionamento do Escopo (sendo o nível mais baixo o Pacote de Trabalho), as tarefas, atividades e marcos resultantes podem facilmente ser agrupados da mesma maneira que a EAP. Isso servirá de entrada para o Cronograma do Projeto e facilitará o agrupamento do trabalho que será monitorado e controlado durante a execução do projeto.

Além da visualização inicial na Figura 7.7, os vários elementos da EAP podem ser movidos em uma sequência lógica. Linhas de dependência podem ser acrescentadas para ilustrar como a sequência de cada um dos elementos do escopo dentro do projeto (pais e filhos) se relacionam e dependem uns dos outros. Isso revela uma representação lógica da sequência do trabalho a ser realizado. A utilização do Diagrama de Relacionamento do Escopo da Figura 7.7, e a adição de linhas de dependência produziria a sequência lógica mostrada na Figura 7.8.

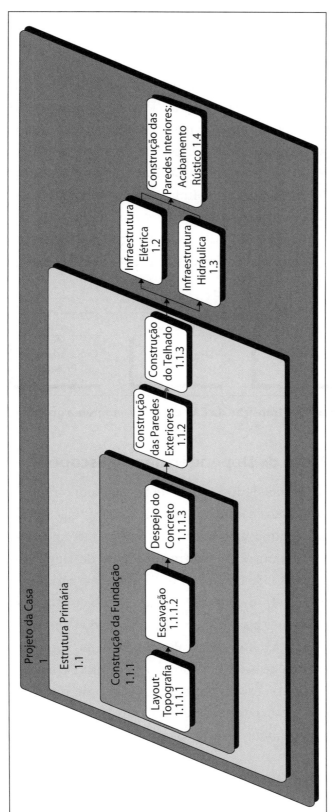

Figura 7.8 Diagrama de Relacionamento do Escopo para o Projeto da Casa com Sequência de Escopo.

Estruturas Analíticas de Projeto

Deste modo, o gerente do projeto é capaz de utilizar um processo gradual para criar a ligação entre os componentes da EAP orientada a entregas e o escopo do projeto, previamente à decomposição adicional e ao desenvolvimento do Cronograma do Projeto. Mais importante ainda, representar a EAP dessa maneira pode simplificar a transição da EAP para o Cronograma do Projeto que descrevemos no início do capítulo. Nos próximos parágrafos nós ilustramos como isso é alcançado, mas queremos ter certeza de que você seja capaz de ver claramente esses dois métodos como formas confiáveis para a transição da EAP orientada a entregas para o Cronograma do Projeto. Portanto, para recapitular, um caminho claro pode ser desenhado desde a EAP orientada a entregas até o Cronograma do Projeto, se esse caminho for seguido por uma sequência lógica de decomposição e diagramação de rede. Esse conceito é representado na Figura 7.9, a qual repete os conceitos que discutimos no início do capítulo.

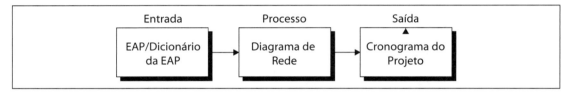

Figura 7.9   Transição da EAP para o Cronograma do Projeto.

Criação de um Plano de Dependências do Escopo

Começando com o Diagrama de Relacionamento do Escopo representado na Figura 7.8, nós mostraremos a transição dessa ilustração para uma versão inicial de texto da mesma informação, e vamos nos referir ao produto final como o **Plano de Dependências do Escopo**. A Figura 7.10 mostra um Plano de Dependências do Escopo como uma parte do projeto desenvolvido utilizando uma ferramenta de elaboração do cronograma prontamente disponível no mercado hoje. Na ilustração para esse plano, você deve reconhecer a saída e imediatamente concluir que é uma representação do *cronograma do projeto*. Não é. Presumimos que você esteja pensando que algo não soa correto, algo nessa descrição não se encaixa corretamente — e é verdade, à primeira vista, pareceria ser uma contradição de regras e orientações que fornecemos no começo do capítulo. Honestamente, é adequado concluir esse capítulo com outro, embora pequeno, desvio da norma. Então, tenha um pouco de paciência, vamos explicar.

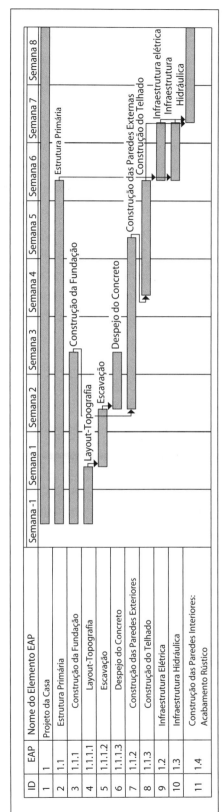

Figura 7.10 Plano de Dependência de Escopo de Alto Nível para o Projeto da Casa.

Estruturas Analíticas de Projeto 121

Nessa ilustração, estamos simplesmente representando um outro modelo como ponto de partida para a decomposição descrita no começo do capítulo e substituímos um novo processo pela caixa central no processo. A diferença principal é que nós utilizamos uma metodologia diferente para chegar ao ponto de decomposição das tarefas, atividades e marcos. Primeiro, nós ilustramos a EAP (escopo) como um Diagrama de Relacionamento do Escopo. Depois, demonstramos a *sequência* dos componentes maiores do escopo utilizando o Diagrama de Relacionamento do Escopo reorientado para refletir a *dependência* natural entre os elementos e mostramos essa dependência acrescentando conectores entre os elementos relevantes da EAP. Finalmente, pegamos os elementos da EAP (e seus relacionamentos) do Diagrama de Relacionamento do Escopo e os colocamos em uma ferramenta que permite a ligação dos elementos da EAP como aparecem no Diagrama de Relacionamento do Escopo com as Sequências do Escopo representadas. O que isso permite é uma rápida transição da EAP orientada a entregas para o *Plano de Dependências do Escopo* por meio do *Diagrama de Relacionamento do Escopo* (com a Sequência do Escopo). O processo pode ser resumido da maneira que fizemos no começo do capítulo. Aqui segue uma ilustração simples do processo:

Entrada	Processo	Saída
EAP/Dicionário da EAP	→ Diagrama de Relacionamento do Escopo	→ Plano de Dependências do Escopo

Na Figura 7.10 você verá o exemplo do Plano de Dependências do Escopo que representa o que nós discutimos durante o livro, o Projeto da Casa. Ele inclui os mesmos onze elementos da EAP que mostramos e utilizamos repetidamente. Aqui, as colunas da esquerda contêm os números de linha para cada elemento da EAP (e você acabou os conhecendo como elementos-pai da EAP, elementos-filho da EAP e os níveis mais baixos na representação, os Pacotes de Trabalho). As colunas seguintes mostram o esquema de numeração hierárquica para cada um dos elementos da EAP e nomes de elementos da EAP do projeto. Esses agora também são familiares. Nesse exemplo, o gerente do projeto representou a EAP na forma delineada apresentada na Demonstração 7.4 e os *Diagramas de Relacionamento do Escopo* nas Figuras 7.7 e 7.8 para criar as dependências descritas nesse *Plano de Dependências do Escopo*. Os relacionamentos hierárquicos foram estabelecidos na ferramenta para refletir os inter-relacionamentos entre os componentes. Isso é também um reforço do processo existente para a decomposição de Pacotes de Trabalho (o próximo passo no processo de elaboração do Cronograma do Projeto), fornecendo o desenvolvimento das Tarefas, Atividades e Marcos iniciais.

• Resumo do Capítulo •

Neste capítulo nós apresentamos alguns dos conceitos mais importantes que incluímos neste livro. Algumas das informações encontradas neste capítulo visam esclarecer ou explicar processos que existem hoje, mas que permanecem ilusórios para muitos profissionais. Nós apresentamos ainda alguns conceitos bastante novos sobre representação e ilustração da EAP. Os novos conceitos saem um pouco do pensamento existente sobre representações e decomposição da EAP, mas são concebidos para reforçar e simplificar a prática que estivemos discutindo ao longo de cada capítulo.

Em primeiro lugar, incluímos as principais informações para esclarecer e facilitar o difícil processo de transição da representação do trabalho descrito e capturado para uma EAP orientada a entregas. A *transição* a que nos referimos é a da EAP para o Cronograma do Projeto e representa um processo que vimos que é muito desafiador para os gerentes de projetos. Esse processo é tão desafiador, de modo que muitos gerentes de projetos simplesmente preferem pular o passo de desenvolvimento da EAP em favor de definir o trabalho inserindo tarefas, atividades e marcos do projeto na ferramenta de elaboração do cronograma. Para este debate, invocamos a boa orientação encontrada no *Guia PMBOK®*, 3. ed., Capítulo 6. Discutimos o processo gradual de decomposição dos Pacotes de Trabalho da EAP, revisamos a diagramação de rede e discutimos o processo que produz o Cronograma do Projeto.

Depois dessa discussão, nós introduzimos novos conceitos. O primeiro é a ideia de que elementos do escopo (que não foram decompostos além do nível de Pacotes de Trabalho) podem ser colocados na sequência e representados como componentes conectados de um projeto. Embora possamos saber disso intuitivamente, até agora apenas tarefas, atividades e marcos foram representados na sequência desenvolvida como parte dos processos de elaboração do cronograma do projeto e de diagramação de rede. Nessa seção, mostramos como grandes agrupamentos de trabalho (ou elementos do escopo) podem ser sequenciados e, de fato, executados em sequência durante o desempenho do projeto. Representar essa *Sequência de Escopo* é um exercício relativamente simples. Nós ilustramos esses relacionamentos sequenciais como ilustraríamos as sequências e dependências que ocorrem entre tarefas e atividades em um projeto.

O elemento novo seguinte neste capítulo é o conceito de *Inclusão*. Ele é uma dimensão da ilustração do escopo/desenvolvimento do escopo que esclarece os relacionamentos entre e por entre os elementos. O conceito de *Inclusão* nos permite comunicar quais elementos do escopo "fazem parte" de ou estão "incluídos" em outros componentes do escopo. Ao mesmo tempo, essa dimensão mostra claramente quais elementos do escopo não fazem parte de outros elementos.

Finalmente, apresentamos duas novas representações. A primeira é o *Diagrama de Relacionamento do Escopo*. Essa nova forma de ilustração da EAP (escopo) permite ao gerente do projeto demonstrar graficamente os relacionamentos descritos por meio de conceitos de sequência e inclusão descritos previamente. Juntar todos esses novos conceitos em uma estrutura integrada, resulta na representação do escopo de alto nível mostrando as sequências e as dependências dos componentes no *Plano de Dependências do Escopo*, o ponto de partida para a decomposição dos Pacotes de Trabalho da EAP em tarefas, atividades e marcos.

Os conceitos discutidos neste capítulo são apresentados como referência e recurso para os gerentes de projetos, e como um meio para um fim desejado — simplificação e aplicação da EAP, apoiando seu uso expandido e ativo durante a elaboração do cronograma do projeto (Planejamento), Execução, Monitoramento e Controle e Encerramento.

• Questões do Capítulo •

1. Qual termo descreve as entradas, ferramentas, técnicas e saídas necessárias para criar a lista de atividades que serão realizadas para produzir os resultados desejados do projeto?
    a. Definição da Atividade.
    b. Sequenciamento de Atividades.
    c. Estimativa das Atividades.
    d. Estrutura Analítica do Projeto.

2. Qual termo explica como as atividades, marcos e mudanças aprovadas do projeto são usados como entrada para o processo de sequenciamento de atividades?
    a. Estrutura Analítica do Projeto.
    b. Definição da Atividade.
    c. Estimativa das Atividades.
    d. Sequenciamento de Atividades .

3. Coloque as entregas a seguir na ordem sequencial adequada de desenvolvimento por meio do preenchimento das células em branco na tabela com o número adequado ou por meio da reordenação das entregas.

Ordem	Entrega
	Diagrama de Rede
	Cronograma do Projeto
	EAP/Dicionário da EAP

4. Combine cada um dos seguintes elementos ou em uma Estrutura Analítica do Projeto ou em um Cronograma do Projeto por meio do preenchimento das células da tabela com o indicador adequado — "Cronograma do Projeto" ou "EAP".

Marcos	
Tarefas	
Pacotes de Trabalho	
Atividades	

5. Preencha os vazios com as palavras apropriadas:

   a. *Inclusão* como uma dimensão é usada para mostrar quais elementos _____ _____ de elementos maiores do escopo, bem como articular quais elementos da EAP são _____ do trabalho de outros.

• **Referências** •

PRITCHARD, Carl. *Rational unified process.* 1998. Disponível em: <http://www.ts.mah.se/RUP/RationalUnifiedProcess/manuals/intro/im_diff.htm>.

PROJECT MANAGEMENT INSTITUTE. *A guide to the project management body of knowledge (PMBOK® Guide).* 3. ed. Newtown Square, PA: Project Management Institute, 2004.

Capítulo 8

A EAP na Prática

• **Visão Geral do Capítulo** •

Os trechos de Planejamento deste livro descreveram como a Estrutura Analítica do Projeto é utilizada como base para a maioria dos processos de gerenciamento de projetos e entregas da Iniciação e do Planejamento. Isso pode ser interpretado como estabelecimento de discussões. Como agora voltamos nossa atenção para a execução do projeto, incluindo os aspectos de gerenciamento de projetos para o monitoramento e o controle, a EAP se torna linha de base, ou fundação na qual a execução se baseia. Esse é o ponto em que a EAP muda de um papel passivo para um papel ativo. Ela é agora convocada como base para orientação à decisão. Essa é a hora da verdade no gerenciamento de projetos — o ponto em que os gerentes devem gerenciar e os líderes devem liderar.

Este capítulo aborda os seguintes tópicos:
- Contratação ou Mobilização da Equipe do Projeto
- Direção e Gerenciamento da Execução do Projeto e Gerenciamento Integrado de Mudanças
- Realização do Gerenciamento do Escopo (o que inclui o Gerenciamento de Mudanças e a restrição tripla do gerenciamento de projetos)
- Revisão do Relacionamento com Outros Processos de Gerenciamento de Projetos
- Realização da Garantia da Qualidade
- Realização da Verificação do Escopo

Contratação ou Mobilização da Equipe do Projeto

Conforme os projetos e programas iniciam, uma atividade importante é a contratação ou mobilização da equipe — do pessoal. Sem os recursos apropriados, o projeto ou programa não será executado ou concluído. Como vimos nos processos de planejamento, a Estrutura Analítica do Projeto forma a base para o Plano de Gerenciamento de Pessoal. Conforme passamos para e pela execução do projeto, o pessoal da equipe do projeto é adicionado e liberado com base nas necessidades do projeto, as quais estão detalhadas no Plano de Gerenciamento de Pessoal. Em todos os momentos, a EAP e o Dicionário da EAP são utilizados para verificar e validar continuamente que os recursos adequados estejam disponíveis e designados para entregar produtos, serviços ou resultados definidos pelos pacotes de trabalho individuais da EAP. Os recursos podem chegar de várias fontes — internos, externos à organização de entrega ou contratados externos à empresa.

Em muitas organizações, o Dicionário da EAP é utilizado para fornecer explicação detalhada de cada entrega do projeto e definir as fronteiras, bem como os critérios de conclusão e aceitação para as entregas. Um outro uso para o Dicionário da EAP é definir os recursos necessários para finalizar a entrega, incluindo habilidades e competências específicas para esses recursos. Isso permite a integração do Dicionário da EAP com a Matriz de Responsabilidades (MR) e fornece muitas vantagens. Entre elas está a capacidade de usar os dois documentos principais como uma referência de linha de base durante a aquisição, o gerenciamento e a liberação de recursos.

A Tabela 8.1 mostra uma parte do Dicionário da EAP para nosso exemplo, a casa. Devido a limitações de espaço, é mostrada apenas a parte da Matriz de Responsabilidades (ou gráfico RACI, como é também é chamada) com o Dicionário da EAP. Nesse exemplo, a Matriz de Responsabilidades descreve os tipos individuais de recursos atribuídos a cada pacote de trabalho e qual o seu envolvimento — Responsável, Aprovador, Consultado, Informado (RACI). Para alguns projetos, nomes específicos de recursos ou mesmo conjuntos de habilidades e competências poderiam estar nas colunas em vez de apenas os tipos de recursos. Com esse tipo de informação definida no Dicionário da EAP, o Plano de Gerenciamento de Pessoal, a EAP e o Dicionário da EAP se tornam referências importantes para o alinhamento do trabalho com os recursos disponíveis, o gerenciamento de variações ao plano e o monitoramento das entregas.

Tabela 8.1 Dicionário da EAP

EAP n.	Elemento da EAP	Matriz de Responsabilidades					
		Arquiteto	Empreiteira Principal	Construtora	Eletricista	Encanador	Inspetor
1	Projeto da Casa						
1.1	Estrutura Primária						
1.1.1	Construção da Fundação						
1.1.1.1	Layout-Topografia	C	A	R			
1.1.1.2	Escavação		A	R			C
1.1.1.3	Despejo do Concreto		A	R			C
1.1.2	Construção das Paredes Externas		A	R			C
1.1.3	Construção do Telhado		A	R			C
1.2	Infraestrutura Elétrica		A		R		C
1.3	Infraestrutura Hidráulica		A			R	C
1.4	Construção das Paredes Internas: Acabamento Rústico	C	A	R			C

R = Responsável   A = Aprovador   C = Consultado   I = Informado.

Orientação e Gerenciamento da Execução do Projeto e Gerenciamento Integrado de Mudanças

Durante a execução do projeto, as Estruturas Analíticas de Projeto são utilizadas para verificar e validar continuamente o escopo do projeto contra o que foi acordado e aprovado pela equipe. Além disso, a EAP e o Dicionário da EAP formam a base para o gerenciamento do escopo, que é monitorado e controlado por meio do gerenciamento integrado de mudanças. Conforme o projeto ou programa avança, variações ocorrem e problemas surgem. Como essas variações e problemas são avaliados e abordados, eles podem, por sua vez, levar a **Solicitações de Mudança** — solicitações por modificações ao escopo acordado e aprovado.

Quando Solicitações de Mudança são levantadas e apresentadas, elas são minuciosamente avaliadas pelos principais membros da equipe do projeto para determinar o impacto que as solicitações podem causar no escopo, no cronograma e no orçamento existentes do projeto. Para determinar esse impacto, o tamanho, a complexidade, o sincronismo e a urgência são pesados contra o cronograma, a combinação de recursos disponíveis e os gastos esperados existentes para o projeto. A Estrutura Analítica do Projeto fornece a linha de base para a avaliação e a estimativa dessas Solicitações de Mudança. Quando a análise e as estimativas estão concluídas, elas são apresentadas aos patrocinadores e principais partes interessadas do projeto para a determinação apropriada de ação. Se as Solicitações de Mudança são determinadas como obrigatórias pelos tomadores de decisão, os planos de orçamento, de cronograma e de pessoal serão modificados para acomodar as mudanças. Se, por outro lado, for determinado que uma ou mais mudanças não sejam obrigatórias, pode ser decidido pelas partes interessadas do projeto que o melhor curso de ação será manter os planos de cronograma, de pessoal e de orçamento atuais, e planejar essas mudanças para uma outra liberação.

A aprovação das Solicitações de Mudança leva a uma série de passos que devem entrar em curso para garantir que os planos do projeto, do escopo e do orçamento permaneçam atuais. Essas mudanças são gerenciadas pelo processo de Gerenciamento de Mudanças do Projeto. Os passos incluem o seguinte:

- Atualização da Declaração do Escopo
- Atualização da Estrutura Analítica do Projeto
- Atualização do Dicionário da EAP
- Atualização de todos os documentos de planejamento, incluindo o Plano de Gerenciamento de Pessoal e o Cronograma do Projeto
- Atualização do orçamento do projeto

Em suma, a Estrutura Analítica do Projeto amarra todos os subcomponentes do projeto e do programa e garante que os inter-relacionamentos entre eles sejam gerenciados de forma que os resultados do projeto sejam entregues. Esse processo fornece a base para o seguinte:

- Esclarecimento dos Critérios de Aceitação
- Desenvolvimento de Critérios de Desempenho
- Planejamento da transição para produtos, serviços ou resultados e para toda a documentação
- Avaliação de qualidade e Teste de Aceitação do Usuário
- Educação e Treinamento do Usuário final
- Transferência de propriedade da entrega
- Conclusão das obrigações contratuais e encerramento de contrato
- Estabelecimento de manutenção e suporte (pós-aceitação e transição para produção)
- Explicação do período de garantia

Realização do Gerenciamento do Escopo

Um dos usos mais comuns para a Estrutura Analítica do Projeto é sua aplicação como base para o gerenciamento e controle do escopo. Problemas e variações do processo, tomadas de decisão externas, mudanças nos requisitos e eventos inesperados (riscos/problemas) frequentemente levam a mudanças potenciais para aumentar ou revisar o escopo do projeto. Quando essas Solicitações de Mudança aparecem, elas devem então ser avaliadas contra o escopo original do projeto para determinar o impacto final no escopo, no cronograma e no orçamento. Mais uma vez, a linha de base para essa avaliação é a EAP e o Dicionário da EAP. Conforme as decisões são tomadas para aceitar as mudanças no projeto, isso por sua vez desencadeia atualizações à Declaração do Escopo do Projeto, à Estrutura Analítica do Projeto, ao Dicionário da EAP, aos planos de apoio ao Gerenciamento do Projeto, ao Plano de Gerenciamento de Pessoal, ao Cronograma do Projeto e ao Orçamento do Projeto.

Outro aspecto do gerenciamento do escopo é a aplicação da EAP para monitorar o desempenho do fornecedor contra as entregas planejadas. Novamente a EAP e o Dicionário da EAP fornecem a linha de base para a medição e monitoramento. Conforme o trabalho (descrito em elementos específicos da EAP) é contratado e subcontratado, o gerenciamento dos fornecedores se torna um outro aspecto importante para o gerenciamento do escopo do projeto. Assim como a Matriz de Responsabilidades pode ser integrada ao Dicionário da EAP, também os critérios de desempenho do fornecedor para as entregas do elemento da EAP podem ter referências cruzadas com o Dicionário.

Uma EAP bem definida com um Dicionário da EAP detalhado é a melhor defesa contra um aumento inadvertido do escopo para os projetos e programas. Aliado a um rigoroso Gerenciamento de Mudanças, isso ajuda a garantir que o projeto entregue apenas aqueles produtos, serviços e resultados que foram acordados, nada mais e nada menos.

O Gerenciamento do Escopo e a Restrição Tripla

Um dos aspectos fundamentais do gerenciamento de projetos é a estrutura da **Restrição Tripla** — escopo, tempo e custos (Veja Figura 8.1). A estrutura da restrição tripla declara que a qualidade do projeto é afetada pelo balanceamento dessas três restrições. A relação entre esses fatores ocorre de tal forma que, se algum dos três fatores mudar, pelo menos um outro fator provavelmente será afetado. (*Guia PMBOK®*, 3. ed., p. 8).

O escopo é um dos três fatores que compõem a restrição tripla. Como tal, o gerenciamento do escopo, e as mudanças potenciais ao escopo, terão impacto no tempo, nos custos ou nos dois. Perante isso, é fundamental que um equilíbrio seja atingido entre o gerenciamento do escopo e o gerenciamento de tempo e de custos. Todos os três fatores utilizam a Estrutura Analítica do Projeto como ponto de partida. Sendo assim, a qualidade da EAP e do Dicionário da EAP são cruciais para a entrega bem-sucedida de projetos e programas.

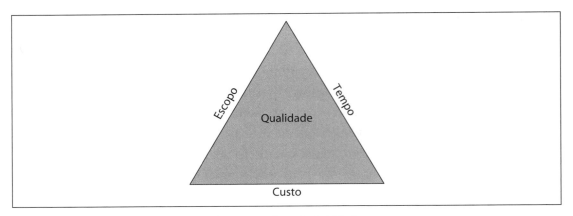

Figura 8.1 Restrição Tripla.

Um exemplo de como esses três elementos interagem uns com os outros na restrição tripla, se refere ao exemplo da casa. Digamos que no caminho do projeto uma Solicitação de Mudança está sendo avaliada para adicionar um cômodo e um piso para a casa. Essa adição de um novo cômodo e um piso aumenta o escopo do projeto. Na avaliação de mudança do escopo, é determinado o seguinte:

- Algum retrabalho das entregas previamente concluídas será necessário
- Materiais de construção adicionais serão necessários (impacto em tempo ou custos)
- Tempo adicional ou recurso adicional será necessário para a conclusão da sala e do piso adicionais (impacto em tempo ou custos)

Embora muito provavelmente haja outros impactos, você pode ver nessa simples análise como uma mudança no escopo do projeto impacta tanto o tempo quanto os custos.

Inversamente, também é verdade que as mudanças no tempo ou nos custos impactam o escopo. Quantas vezes um Patrocinador do Projeto abordou o Gerente do Projeto e pediu para que determinadas entregas fossem concluídas antes do prazo? Na nossa experiência, isso é comum. Falando de forma geral, a mudança do cronograma com algumas entregas pode ser realizada pela remoção de outras entregas (redução do escopo) ou mesmo acrescentando recursos do projeto para alcançar o escopo acordado mais rapidamente (aumento dos custos).

Esses exemplos mostram como o escopo, o tempo e os custos (a Restrição Tripla do Gerenciamento de Projetos) estão bastante inter-relacionados. Conforme declarado anteriormente, a EAP e o Dicionário da EAP são fundamentais para o gerenciamento e o controle de todas as três restrições.

Revisão do Relacionamento com Outros Processos de Gerenciamento de Projetos

Como acontece com o Gerenciamento do Escopo, a EAP e o Dicionário da EAP fornecem a base para a toma de decisões relativas a outros processos do Gerenciamento de

Projetos. No gerenciamento das ações e dos problemas, a EAP é utilizada frequentemente para fornecer sustentação para as discussões em problemas e itens de ação específicos. Fazer isso garante o alinhamento entre ações e problemas sendo discutidos e entre escopo e objetivos do projeto ou programa. Isso vale também para o gerenciamento de riscos, o gerenciamento financeiro, para a análise de valor agregado, bem como para muitos outros processos do gerenciamento de projetos. Utilizar a EAP como base para a análise e tomada de decisões assegura o alinhamento continuado do escopo do projeto, contribuindo assim, para manter o equilíbrio entre tempo, custos e escopo (Restrição Tripla).

Um outro benefício do alinhamento de problemas, itens de ação, riscos e similares em torno da Estrutura Analítica do Projeto é a habilidade de visualizar os elementos da EAP e os pacotes de trabalho agrupados conforme eles são gerenciados. Isso é especialmente útil em relatórios de desempenho e nas comunicações do projeto. Por meio do agrupamento desses itens, o Gerente do Projeto pode fornecer uma outra perspectiva valiosa, assim como maior foco e mais clareza ao andamento e operações atuais do projeto.

Realização da Garantia da Qualidade

A EAP concluída, ainda que sob o controle do gerenciamento de mudanças, é o documento de linha de base utilizado para planejar e realizar a Garantia da Qualidade. Medições e métricas de qualidade derivam dos elementos individuais do escopo, que são refinados e explicados na EAP e no Dicionário da EAP. Sem a EAP, a medição e as métricas poderiam ser impossíveis de definir, gerenciar e executar.

Como foi visto várias vezes antes, a EAP fornece a base para o monitoramento e o controle do projeto ou programa. O processo de qualidade usa a EAP para estabelecer pontos-chave de monitoramento (os próprios elementos da EAP) para indicar entregas importantes e estatísticas relacionadas aos seus desempenhos. Se definida adequadamente, a EAP fornece a linha de base que permite o planejamento e a garantia da qualidade e, portanto, leva a projetos que entregam de acordo com padrões adequados de qualidade.

Realização da Verificação do Escopo

Durante a execução do projeto, a validação das entregas pode ser alcançada pela referência a entregas conforme suas descrições na EAP e no Dicionário da EAP. Já que tanto a EAP quanto o Dicionário da EAP descrevem as entregas do projeto incluindo critérios de aceitação e conclusão, eles então, se tornam ponto de referência para a validação e aceitação das entregas concluídas. A EAP e o Dicionário da EAP frequentemente são utilizados adicionalmente como linha de base para o monitoramento e medição das "vontades" e "necessidades" versus o escopo acordado do projeto. Isso garante que o projeto não tente entregar resultados que não estão incluídos nos requisitos. A

EAP e o Dicionário da EAP ajudam a assegurar que a equipe do projeto não tente entregar resultados ou qualidade que exceda as fronteiras dos requisitos enquanto também ajudam a conter e controlar o aumento do escopo.

A EAP e o Dicionário da EAP ajudam a apoiar as comunicações entre o gerente do projeto, a equipe do projeto, o(s) patrocinador(es) e partes interessadas relacionadas ao conteúdo e aos critérios de aceitação para as entregas do projeto. Sem o primeiro desenvolver a EAP, frequentemente os critérios para aceitação e conclusão das entregas são mal definidos, levando ao desentendimento e desacordo sobre a conclusão de resultados específicos do projeto.

Conforme o trabalho do projeto avança, a EAP pode ser usada como uma lista de verificação para determinar quais entregas foram ou não concluídas ou aceitas. Quando comunicado via relatório de andamento e outros meios no Plano de Gerenciamento das Comunicações do Projeto, ajuda a garantir que todas as partes interessadas entendam claramente o estado atual do projeto.

Ao final do projeto, a Verificação do Escopo apoia a transição do projeto em operações continuadas, bem como o encerramento de quaisquer contratos ou subcontratos. Novamente a EAP é utilizada como base para a verificação e como entrada principal para os processos de encerramento do contrato e do projeto.

• **Resumo do Capítulo** •

Este capítulo detalha a transição da Estrutura Analítica do Projeto desde sua utilização como ferramenta de planejamento até seu papel ativo como base para a execução do projeto, do gerenciamento e do controle.

A seção inicial deste capítulo discute como a EAP ajuda na contratação ou mobilização da equipe do projeto — o pessoal do projeto. As muitas seções seguintes detalham como a EAP fornece uma linha de base para o gerenciamento do escopo e apoia a execução de outros processos de controle do gerenciamento de projetos. A seção sobre a restrição tripla do gerenciamento de projetos fornece conhecimentos valiosos sobre a interação entre tempo, custos e escopo. O capítulo finaliza com uma discussão sobre a EAP como base para a Verificação do Escopo.

• **Questões do Capítulo** •

1. Com que frequência a EAP e o Dicionário da EAP são utilizados para verificar e validar que os recursos apropriados estão disponíveis e atribuídos ao projeto?
    a. Uma vez.
    b. Continuamente.
    c. Nunca.
    d. Algumas vezes.

2. O Dicionário da EAP é usado para fornecer uma explicação detalhada de cada _____ _____.
   a. Atividade.
   b. Tarefa.
   c. Entrega.
   d. Marco.

3. Coloque os passos seguintes em ordem

_____	Atualizar o Dicionário da EAP
_____	Atualizar o Orçamento do Projeto
_____	Atualizar a Declaração do Escopo do Projeto
_____	Atualizar todos os documentos de planejamento
_____	Atualizar a Estrutura Analítica do Projeto

4. As Solicitações de Mudança devem ser avaliadas contra qual linha de base para determinar o impacto no escopo?
   a. Plano de Gerenciamento do Projeto.
   b. Termo de Abertura do Projeto.
   c. Cronograma do Projeto.
   d. Estrutura Analítica do Projeto e Dicionário da EAP.

5. Qual dos seguintes itens não está incluído no Dicionário da EAP?
   a. Critérios de Aceitação.
   b. Critérios de Conclusão.
   c. Medidas de Qualidade.
   d. Casos de Teste.

• **Referências** •

PROJECT MANAGEMENT INSTITUTE. *A guide to the project management body of knowledge (PMBOK® Guide)*. 3. ed. Newtown Square, PA: Project Management Institute, 2004.

CAPÍTULO 9

Como Garantir o Sucesso por meio da EAP

• **Visão Geral do Capítulo** •

Como líderes de projetos, uma das questões continuamente feitas a nós é "Como o projeto está indo?". Além disso, somos solicitados para tomar decisões relacionadas a nossos projetos com apenas a quantidade de informação que temos disponível para nós. Este capítulo cobrirá estes tópicos:

- Gerenciamento do Desempenho do Projeto, incluindo Escopo, Cronograma, Custos e o Planejado versus o Real
- Gerenciamento das Partes Interessadas

A fim de tomar boas decisões, nós, como Gerentes de Projetos, devemos saber o que está acontecendo dentro do projeto em qualquer ponto no tempo — e devemos estar cientes dessa informação em vários níveis diferentes. Embora possamos fazer perguntas sobre atividades detalhadas, tais como "Pat concluiu as 23 linhas de código planejadas hoje?" ou "Quando Sandy terminou o Termo de Abertura do Projeto?". Nós também recebemos perguntas sobre perspectivas maiores do projeto. Frequentemente, Gerentes de Projeto devem responder a questões do tipo "Onde estamos, em comparação ao cronograma planejado — adiantados ou atrasados?" "Como estamos em relação à linha de base do orçamento — quanto nos resta para gastar?" "Como estamos no gerenciamento dos problemas e riscos — estamos deixando eles nos atacarem ou estamos tirando-os do caminho?"

Gerenciamento do Desempenho do Projeto

Essas últimas questões podem ser resumidas como perguntas sobre gerenciamento e Relatório de Desempenho do Projeto. O processo Relatório de Desempenho é definido como "o processo de coleta e distribuição de informações sobre o desempenho. Isso inclui relatórios de andamento, medição do progresso e previsão". Além disso, os relatórios de desempenho são definidos como "documentos e apresentações que fornecem informações organizadas e resumidas sobre o desempenho do trabalho, cálculos e parâmetros para o gerenciamento do valor agregado e análises de andamento e progresso do trabalho do projeto" (*Guia PMBOK®*, 3. ed., p. 366).

Portanto, mais uma vez você pode perguntar, como é que a EAP se encaixa no projeto nesse contexto? E, na verdade, a resposta é... muito facilmente e sem problemas! A EAP deve ser a base, juntamente com a Declaração do Escopo, o Cronograma do Projeto e o Plano de Gerenciamento de Custos, para a linha de base da Medição de Desempenho — e deve revelar as respostas para essas perguntas difíceis. Como a EAP e o Dicionário da EAP formam a base a partir da qual a Declaração do Escopo, o Cronograma do Projeto e o Plano de Gerenciamento de Custos são construídos, eles fornecem a fonte para métricas utilizadas para medir o desempenho do projeto. A linha de base da Medição de Desempenho é definida (*Guia PMBOK®*, 3. ed. p. 366) como "um plano aprovado e integrado de escopo-cronograma-custos para o trabalho do projeto em relação ao qual é comparada a execução do projeto para medir e gerenciar o desempenho. Parâmetros técnicos e de qualidade também podem ser incluídos.".

Uma vez que o escopo, o cronograma e o orçamento para o projeto foram aprovados, a equipe do projeto pode medir o desempenho em relação a eles. As equipes, ocasionalmente, tornam isso mais difícil do que o necessário fazendo dos resultados o que eles não são. Por exemplo, equipes podem analisar infinitamente dados sem chegar a conclusões ou podem tornar complexo o processo de medição. Um cuidado: Dado que o projeto evolui através de solicitações de mudança aprovadas ou da aceitação ou mitigação dos problemas e riscos, os parâmetros de controle dentro do sistema de medição de desempenho também devem ser modificados e atualizados. Novamente, isso pode ser conduzido a partir das mudanças feitas à EAP e ao Dicionário da EAP, como parte desses processos.

Por isso, em detalhe, como o gerente do projeto deveria usar a EAP para ajudar a gerenciar o desempenho em um projeto? Vamos dividir mais adiante cada pedaço.

Escopo

A EAP pode ser vista como a espinha dorsal do projeto. É inicialmente utilizada como uma ferramenta para determinar e documentar o escopo (ver Capítulo 2). Além disso, ela é usada para detalhar a Declaração do Escopo, os contratos e acordos (ver Capítulo 3). Mas, a EAP tem um impacto ainda maior sobre o projeto, quando se trata de Gerenciamento de Mudanças (ver Capítulo 8). No gerenciamento do desempenho do projeto, a EAP pode ser utilizada como uma ferramenta simples para documentar entregas concluídas e que ainda estão por concluir. Isso fornece um resumo do progresso do projeto para o Gerente do Projeto — de quanto já foi realizado e quanto ainda resta para ser realizado. Uma desvantagem para isso é que a EAP pode ser percebida como unidimensional — todos os resultados parecem ter as mesmas dimensões e o mesmo nível de importância. A magnitude do que está concluído e do que ainda está para ser concluído é difícil de determinar.

Cronograma

Como foi descrito no Capítulo 7, a EAP é uma predecessora ou uma entrada para o Cronograma do Projeto. As entregas na EAP são decompostas em Pacotes de Trabalho que são eles próprios decompostos em tarefas, atividades e marcos que devem ser concluídos dentro do projeto, definido pelo Cronograma do Projeto. Quando a EAP e, consequentemente, o escopo são atualizados durante o ciclo de vida do projeto, o cronograma é atualizado de acordo. Para o processo Relatório de Desempenho, o cronograma acrescenta um componente importante e um ponto de referência que fornece uma dimensão de clareza que a EAP sozinha não pode fornecer. O cronograma permite a definição do tamanho e da complexidade do esforço contido nos Pacotes de Trabalho e definidos mais além nas tarefas, atividades e marcos presentes. Essa decomposição e o cronograma resultante são utilizados para esclarecer o que está e o que não está concluído em um nível muito detalhado, a fim de proporcionar uma visão clara do projeto. Supondo novamente que o cronograma seja rigorosamente mantido e atualizado de maneira regular, ela também pode apresentar o que resta a ser feito, quanto tempo vai demorar para completar (previsão de término) e uma fotografia dos recursos ainda a serem consumidos na conclusão do projeto. Finalmente, se o Cronograma do Projeto for aprovado como linha de base, poderá fornecer informações sobre o desempenho (ambos, cronograma e custos) comparadas à linha de base do cronograma. Isso permitirá que o gerente do projeto determine se o projeto está adiantado ou atrasado no cronograma e no orçamento (utilizando Gerenciamento de Valor Agregado — Earned Value Management (EVM)).

O **Gerenciamento de Valor Agregado** oferece um dos métodos mais eficazes para a avaliação e, em seguida, Monitoramento e Controle do andamento do projeto. Ao analisar cuidadosamente e metodicamente o progresso planejado e o gasto planejado com os progressos reais e gastos efetivos do projeto, o gerente do projeto produz uma imagem muito clara do valor planejado, real e antecipado de um projeto. Ele ou ela pode determinar se o progresso (produtividade) que está sendo entregue pela equipe está entregando valor (produzindo resultados), a taxas previstas, ou a uma taxa que é mais rápida ou mais lenta do que o previsto. O gerente do projeto também é capaz de determinar se a taxa de desempenho está sendo conseguida no custo previsto, ou em um custo maior ou menor do que o inicialmente previsto. O mais importante, a utilização do Gerenciamento de Valor Agregado permite que o gerente do projeto preveja o eventual custo e a data de entrega do projeto. Embora a maioria das técnicas de Monitoramento e Controle do gerenciamento de projetos forneça informações sobre o estado atual ou passado recente de um dado projeto, o EVM vai além disso, proporciona conhecimento sobre o que irá ocorrer no futuro. Tal como um farol em um comboio, o EVM ilumina a pista à frente. A maioria das outras ferramentas de gerenciamento de projetos atua como um espelho retrovisor de um carro.

Custos

Por último, mas certamente não menos importante: Conforme é definida, a EAP fornece a base para estimar e definir o orçamento do projeto no nível de pacote de trabalho. Conforme os custos incorrem, os custos reais serão registrados em comparação à linha de base do orçamento. Cada Pacote de Trabalho na EAP é o mais baixo nível de decomposição para o trabalho. Os Pacotes de Trabalho individuais são também o ponto em que os custos do trabalho são controlados. Como Contas de Controle, esses elementos são a coleta de todos os custos associados com o trabalho realizado.

Com isso em mente, os Pacotes de Trabalho da EAP desempenham um papel adicional fundamental. Eles fornecem um ponto de coleção natural para que o Gerente do Projeto possa reunir os custos relacionados com o trabalho que vem sendo realizado, segmentados pela estrutura da EAP e gerenciados como entregas completas. Pelo fato de a EAP poder ser empregada dessa forma, o Gerente de Projeto tem uma pronta divisão da estrutura de custos para o projeto que pode ser gerenciada em conjunto com o trabalho em qualquer nível que ele ou ela escolher — incluindo o nível de Pacotes de Trabalho individuais. Conforme o trabalho é realizado, os custos associados às tarefas, atividades e marcos podem ser atribuídos e recolhidos para serem incluídos nos Pacotes de Trabalho individuais correspondentes. Estes, por sua vez, podem ser agregados e resumidos para fornecer uma análise completa de todo o custo do projeto que está sincronizado com a hierarquia da Estrutura Analítica do Projeto. Os custos associados com o trabalho que não é contratado ou é considerados "de casa" serão recolhidos para elementos "de casa" da EAP (Pacotes de Trabalho). Ao mesmo tempo, os custos associados com o trabalho contratado serão recolhidos até os elementos da EAP que representam trabalho contratado na EAP (Pacotes de Trabalho). Em qualquer caso, o Gerente de Projeto tem a capacidade de gerenciar os custos associados com o trabalho definido na EAP como entregas completas — sejam elas entregues totalmente pela equipe interna do projeto ou contratadas para a entrega por outras organizações.

Outros itens que geralmente estão incluídos nos relatórios e gerenciamento de desempenho são medidas de controle de qualidade e parâmetros técnicos. De uma perspectiva da qualidade, o controle deve ser definido no nível de cada pacote de trabalho da EAP. Resultados reais podem então ser medidos e reportados em comparação à linha de base definida. O mesmo vale para os parâmetros técnicos. Uma vez que esses itens são aprovados, eles não mudam, exceto em resposta às solicitações de mudança aprovadas. Depois que uma mudança foi revisada e aprovada, todos os planos afetados devem ser aprovados novamente para garantir que as medições e métricas (reais) estejam sendo coletadas e comparadas com a linha de base correta.

O Planejado *versus* o Real

E sobre a comparação do desempenho real com essas linhas de base? Qual é a fonte para os dados reais? Esses dados podem vir de uma variedade de fontes — reuniões de avaliação do andamento, relatórios de andamento, sistemas de tempo, sistemas de orçamentação e custos, e, menos confiavelmente, o boca-a-boca.

Durante a Execução do projeto e como parte do Monitoramento e Controle, é essencial reportar os resultados regularmente, precisamente e com o detalhamento adequado para atender às necessidades das partes interessadas que irão revisá-los. Para isso, você realizará uma análise que compara a versão planejada do seu projeto (as linhas de base) com os resultados reais que você tem disponíveis em um dado momento. Pode ser uma previsão, variação, valor agregado — cada um desses é uma comparação entre o que está sendo entregue atualmente e a linha de base original. Tal análise detalhada é tema para outro livro, mas, não importa a circunstância, você *deve* reportar os resultados!

Para fazer isso, você deve organizar as informações e torná-las apresentáveis para o público. A apresentação de dados brutos não é uma metodologia eficaz de comunicação com as partes interessadas, portanto você precisará ordenar, peneirar, formatar e apresentar as informações de uma maneira lógica. As informações devem ser legíveis, compreensíveis e significativas para as partes que irão recebê-las. Que jeito melhor de organizar os dados do que de uma forma que foi compartilhada anteriormente — da forma pela qual a EAP é organizada? Não precisa ser uma regra, mas a EAP é organizada de uma forma que revela como o trabalho é agrupado. Por que não organizar as informações a serem apresentadas de um modo similar?

Uma vez que os dados estejam definidos, reunidos, analisados, resumidos e documentados, eles devem ser apresentados às partes interessadas juntamente com recomendações do Gerente do Projeto relativas às ações que devem ser tomadas, baseadas nas variações existentes da linha de base ou potenciais variações positivas.

Baseados nas informações apresentadas durante as revisões do projeto, os executivos, os patrocinadores e os líderes do negócio revisam os materiais e os cursos recomendados de ação e, junto com o Gerente do Projeto, determinam uma direção a seguir. Se estiver determinado que uma mudança ou ação corretiva deva ser tomada, essas mudanças serão encaminhadas para os processos aplicáveis de controle do projeto, assegurando simultaneamente que todos os ativos e documentação do projeto (incluindo a EAP e o Dicionário da EAP) sejam atualizados.

Gerenciamento das Partes Interessadas

Da mesma forma que o gerenciamento e os relatórios de desempenho são utilizados para informar os patrocinadores e executivos do projeto, há muitas outras partes interessadas que precisam de informações importantes sobre o projeto. Essas partes interessadas e grupos de partes interessadas específicos podem ser definidos como aqueles que "impactam ou são impactados por um projeto" (Stakeholder Definition, Advanced Strategies, Inc., http://www.advstr.com/web/default.cfm). Embora essas partes interessadas possam, às vezes, ser negligenciadas, é importante que o Gerente de Projetos não subestime a voz e influência desses grupos. É nesse momento que um Plano das Comunicações, alinhado a uma EAP rastreável, pode ter valor inestimável. Por meio da identificação cuidadosa das partes interessadas durante o desenvolvimento do Plano das Comunicações, o Gerente de Projetos pode garantir que todas as partes interessadas sejam informadas e recebam informações "contestáveis", a partir das quais eles possam tomar decisões importantes de negócio.

• Resumo do Capítulo •

Em resumo, o desempenho do projeto e o gerenciamento das partes interessadas são áreas fundamentais de interesse durante o ciclo de vida do projeto. Por meio da utilização de métricas definidas de gerenciamento do desempenho do projeto, um Gerente de Projetos pode determinar se o projeto ocorrerá no prazo, dentro do orçamento e se será capaz de realizar as entregas de que o cliente precisa e espera. Coincidente com a utilização das métricas de desempenho, os resultados do desempenho devem ser compartilhados com as partes interessadas que são impactadas pelo progresso do projeto.

Conforme o projeto progride durante o ciclo de vida, as métricas de desempenho fornecem informações de apoio à decisão de que as partes interessadas precisam para avaliar a contribuição do projeto ao negócio. Além disso, no nível tático, essas informações oferecem conhecimento ao Gerente de Projetos e à equipe com a rapidez para seguir para a próxima fase do projeto, o Encerramento.

• Questões do Capítulo •

1. Qual das seguintes alternativas *não* é uma fonte da qual as métricas utilizadas no desempenho do projeto são derivadas?
    a. Registro de Problemas.
    b. EAP e Dicionário da EAP.

c. Cronograma do Projeto.

   d. Plano de Gerenciamento de Custos.

2. Qual dessas alternativas corresponde a uma das desvantagens da EAP?

   a. Ela tem de ser atualizada.

   b. É difícil de ser criada.

   c. Pode ser percebida como unidimensional.

   d. Não pode ser feita em papel.

3. Antes de o Cronograma do Projeto poder ser utilizado para os relatórios de desempenho, qual é o passo final que deve ser dado?

   a. Criar o Cronograma.

   b. Atualizar o Cronograma.

   c. Inserir o Cronograma em uma ferramenta de elaboração de cronogramas.

   d. Aprovar o Cronograma.

4. Qual técnica de gerenciamento de projetos de análise permite que o gerente do projeto preveja os custos e a data de entrega do projeto baseado no desempenho ao longo do tempo?

   a. Gerenciamento de Custos.

   b. Estruturas Analíticas de Projeto.

   c. Gerenciamento do Valor Agregado.

   d. Escopo do Projeto.

5. Qual é um método recomendado para organizar os dados do projeto para apresentação às partes interessadas?

   a. Agrupamento alfabético.

   b. Agrupamento cronológico (pelo cronograma).

   c. Agrupamento por Contas de Controle.

   d. Agrupamento pela hierarquia da Estrutura Analítica do Projeto.

• Referências •

ADVANCED STRATEGIES, INC. *Stakeholder Definition*. 1988. Disponível em: <http://www.advstr.com/web/default.cfm>.

PROJECT MANAGEMENT INSTITUTE. *A guide to the project management body of knowledge (PMBOK® Guide)*. 3. ed. Newtown Square, PA: Project Management Institute, 2004.

Capítulo 10

Verificação do Encerramento do Projeto com a EAP

• Visão Geral do Capítulo •

Este capítulo cobrirá o Encerramento do ciclo de vida do projeto e o uso da Estrutura Analítica do Projeto nessa fase importante. O Encerramento do Projeto inclui a garantia de que todas as entregas do escopo tenham sido concluídas antes do encerramento, concluindo a aceitação e entrega do produto, a preparação do suporte e da manutenção do projeto quando da sua conclusão, e o encerramento do contrato. Incluídas neste capítulo estão as discussões dos seguintes tópicos sobre o encerramento do projeto:

- Aceitação/Entrega/Suporte/Manutenção
- Encerramento do Contrato
- Encerramento do Projeto

Encerramento do Projeto

Durante o Encerramento do Projeto é imperativo que o Gerente do Projeto verifique que todas as entregas produzidas pelas organizações contratadas sejam entregues de acordo com os termos de contrato. Novamente, conforme as mudanças foram realizadas no projeto, os contratos com cada grupo devem ter sido mantidos bloqueados, com atualizações à EAP e ao Dicionário da EAP. Pela revisão de cada contrato e das entregas associadas a eles, o Gerente do Projeto pode determinar se todo o trabalho foi concluído pela organização contratante específica. A verificação da conclusão pelas organizações contratantes se torna extremamente importante, uma vez que o trabalho está entregue e as empreiteiras estão visando à finalização do contrato e o pagamento — mais sobre isso depois. Novamente, se as entregas não se alinham aos critérios aprovados na EAP e no Dicionário da EAP, há ainda mais trabalho a ser feito. Se, ao contrário, as entregas estão de acordo com os critérios de aceitação e de qualidade, a documentação relativa à conclusão — incluindo aprovações para todas as entregas contratadas que serão concluídas pelo Gerente do Projeto e pela empreiteira — deve ser guardada no arquivo dos contratos para referência futura. O projeto alcançou um importante marco — todas as atividades internas de encerramento foram concluídas!

Se a equipe do projeto concluiu todo o seu trabalho até esse ponto, essa deve ser a parte mais fácil — aprovação final da entrega do produto pelo cliente. Nesse ponto, o Gerente do Projeto e a equipe devem ser capazes de revisar e explicar o escopo original do projeto, incluindo as entregas a serem criadas. Isso pode ser rastreado até o Termo de Abertura do Projeto, a Declaração do Escopo, os contratos e os acordos. Conforme as mudanças foram feitas durante o projeto (por meio do gerenciamento de mudanças), todos esses itens, incluindo a EAP, foram atualizados. Por meio da comparação das entregas planejadas com o que foi realmente produzido e entregue pela equipe do projeto, a revisão e a aprovação do cliente deve ser fácil e objetiva. O Gerente do Projeto pode facilmente demonstrar e comparar o que foi definido pelas partes interessadas com o que foi realmente entregue.

Aceitação/Entrega/Suporte/Manutenção

Então, e se as equipes e organizações do cliente não gostam do que estão recebendo? E se eles não acham que o que está sendo fornecido é o que eles pediram? E se eles se recusam a fazer o pagamento final do produto entregue? O Termo de Abertura do Projeto, a Declaração do Escopo, a EAP, o Dicionário da EAP, os contratos e acordos aprovados são pontos de partida para a negociação sobre a aceitabilidade do produto entregue.

Como parte dessas discussões, o suporte de produção futura e o período de garantia (se aplicável) para o produto entregue devem ser mais uma vez revisados para adequação e aprovação finais.

Encerramento do Contrato

Após a Verificação do Escopo e o acordo entre o Gerente do Projeto, a equipe do projeto e a organização receptora, o próximo passo é encerrar todos os contratos pendentes. A essa altura, o Gerente do Projeto pode verificar cada contrato, buscando por trabalho remanescente, visando encerrar os contratos relacionados. A documentação será colocada no arquivo do contrato do projeto, atestando que o trabalho foi concluído satisfatoriamente e que os pagamentos finais para o trabalho podem ser aprovados. Portanto, agora o projeto está concluído... certo? Na verdade, agora o encerramento do projeto começa.

Encerramento do Projeto

Uma vez que todos os contratos foram encerrados e todas as aprovações do cliente foram feitas, o Gerente do Projeto ainda tem bastante trabalho a fazer.

Primeiro, o Gerente do Projeto inicia uma pós-revisão do projeto com o intuito de capturar e documentar as lições aprendidas. Você deve estar pensando: O que isso tem a ver com um livro sobre Estruturas Analíticas de Projeto? Nesse momento, a EAP é utilizada como base para a revisão do projeto — já que ela organiza o escopo do trabalho de forma lógica. De novo, por meio da aplicação da EAP na orientação da pós-revisão do projeto, a equipe pode focar na revisão do trabalho conforme ele está definido pela EAP. A segmentação do trabalho como aparece na EAP possibilita a revisão sistemática das entregas individuais, em vez de revisar os resultados do projeto inteiro de uma só vez. A pós-revisão deve ser conduzida para cada entrega individual do projeto e deve ser documentada e arquivada para referência futura.

Durante a pós-revisão do projeto, toda a documentação para o projeto deve ser atualizada para registrar e refletir os resultados finais. Uma vez que todas essas atividades estejam concluídas, toda a documentação desde a EAP até a pós-revisão é armazenada em um documento repositório acessível ao patrocinador, à equipe do projeto e às partes interessadas. Realizar esse importante passo final permite o resgate de toda a informação histórica relativa ao projeto, bem como aprovações e entregas finais de documentos. As equipes do projeto são então motivadas a resgatar e referenciar essa informação, extraindo documentos importantes que podem ser utilizados como modelos para esforços futuros. Por exemplo, a EAP pode ser consultada no futuro, como base para uma avaliação fiscal revisada (se necessário) ou para capitalizar o trabalho que foi concluído.

• Resumo do Capítulo •

Como é evidenciado em todos os capítulos deste livro, a EAP e o Dicionário da EAP são vitalmente importantes durante *todas* as fases do ciclo de vida do projeto e são bases importantes e ferramentas de orientação para garantir a entrega bem-sucedida do projeto.

• Questões do Capítulo •

1. A EAP e o Dicionário da EAP são vitalmente importantes durante *todas* as fases do ciclo de vida do projeto.
    a. Falso.
    b. Verdadeiro.

2. Qual das seguintes alternativas *não* é utilizada durante as negociações sobre aceitabilidade do(s) produto(s) entregue(s)?
    a. EAP.
    b. Contratos/Acordos.
    c. Dicionário da EAP.
    d. Registro de Riscos.

3. Mudanças à Estrutura Analítica do Projeto aprovada devem ser feitas por meio de qual processo?
   a. Planejamento do Projeto.
   b. Gerenciamento de Mudanças.
   c. Escopo.
   d. Encerramento do Projeto.

4. Qual é o primeiro passo nas atividades de encerramento do projeto?
   a. Comemorar.
   b. Fazer o encerramento do Contrato.
   c. Iniciar uma pós-revisão do projeto.
   d. Verificar que todas as entregas foram concluídas.
   e. Atualizar toda a documentação para registrar e refletir os resultados finais.

5. A Estrutura Analítica do Projeto pode ser utilizada como base para a pós-revisão do projeto.
   a. Verdadeiro.
   b. Falso.

Parte III

A EAP para a Decomposição do Gerenciamento de Projetos

Capítulo 11   Uma EAP do Gerenciamento de Projetos

Capítulo 11

Uma EAP do Gerenciamento de Projetos

• Visão Geral do Capítulo •

Por muitos anos, nós, seus autores, estivemos focados na expansão da consciência e aplicação de Estruturas Analíticas de Projeto e, ao mesmo tempo, no compartilhamento das práticas atuais aceitas para desenvolvê-las. Durante esse tempo, cada um de nós recebeu comentários, feedbacks, sugestões e repetidas perguntas de vários profissionais de gerenciamento de projetos, questionando-nos se sabíamos da existência de modelos que poderiam ser utilizados para o detalhamento da divisão dos componentes de Gerenciamento de Projetos da EAP. Em resposta àqueles que pediram, e para aqueles que pensaram sobre esse assunto, mas que nunca pediram, nós incluímos o Capítulo 11. Esse capítulo é dedicado totalmente a fornecer exemplos dos componentes do Gerenciamento de Projetos em qualquer EAP.

As principais seções deste capítulo incluem o seguinte:
- Opções de Organização para uma EAP do Gerenciamento de Projetos
- Os Componentes da EAP Alinhados com a terceira edição do *Guia PMBOK*®
- EAP "Leve" do Gerenciamento de Projetos

Antes de continuar, no entanto, gostaríamos de abordar algumas preocupações que você pode ter. Primeiro e mais importante, não há uma única forma certa de representar os componentes do Gerenciamento de Projetos em uma EAP. Como dissemos muitas vezes neste livro, a representação correta para o seu projeto depende totalmente das suas necessidades. Sim, isso é novamente mais uma Característica Relacionada ao Uso. Segundo, as seções do meio deste capítulo fornecem um exemplo dos componentes da EAP para o Gerenciamento de Projetos alinhados à terceira edição do *Guia PMBOK*® do PMI. Embora acreditemos que temos um nível razoável de conhecimento sobre Estruturas Analíticas de Projeto, nós não declaramos possuir conhecimento especializado sobre a terceira edição do *Guia PMBOK*®. Considerando isso, as representações dos elementos da EAP do Gerenciamento de Projetos apresentadas nesta seção se baseiam unicamente em nossa revisão e interpretação da norma internacional e não devem ser interpretadas como trabalho sancionado pelo PMI. Finalmente, a terceira e última seção deste livro apresenta uma representação "leve" dos componentes da EAP do Gerenciamento de Projetos baseada em nossa experiência aplicada e reflete o que nós acreditamos se aplicar à maioria dos projetos, na maior parte do tempo.

Opções de Organização para uma EAP do Gerenciamento de Projetos

O Gerenciamento de Projetos como um componente do trabalho refletido em qualquer projeto é uma área difícil para se decompor, como parte de uma Estrutura Analítica de Projeto, porque implica tanto em entregas distintas como de nível de esforço. Exemplos de entregas distintas incluem uma Declaração do Escopo, a EAP em si, um Cronograma do Projeto e muitas outras entregas do gerenciamento de projetos numerosas demais para listarmos. Pela sua própria natureza, o gerenciamento do projeto também pode ser considerado uma entrega de nível de esforço, caracterizada por uma taxa uniforme de trabalho (práticas de gerenciamento de projetos), ao longo de um período de tempo (a duração do projeto). Essa dificuldade é agravada ainda mais tendo em conta as duas formas diferentes nas quais o gerenciamento de projetos está discriminado na terceira edição do *Guia PMBOK®*.

Quando você lê essa norma internacional, rapidamente vê que a prática do gerenciamento de projetos está dividida tanto em *Grupos de Processos* quanto em *Áreas de Conhecimento*. A terceira edição do *Guia PMBOK®* divide os processos e as entregas de gerenciamento de projetos em cinco *Grupos de Processos* diferentes:

- Iniciação
- Planejamento
- Execução
- Monitoramento e Controle
- Encerramento

Esse agrupamento comum e familiar da entrega do projeto é representado na terceira edição do *Guia PMBOK®* para refletir como os projetos são realizados realmente. Primeiro existe a Iniciação, depois o Planejamento, seguido pela Execução, o Monitoramento e Controle e o Encerramento. Então, para representar esse trabalho de Gerenciamento do Projeto adequadamente iniciando com o elemento da EAP Gerenciamento do Projeto no Nível 2, a decomposição das entregas do Gerenciamento do Projeto seguiria essa organização. A divisão por **Grupos de Processos** das entregas do Gerenciamento do Projeto está representada na Demonstração 11.1:

```
1 Gerenciamento do Projeto
    1.1 Iniciação
    1.2 Planejamento
    1.3 Execução
    1.4 Monitoramento e controle
    1.5 Encerramento
```

Demonstração 11.1   EAP do Gerenciamento de Projetos por Grupos de Processos.

A Figura 11.1 mostra o mesmo componente da EAP Gerenciamento do Projeto com a orientação por *Grupos de Processos*, apenas representado na visualização em estrutura de árvore invertida hierárquica, colocada dentro do contexto do projeto inteiro.

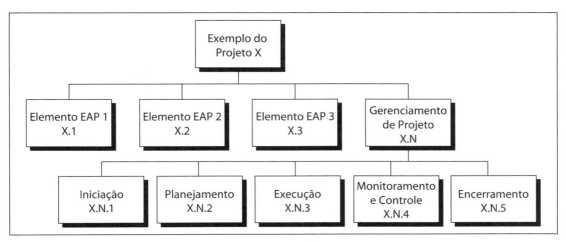

Figura 11.1   EAP do Gerenciamento do Projeto por visualização de nível superior dos grupos de processos.

Também representadas na terceira edição do *Guia PMBOK®* estão as **Áreas de Conhecimento** que formam o Conjunto de Conhecimentos, a informação principal sobre a prática de Gerenciamento de Projetos. Cada uma das *Áreas de Conhecimento* é descrita em capítulos separados, cada um deles dedicado a cada *Área de Conhecimento* que segue a "Norma de Gerenciamento de Projetos" descrita no Capítulo 3. Essas Áreas de Conhecimento são:

- Gerenciamento de Integração
- Gerenciamento do Escopo
- Gerenciamento de Tempo
- Gerenciamento de Custos
- Gerenciamento da Qualidade
- Gerenciamento de Recursos Humanos
- Gerenciamento das Comunicações

Estruturas Analíticas de Projeto

Capítulo 11 Uma EAP do Gerenciamento de Projetos

- Gerenciamento de Riscos
- Gerenciamento de Aquisições

Se nossos componentes do Gerenciamento de Projetos do elemento de nível 2 da EAP fossem decompostos da mesma forma, os níveis resultantes da EAP seriam como representados na Demonstração 11.2:

```
1 Gerenciamento do Projeto
   1.1 Gerenciamento de Integração
   1.2 Gerenciamento do Escopo
   1.3 Gerenciamento de Tempo
   1.4 Gerenciamento de Custos
   1.5 Gerenciamento da Qualidade
   1.6 Gerenciamento Recursos Humanos
   1.7 Gerenciamento das Comunicações
   1.8 Gerenciamento de Riscos
   1.9 Gerenciamento de Aquisições
```

Demonstração 11.2   EAP do Gerenciamento do Projeto por Área de Conhecimento.

A Figura 11.2 mostra a mesma EAP do Gerenciamento de Projetos com orientação por área de conhecimento, apenas representada na visualização em estrutura de árvore invertida hierárquica, colocada dentro do contexto do projeto inteiro.

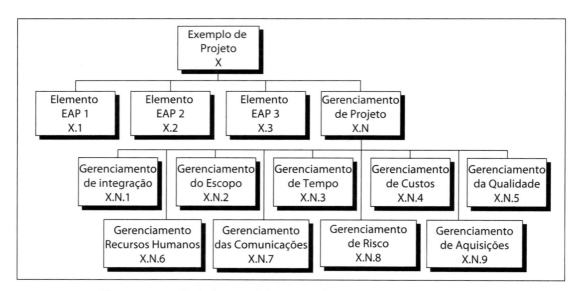

Figura 11.2   EAP do Gerenciamento do Projeto por visualização em nível superior por área de conhecimento.

Embora as duas representações sejam válidas, acreditamos que a visualização por *Área de Conhecimento* pode funcionar melhor quando você considera o trabalho do dia a dia de um Gerente de Projetos. Conforme vimos antes, o gerenciamento de projetos é único, pois contém tanto entregas distintas quanto entregas de nível de esforço. Muitas entregas do gerenciamento do projeto são utilizadas (criadas, atualizadas, revisadas etc.) durante o ciclo de vida do gerenciamento do projeto. Como tais, podem ser logicamente colocadas em múltiplos grupos de processos. Dito isso, achamos mais adequado e simples representar as entregas do Gerenciamento do Projeto apenas uma vez.

Isso seria feito mais facilmente se a decomposição fosse feita por Área de Conhecimento. Refletir as Características Principais que discutimos antes, e dado que uma entrega deve ser representada apenas uma vez em qualquer EAP, a decomposição da EAP por *Área de Conhecimento* também auxilia no suporte à qualidade da EAP.

As duas próximas ilustrações detalham duas representações possíveis para os componentes do Gerenciamento do Projeto de uma Estrutura Analítica do Projeto. A primeira ilustração representa um exemplo que está intimamente alinhado com a terceira edição do *Guia PMBOK®*. A segunda é uma versão "leve" da mesma informação. Qualquer uma das representações se aplica à maioria dos projetos, na maior parte do tempo.

Os Componentes da EAP Alinhados com a Terceira Edição do *Guia PMBOK®*

A Tabela 11.1 demonstra um exemplo dos componentes da EAP do Gerenciamento de Projetos alinhados com a nossa revisão da terceira edição do *Guia PMBOK®* do PMI. Essa decomposição está organizada tanto por *Grupos de Processos* quanto por *Áreas de Conhecimento* do gerenciamento de projetos. Nessa visualização nós também garantimos que a visualização por *Áreas de Conhecimento* mostra adicionalmente os *Grupos de Processos* aos quais cada uma das entregas individuais pertence. Incluímos esse alinhamento para ajudar a esclarecer como cada entrega se relaciona tanto com as *Áreas de Conhecimento* da terceira edição do *Guia PMBOK®* quanto com os *Grupos de Processos*. Também quisemos explicar o que você encontrará em cada coluna nessa ilustração.

Capítulo 11 Uma EAP do Gerenciamento de Projetos

Tabela 11.1 *Terceira Edição do Guia PMBOK® Alinhado à EAP do Gerenciamento do Projeto*

Nível da EAP	Código da EAP	Título do Elemento da EAP	Descrição (Glossário da Terceira Edição do *Guia PMBOK®* ou Errata)	Grupo de Processo				
				Iniciação	Planejamento	Execução	Monitoramento e Controle	Encerramento
1	x	Nome do Projeto	Escopo total do projeto incluindo todas as outras entregas do projeto. Representa 100% do escopo do projeto.					
2	x.n	Gerenciamento do Projeto						
3	x.n.1	Gerenciamento de Integração do Projeto	Os processos e as atividades necessárias para identificar, definir, combinar, unificar, e coordenar os diversos processos e atividades de gerenciamento de projetos dentro dos Grupos de Processos de Gerenciamento de Projetos.					
4	x.n.1.1	Contrato	Um contrato é um acordo que gera obrigações para as partes, e que obriga o fornecedor a oferecer o produto, serviço ou resultado especificado e o comprador a pagar por ele.	x		x	x	x
4	x.n.1.2	Declaração do Trabalho do Projeto	x					

Fonte: PROJECT MANAGEMENT INSTITUTE. *A guide to the project management body of knowledge (PMBOK® Guide)*. 3. ed.). Newtown Square, PA: Project Management Institute

Estruturas Analíticas de Projeto

Essa decomposição da EAP está representada em um formato de Pasta de Trabalho do Microsoft Excel. Escolhemos esse tipo de ilustração por uma série de razões. A mais importante é que essa representação facilita o uso da mesma informação em outros formatos. O que queremos dizer é que a informação que você encontra nessa versão da EAP pode facilmente ser extraída ou convertida em representações que sejam apropriadas para a comunicação com outras partes interessadas do projeto. Por exemplo, você pode querer representar a EAP na forma delineada ou na forma de organograma. Para isso, a informação da "pasta de trabalho" pode ser facilmente copiada e colada em qualquer um desses formatos.

Esse formato também permite a inclusão de outras informações importantes, particularmente, a informação encontrada no Dicionário da EAP. Colunas podem ser adicionadas ao formato da pasta de trabalho para anexar detalhes a cada um dos elementos da EAP. Isso também permite a correlação direta entre o elemento da EAP e a explicação no Dicionário da EAP.

Para seu uso, fornecemos um modelo de EAP, contendo as orientações de decomposição que descrevemos (veja o Apêndice 3 para os documentos completos). A primeira divisão representa as entregas do Gerenciamento do Projeto na orientação por *Grupos de Processos*. A segunda divisão contém a decomposição por *Áreas de Conhecimento*. Essas duas decomposições das entregas do Gerenciamento de Projetos contêm precisamente a mesma informação. A única diferença é a orientação... uma por *Grupos de Processos* e a outra por *Áreas de Conhecimento*. Nós utilizamos a representação por Áreas de Conhecimento para a nossa ilustração na Tabela 11.1. As colunas que você verá na pasta de trabalho e na ilustração são (da esquerda para a direita): Nível de Divisão da EAP, Código da EAP, Título do Elemento da EAP, Descrição (nesse caso, incluímos a informação do Dicionário da EAP da terceira edição do *Guia PMBOK®*) e alinhamento por *Grupo de Processo*.

EAP "Leve" do Gerenciamento de Projetos

A Tabela 11.2 demonstra a representação "leve" dos mesmos componentes do Gerenciamento do Projeto em uma EAP. Se o detalhe fornecido pelo modelo e exemplo totalmente elaborado é excessivo, a versão "leve" pode atender às suas necessidades mais adequadamente.

Estruturas Analíticas de Projeto

Tabela 11.2 EAP "leve" do Gerenciamento do Projeto

Nível da EAP	Código da EAP	Título do Elemento da EAP	Descrição (Glossário da Terceira Edição do *Guia PMBOK®* ou Errata)
1	x	Nome do Projeto	Escopo total do projeto incluindo todas as outras entregas do projeto. Representa 100% do escopo do projeto.
2	x.n	Gerenciamento do Projeto	
3	x.n.1	Gerenciamento de Integração do Projeto	Os processos e as atividades necessárias para identificar, definir, combinar, unificar, e coordenar os diversos processos e atividades de gerenciamento de projetos dentro dos Grupos de Processos de Gerenciamento de Projetos.
4	x.n.1.1	Contrato	Um contrato é um acordo que gera obrigações para as partes, e que obriga o fornecedor a oferecer o produto, serviço ou resultado especificado e o comprador a pagar por ele.
4	x.n.1.2	Declaração do Trabalho do Projeto	

Fonte: PROJECT MANAGEMENT INSTITUTE, *A guide to the project management body of knowledge* (PMBOK® Guide). 3. ed.). Newtown Square, PA: Project Management Institute.

• Resumo do Capítulo •

Este capítulo fornece alguma orientação para um tópico para o qual vínhamos nos esforçando há bastante tempo. Ao longo dos últimos anos, recebemos muitas solicitações e perguntas sobre a forma mais eficaz de representar os elementos de trabalho (entregas) do Gerenciamento de Projetos em uma Estrutura Analítica de Projeto, garantindo, ao mesmo tempo, que a representação seja feita de forma significativa para a maioria das partes interessadas do projeto. Esse capítulo aborda esse desafio.

A primeira seção do capítulo fornece alguma informação para fundamentar a discussão das entregas do Gerenciamento de Projetos que incluímos. Depois dessa discussão, nós revisamos duas abordagens para a representação da EAP do Gerenciamento de Projetos; decomposição por *Grupos de Processos* e por *Áreas de Conhecimento*. Escolhemos discutir ambas as abordagens para refletir a prática da organização do Gerenciamento de Projetos como é discutida na terceira edição do *Guia PMBOK®*.

A seção final do capítulo ilustra os componentes de uma EAP de Gerenciamento de Projetos diretamente alinhada com as ferramentas, técnicas e tópicos encontrados na terceira edição do *Guia PMBOK®*. Alguns Gerentes de Projetos acham esse nível de detalhe e decomposição excessivos, ou que é muita informação, considerando o tamanho pequeno de seus projetos. Eles reclamam que o componente de entregas do Gerenciamento de Projetos de suas EAPs pode ser mais extensivo que o restante do projeto. Por isso, também incluímos uma ilustração do componente do Gerenciamento de Projetos representado de uma forma que podemos chamar de representação "leve" das entregas do componente de Gerenciamento de Projetos.

Por favor, lembre-se que essas ilustrações representam o ponto de vista dos autores sobre como apresentar uma versão totalmente decomposta, bem como uma versão "leve". Essas abordagens específicas podem ou não ser apropriadas para o(s) seu(s) projeto(s).

Uma Última Palavra

Nossa esperança é a de que você ache as informações incluídas nos capítulos, enigmas e apêndices deste livro como sendo úteis a você, assim como, para nós, foi divertido e educativo desenvolvê-las. O ano anterior à publicação desta presente edição foi muito esclarecedor para nós três e esperamos ter compartilhado dicas e técnicas que você considere úteis — agora ou no futuro.

• Referência •

PROJECT MANAGEMENT INSTITUTE. *A guide to the project management body of knowledge (PMBOK® Guide)*. 3. ed. Newtown Square, PA: Project Management Institute, 2004.

Apêndice A

Exemplo de Termo de Abertura do Projeto

• Visão Geral do Projeto •

Este projeto está sendo empreendido para estabelecer uma nova residência para o Sr. John Smith e sua esposa. A nova residência será uma habitação familiar independente, construída em um lote de 8.094 metros quadrados (lote n. 24) localizado na Avenida North Maple, 200, MinhaCidade, MeuEstado, 20001-1234, Estados Unidos. O projeto terá início na segunda-feira, 02 de fevereiro de 2015 e será concluído até quinta-feira, 31 de dezembro de 2015.

Essa casa está sendo construída para empregar materiais de construção e códigos mais recentes e empregará novas tecnologias para minimizar o consumo de energia. A Construção será supervisionada e gerenciada pela Apex Construtores de Casas, empreiteira principal que pode subcontratar componentes do trabalho de construção.

Todos os trabalhadores serão registrados e todos os materiais irão atender ou exceder as orientações do código local de construção.

Seção I. Propósito do Projeto

O projeto da casa está sendo desenvolvido para estabelecer uma nova residência principal para o Sr. John Smith e família. A nova casa está agendada para conclusão em dezembro para que a família Smith possa se mudar durante as duas primeiras semanas de 2016. O Sr. Smith assumirá a responsabilidade pelas operações norte-americanas de sua empresa em 2016 e está retornando da Europa para isso. O Sr. Smith e sua família irão viajar e se mudar durante dezembro de 2015 e se mudarão diretamente de sua casa atual para a nova residência concluída.

A casa deve estar concluída em 31 de dezembro de 2015 para que a família Smith possa estabelecer residência na comunidade em um prazo adequado que permita que seus filhos sejam matriculados no sistema de ensino para começar o ano escolar de 2016 junto com seus colegas de classe.

Apêndice A   Exemplo de Termo de Abertura do Projeto

Seção II. Escopo do Projeto

Este é um Contrato Preço-Fixo.

A estimativa de compromisso da empreiteira é US$ 750.000,00.

Após a conclusão, o novo imóvel incluirá o seguinte, conforme descrito nas especificações detalhadas no desenho técnico:

- Paisagismo
- Fundação (com porão) — concreto despejado e blocos de concreto
- Entrada de garagem — 609,6 metros quadrados, concreto com tijolos incrustados
- Casa principal — 1.371,6 metros quadrados, tijolo/estuque
- Terraço/Quintal/Sala de TV
- Garagem — 487,68 metros quadrados, dois andares

Seção III. Objetivos do Projeto

Conforme descrito na Seção II, a conclusão do projeto deve ser alcançada em 31 de dezembro de 2015. Os marcos de progresso associados ao projeto são os seguintes:

1. Desenhos arquitetônicos concluídos e aprovados
2. Permissão de construção aprovada
3. Preparação do lote e limpeza completa
4. Escavação completa da fundação
5. Contrapisos despejados e prontos
6. Fundação despejada, base da construção concluída, fundação pronta
7. Casa e garagem externa fechadas para o tempo
8. Entrada da garagem e paisagismo concluídos
9. Fiação interna concluída
10. Fiação externa concluída
11. Climatização concluída
12. Encanamento interno concluído
13. Encanamento externo concluído
14. Acabamento interno concluído
15. Acabamento externo concluído
16. Calçamento concluído
17. Certificado de Ocupação garantido
18. Lista de acompanhamento interno e externo aprovada
19. Lista de acompanhamento interno e externo concluída
20. Revisão de aceitação e entrega principal concluída

Seção IV. Questões Pendentes

- A empreiteira principal será responsável por todo o trabalho e toda mão de obra
- Incentivo aprovado para entrega antecipada — 5%
- Multa aprovada para entrega atrasada — 5%
- Temperatura esperada para abaixo de -6,6 °C a partir de 15 de setembro de 2015.

Seção V. Aprovações

Todos os financiamentos foram pré-aprovados e colocados em uma conta de reserva contra a qual a empreiteira principal pode sacar. A empreiteira pode sacar pagamentos trimestrais de valores iguais, iniciando no segundo trimestre seguinte ao começo do trabalho. O comprador irá reter o primeiro pagamento trimestral até que o trabalho esteja concluído e aprovado ao final do encerramento do projeto e entrega. Na pendência de aceitação satisfatória do encerramento do projeto e da transição, o comprador não fornecerá o pagamento final à empreiteira.

Nota: Faturas serão geradas pela empreiteira ao fim de cada trimestre de construção.

- O Faturamento documentará todos os materiais comprados durante o trimestre anterior.
- O Faturamento documentará todo o trabalho concluído durante o trimestre anterior.
- O pagamento será feito em quatro (4) pagamentos trimestrais iguais.
- Materiais antecipados ou variações de custo de mão de obra acima de 2% em qualquer dos trimestres, ou 5% do total, exige explicação detalhada e homologação do comprador antes do comprometimento de compra ou da realização do trabalho.
- Todos os aumentos de custo faturados sem homologação prévia, como definidos pelo item anterior ou pelo comprador, serão pagos ao preço de contrato original.

Seção VI. Referências

- Ver códigos de construção locais e estaduais aplicáveis.
- Arquivos de plano de local e permissão de construção no Tribunal da Cidade, MinhaCidade, MeuEstado.

Seção VII. Terminologia

- O autor do projeto elaborará a seção VIII. Terminologia, a partir da especificidade do seu projeto.

Seção VIII. Abordagem do Projeto

- A empreiteira principal atualizará todos os documentos do projeto e o cronograma.
- A empreiteira principal realizará o trabalho com seus próprios funcionários que estão registrados e possuem as devidas licenças e credenciais de trabalho. No caso de a empreiteira principal subcontratar trabalhos, todos os funcionários da subcontratada serão verificados pela empreiteira principal quanto a estarem segurados e possuírem as devidas licenças e credenciais de trabalho.
- A empreiteira principal concorda em pagar uma multa de 10% do valor de um trimestre por qualquer trabalhador do projeto encontrado no local sem a devida licença e credencial de trabalho.
- A empreiteira principal será a responsável pela supervisão, pelas entregas e pelo gerenciamento do subcontrato.
- A empreiteira principal concordou com os termos do contrato preço-fixo e do cronograma.
- Durante a execução planejada do projeto, a empreiteira principal fornecerá relatórios de progresso periódicos ao comprador (bissemanal, mensal).
- Após cada atraso no cronograma, a empreiteira principal concorda em fornecer relatórios de progresso semanalmente até que o cronograma esteja em dia.

Seção IX. Entregas do Projeto e Objetivos de Qualidade

- Ver Seção II e Seção III.
- Aquecimento, ventilação e ar-condicionado, paisagismo, acabamentos, incluindo portas internas e externas, portas de gabinetes externos e estruturas de gabinetes, instalações de banheiro, eletrodomésticos de cozinha, bancadas, azulejos, acabamento da garagem, pavimentação e sótão estão no "Grau Premium — Nível V" da empreiteira para os planos detalhados da casa e opções de aprimoramento.
- O comprador escolherá as instalações de banheiro, cozinha e lavanderia e os eletrodomésticos conforme especificado no detalhe do cronograma da empreiteira.
- A empreiteira incluiu US$ 10.000,00 de abatimento de iluminação. Todas as necessidades de iluminação que excederem o abatimento exigirão o envio de solicitação de mudança à empreiteira.

Seção X. Organização e Responsabilidades

- Ver Seção VIII.

Seção XI. Opções e Desvios de Processo

- Ver Seção IV.

Seção XII. Atividades de Controle de Qualidade

- Ver Seção IV.
- A empreiteira reserva o direito de exigir ordens de mudança para quaisquer/todas as modificações ao desenho atual e aos planos finais "Grau Premium — Nível V" após a aprovação de contrato. Adicionalmente, a empreiteira reserva o direito de exigir ordens de mudança para quaisquer/todas as modificações ao projeto (plano, desenho, cronograma, escopo) solicitadas pelo comprador após a aprovação oficial do cronograma, antes do começo do trabalho.

Seção XIII. Cronograma do Projeto

- Ver Seção I, Seção VIII.
- A empreiteira principal fornecerá o cronograma detalhado antes do início do projeto.

Seção XIV. Estimativas de Esforço do Projeto

- Ver Seção I.

Seção XV. Estimativas de Custos do Projeto

- Ver Seção II.

Estruturas Analíticas de Projeto

Apêndice B

Exemplo de Declaração do Escopo do Projeto

• Visão Geral do Projeto •

Este projeto está sendo empreendido para estabelecer uma nova residência para o Sr. John Smith e sua esposa. A nova residência será uma habitação familiar independente, construída em um lote de 8093,71 metros quadrados (lote n. 24) localizado na Avenida North Maple, 200, MinhaCidade, MeuEstado, 20001-1234, Estados Unidos. O projeto terá início na segunda-feira, 02 de fevereiro de 2015 e estará concluído até quinta-feira, 31 de dezembro de 2015.

Essa casa está sendo construída para empregar materiais de construção e códigos mais recentes e empregará novas tecnologias para minimizar o consumo de energia. A Construção será supervisionada e gerenciada pela Apex Construtores de Casas, empreiteira principal que pode subcontratar componentes do trabalho de construção.

Seção I. Propósito do Projeto

O projeto da casa está sendo desenvolvido para estabelecer uma nova residência principal para o Sr. John Smith e família. A nova casa está agendada para conclusão em dezembro para que a família Smith possa se mudar durante as duas primeiras semanas de 2016. O Sr. Smith assumirá a responsabilidade pelas operações norte-americanas de sua empresa em 2016 e está retornando da Europa para isso. Sr. Smith e sua família irão viajare se mudar durante dezembro de 2015 e se mudarão diretamente de sua casa atual para a nova residência concluída.

A casa deve estar concluída em 31 de dezembro de 2015 para que a família Smith possa estabelecer residência na comunidade em um prazo adequado que permita que seus filhos sejam matriculados no sistema de ensino para começar o ano escolar de 2016 junto com seus colegas de classe.

Seção II. Escopo do Projeto

Este é um Contrato Preço-Fixo.

A estimativa de compromisso da empreiteira é US$ 750.000,00.

Após a conclusão, o novo imóvel incluirá o seguinte, conforme descrito nas especificações detalhadas no desenho técnico:

- Paisagismo
- Fundação (com porão) — concreto despejado e blocos de concreto
- Entrada de garagem — 609,6 metros quadrados, concreto com tijolos incrustados
- Casa principal — 1.371,6 metros quadrados, tijolo/estuque
- Terraço/Quintal/Sala de TV
- Garagem — 487,68 metros quadrados, dois andares

Seção III. Marcos do Projeto

Conforme descrito na Seção II, a conclusão do projeto deve ser alcançada em 31 de dezembro de 2015. Os marcos de progresso associados ao projeto são os seguintes:

1. Desenhos arquitetônicos concluídos e aprovados
2. Permissão de construção aprovada
3. Preparação do lote e limpeza completa
4. Escavação completa da fundação
5. Contrapisos despejados e prontos
6. Fundação despejada, base da construção concluída, fundação pronta
7. Casa e garagem externa fechadas para o tempo
8. Entrada da garagem e paisagismo concluídos
9. Fiação interna concluída
10. Fiação externa concluída
11. Climatização concluída
12. Encanamento interno concluído
13. Encanamento externo concluído
14. Acabamento interno concluído
15. Acabamento externo concluído
16. Calçamento concluído
17. Certificado de Ocupação garantido
18. Lista de acompanhamento interno e externo aprovada
19. Lista de acompanhamento interno e externo concluída
20. Revisão de aceitação e entrega principal concluída.

Seção IV. Abordagem do Projeto

- A empreiteira principal atualizará todos os documentos do projeto e o cronograma.

- A empreiteira principal realizará o trabalho com seus próprios funcionários que estão registrados e possuem as devidas licenças e credenciais de trabalho. No caso de a empreiteira principal subcontratar trabalhos, todos os funcionários da subcontratada serão verificados pela empreiteira principal quanto a estarem segurados e possuírem as devidas licenças e credenciais de trabalho.
- A empreiteira principal concorda em pagar uma multa de 10% do valor de um trimestre por qualquer trabalhador do projeto encontrado no local sem a devida licença e credencial de trabalho.
- A empreiteira principal será a responsável pela supervisão, pelas entregas e pelo gerenciamento do subcontrato.
- A empreiteira principal concordou com os termos do contrato preço-fixo e do cronograma.
- Durante a execução planejada do projeto, a empreiteira principal fornecerá relatórios de progresso periódicos ao comprador (bissemanal, mensal).
- Após cada atraso no cronograma, a empreiteira principal concorda em fornecer relatórios de progresso semanalmente até que o cronograma esteja em dia.

Gerenciamento de Problemas

- Os problemas relacionados ao projeto serão localizados, priorizados, designados, resolvidos e comunicados conforme o protocolo de Gerenciamento de Problemas da Empreiteira Principal.
- Os problemas serão informados com a utilização de um Formulário de Relatório de Problemas. As descrições dos problemas, os proprietários, as resoluções e o andamento serão mantidos em um Registro de Problemas com formato padrão.
- Os problemas serão abordados com o proprietário do problema e comunicados no relatório semanal de andamento do projeto.

Gerenciamento de Mudanças

Os procedimentos de controle de mudança como documentado no Plano de Gerenciamento de Mudanças da empreiteira principal será consistente com a metodologia padrão de construção de casas e consistirá nos seguintes processos:

- O Gerente de Projetos estabelecerá um Registro de Mudanças para localizar todas as mudanças associadas ao esforço de projeto.
- Todas as Ordens de Mudança devem ser submetidas por um Formulário de Ordem de Mudança e serão avaliadas para determinar possíveis alternativas e custos.
- Ordens de Mudança serão revisadas e aprovadas pelo proprietário do projeto e aceitas/reconhecidas pelo comprador.

- Os efeitos de Ordens de Mudança aprovadas no escopo e no cronograma do projeto serão refletidos nas atualizações do Plano do Projeto.
- O Registro de Mudanças será atualizado para refletir o andamento atual das Ordens de Mudança.

Gerenciamento das Comunicações

As estratégias seguintes foram estabelecidas para promover comunicação eficaz dentro e sobre este projeto. Serão documentadas políticas de comunicação específicas no Plano das Comunicações da empreiteira principal.

- O Gerente de Projetos da Empreiteira Principal apresentará o andamento do projeto aos compradores bissemanalmente.
- O comprador será avisado de todos os problemas urgentes pela empreiteira principal via e-mail ou telefone. A notificação do problema incluirá restrições de tempo e impactos, os quais identificarão a urgência da solicitação.
- O comprador notificará a empreiteira principal das modificações no cronograma, no escopo e no orçamento de forma frequente. As comunicações de mudanças podem ser feitas por voice-mail ou telefone, *mas não serão encaminhadas pela empreiteira principal até que um Formulário de Ordem de Mudança seja recebido.*

Gerenciamento de Aquisições

A empreiteira principal manterá o Plano de Gerenciamento de Aquisições de acordo com o Plano do Projeto. O Plano de Aquisições documentará o seguinte:

- Quanto, quando e de que forma cada um dos materiais e serviços que o projeto precisa serão obtidos
- Os tipos de subcontratos necessários (se houver algum)
- Como as estimativas independentes (como critérios de avaliação) serão obtidas
- Como as aquisições serão coordenadas com o cronograma do projeto e o orçamento
- O que inclui uma Declaração do Trabalho subcontratado
- Fontes potenciais de mercadorias e serviços

Gerenciamento de Recursos

A empreiteira principal produzirá o Plano de Gerenciamento de Recursos que documentará o seguinte:

- Todos os materiais e serviços a serem entregues como parte do projeto, juntamente com as estimativas de custos e informações de qualidade
- Quais materiais e serviços serão obtidos de fontes externas à organização da Empreiteira Principal.

Seção V. Questões Pendentes

- A empreiteira principal será responsável por todo o trabalho e toda mão de obra
- Incentivo aprovado para entrega antecipada — 5% do valor do contrato
- Multa aprovada para entrega atrasada — 5% do valor do contrato
- Temperatura esperada para abaixo de -6,6 °C a partir de 15 de setembro de 2015.

Seção VI. Aprovações

Todos os financiamentos foram pré-aprovados e colocados em uma conta de reserva contra a qual a empreiteira principal pode sacar. A empreiteira pode sacar pagamentos trimestrais de valores iguais, iniciando no segundo trimestre seguinte ao começo do trabalho. O contratante irá reter o primeiro pagamento trimestral até que o trabalho esteja concluído e aprovado ao final do encerramento do projeto e entrega. Na pendência de aceitação satisfatória do encerramento do projeto e da transição, o comprador não fornecerá o pagamento final à empreiteira.

Nota: Faturas serão geradas pela empreiteira ao fim de cada trimestre de construção.

- O Faturamento documentará todos os materiais comprados durante o trimestre anterior.
- O Faturamento documentará todo o trabalho concluído durante o trimestre anterior.
- O pagamento será feito em quatro (4) pagamentos trimestrais iguais.
- Materiais antecipados ou variações de custo de mão de obra acima de 2% em qualquer dos trimestres, ou 5% do total, exige explicação detalhada e homologação do comprador antes do comprometimento de compra ou da realização do trabalho.
- Todos os aumentos de custo faturados sem homologação prévia, como definidos pelo item anterior ou pelo comprador, serão pagos ao preço de contrato original.

Seção VII. Referências

- Ver códigos de construção locais e estaduais aplicáveis.
- Arquivos de plano de local e permissão de construção no Tribunal da Cidade, MinhaCidade, MeuEstado.

Estruturas Analíticas de Projeto

Seção VIII. Entregas do Projeto e Objetivos de Qualidade

- Ver Seções I, II e III.
- Aquecimento, ventilação e ar-condicionado, paisagismo, acabamentos, incluindo portas internas e externas, portas de gabinetes externos e estruturas de gabinetes, instalações de banheiro, eletrodomésticos de cozinha, bancadas, azulejos, acabamento da garagem, pavimentação e sótão estão no "Grau Premium — Nível V" da empreiteira para os planos detalhados da casa e opções de aprimoramento.
- O comprador escolherá as instalações de banheiro, cozinha e lavanderia e os eletrodomésticos conforme especificado no detalhe do cronograma da empreiteira.
- A empreiteira incluiu US$ 10.000,00 de abatimento de iluminação. Todas as necessidades de iluminação que excedem o abatimento exigirão o envio de solicitação de mudança à empreiteira.

Seção IX. Atividades de Controle de Qualidade

- Ver Seções III e IV.
- A empreiteira reserva o direito de exigir ordens de mudança para quaisquer/todas as modificações ao desenho atual e aos planos finais "Grau Premium — Nível V" após a aprovação de contrato. Adicionalmente, a empreiteira reserva o direito de exigir ordens de mudança para quaisquer/todas as modificações ao projeto (plano, desenho, cronograma, escopo) solicitadas pelo comprador após a aprovação oficial do cronograma, antes do começo do trabalho.

Seção XI. Cronograma do Projeto

- Ver Seção I, Seção VIII.
- A empreiteira principal fornecerá o cronograma detalhado antes do início do projeto.

Apêndice C

Exemplos de EAP do Gerenciamento de Projetos

Este apêndice inclui a decomposição do componente de gerenciamento de projetos da EAP organizada tanto por *grupos de processos* quanto por *áreas de conhecimento* do gerenciamento de projetos.

Visualização por Grupos de Processos

A Tabela C.1 apresenta o exemplo completo dos componentes da EAP do Gerenciamento de Projetos intimamente alinhados com a revisão dos autores da terceira edição do *Guia PMBOK®*. Essa visualização está organizada por Grupos de Processos.

Visualização por Áreas de Conhecimento

A Tabela C.2 também apresenta um exemplo completo dos componentes da EAP do Gerenciamento de Projetos intimamente alinhados com a revisão dos autores da terceira edição do *Guia PMBOK®*. Essa visualização está organizada por Áreas de Conhecimento.

Visualização "Leve" por Área de Conhecimento

A Tabela C.3 apresenta o exemplo completo da representação "leve" dos mesmos componentes do Gerenciamento de Projetos em uma EAP. Se o detalhamento fornecido no exemplo e modelo totalmente elaborado for excessivo, essa versão "leve" pode se encaixar mais adequadamente nas suas necessidades.

Apêndice C Exemplos de EAP do Gerenciamento de Projetos

Tabela C.1 Visualização por Grupos de Processos

Nível da EAP	Código da EAP	Título do Elemento da EAP	Descrição (*Guia PMBOK®* — Terceira Edição, Glossário ou Errata)
1	x	Nome do Projeto	Escopo completo do projeto, incluindo todas as outras entregas do projeto. Representa 100% do escopo do projeto.
2	x.n	**Gerenciamento do Projeto**	
3	x.n.1	**Iniciação**	**Este nível representa o nível resumido para o grupo de processo de Iniciação.**
4	x.n.1.1	Termo de Abertura do Projeto	Um documento publicado pelo iniciador ou patrocinador do projeto que autoriza formalmente a existência de um projeto e concede ao gerente de projetos a autoridade para aplicar os recursos organizacionais nas atividades do projeto.
4	x.n.1.2	Contrato	É um acordo que gera obrigações entre as partes, e que obriga o fornecedor a oferecer o produto, serviço ou resultado especificado, e o comprador a pagar por ele.
4	x.n.1.3	Declaração do Trabalho do Projeto	
4	x.n.1.4	Ativos de Processos Organizacionais	Qualquer um ou todos os ativos relacionados a processos, de quaisquer ou todas as organizações envolvidas no projeto que são ou podem ser usados para influenciar o sucesso do projeto. Esses ativos de processos incluem planos formais ou informais, políticas, procedimentos e diretrizes. Os ativos do processo também incluem as bases de conhecimento das organizações, como lições aprendidas e informações históricas.
3	x.n.2	**Planejamento**	**Este nível representa o nível resumido para o grupo de processo de Planejamento.**
4	x.n.2.1	Descrição do Escopo do Produto	A descrição documentada do escopo do produto.
4	x.n.2.2	Declaração do Escopo Preliminar do Projeto	
4	x.n.2.3	Declaração do Escopo do Projeto	A descrição do escopo do projeto, que inclui as principais entregas, os objetivos, suposições e restrições do projeto e uma declaração do trabalho, que fornece uma base documentada para futuras decisões do projeto e para confirmar ou desenvolver um entendimento comum do escopo do projeto entre as partes interessadas. A definição do escopo do projeto — o que precisa ser realizado.
4	x.n.2.4	Linha de Base do Escopo	
4	x.n.2.5	Declaração do Trabalho do Contrato	Uma descrição dos produtos, serviços ou resultados a serem fornecidos.

4	x.n.2.6	Estrutura Analítica do Projeto	Uma decomposição hierárquica orientada à entrega do trabalho a ser executado pela equipe do projeto para atingir os objetivos do projeto e criar as entregas necessárias. Ela organiza e define o escopo total do projeto. Cada nível descendente representa uma definição cada vez mais detalhada do trabalho do projeto. A EAP é decomposta em pacotes de trabalho. A orientação da hierarquia para a entrega inclui entregas internas e externas.
4	x.n.2.7	Dicionário da EAP	Um documento que descreve cada componente da estrutura analítica do projeto (EAP). Para cada componente da EAP, o dicionário da EAP inclui uma breve definição do escopo ou declaração do trabalho, entrega(s) definida (s), uma lista de atividades associadas e uma lista de marcos. Outras informações podem incluir: organização responsável, datas de início e de conclusão, recursos necessários, uma estimativa de custos, número de cobrança, informações do contrato, requisitos de qualidade e referências técnicas para facilitar o desempenho do trabalho.
4	x.n.2.8	Planejamento de Riscos	*Adicionado para resumir as atividades de riscos no Grupo de Processo de Planejamento.*
5	x.n.2.8.1	Registro de Riscos	O documento que contém os resultados da análise qualitativa de riscos, da análise quantitativa de riscos e do planejamento de resposta aos riscos. O registro de riscos detalha todos os riscos identificados, incluindo descrição, categoria, causa, probabilidade de ocorrência, impacto(s) nos objetivos, respostas sugeridas, proprietários e andamento atual. O registro de riscos é um componente do plano de gerenciamento do projeto.
5	x.n.2.8.2	Acordos Contratuais Relacionados a Riscos	
5	x.n.2.8.3	Estrutura Analítica dos Riscos	Uma representação organizada hierarquicamente dos riscos identificados do projeto ordenados por categoria e subcategoria de risco que identifica as diversas áreas e causas de riscos potenciais. A estrutura analítica dos riscos geralmente é adaptada para tipos específicos de projetos.
5	x.n.2.8.4	Matriz de Probabilidade e Impacto	Uma forma comum de determinar se um risco é considerado baixo, moderado ou alto por meio da combinação das duas dimensões de um risco: sua probabilidade de ocorrência e seu impacto nos objetivos, caso ocorra.
5	x.n.2.8.5	Lista Priorizada de Riscos Quantificados	
5	x.n.2.8.6	Análise das Premissas	Uma técnica que explora a exatidão das premissas e identifica os riscos do projeto causados pelo caráter inexato, inconsistente ou incompleto das premissas.

(continua)

Apêndice C Exemplos de EAP do Gerenciamento de Projetos

(continuação)

Nível da EAP	Código da EAP	Título do Elemento da EAP	Descrição (*Guia PMBOK®* — Terceira Edição, Glossário ou Errata)
5	x.n.2.8.7	Procedimentos de Controle dos Riscos	
5	x.n.2.8.8	Avaliação de Qualidade dos Dados dos Riscos	
5	x.n.2.8.9	Análise de Sensibilidade	Uma técnica de análise quantitativa de riscos e modelagem usada para ajudar a determinar quais riscos apresentam maior impacto potencial no projeto. Ela examina a extensão com que a incerteza de cada elemento do projeto afeta o objetivo que está sendo examinado quando todos os outros elementos incertos são mantidos em seus valores de linha de base. A representação típica dos resultados é feita na forma de um diagrama de tornado.
5	x.n.2.8.10	Análise do Valor Monetário Esperado	Uma técnica estatística que calcula o resultado médio quando o futuro inclui cenários que podem ou não acontecer. Uma utilização comum desta técnica está na análise da árvore de decisão. É recomendável usar modelagem e simulação para a análise de risco de custo e cronograma, pois são mais poderosas e menos sujeitas a aplicações inadequadas que a análise do valor monetário esperado.
5	x.n.2.8.11	Análise da Árvore de Decisão	A árvore de decisão é um diagrama que descreve uma decisão que está sendo considerada e as implicações da escolha de uma ou outra das alternativas disponíveis. É usada quando alguns futuros cenários ou resultados de ações são incertos. Ela incorpora as probabilidades e os custos ou premiações de cada caminho lógico de *eventos* e decisões futuras e usa a *análise do valor monetário esperado* para ajudar a *organização* a identificar os valores relativos das ações alternativas.
5	x.n.2.8.12	Análise Probabilística	
5	x.n.2.8.13	Análise das Reservas	
4	x.n.2.9	Organograma e Descrição de Cargo	Organograma — Um método para representar inter-relacionamentos entre um grupo de pessoas que trabalham juntas para um objetivo comum. Descrição de Cargo — Uma explicação das funções e responsabilidades de um membro da equipe do projeto.
5	x.n.2.9.1	Papéis e Responsabilidades	Um documento que representa graficamente os membros da equipe do projeto e seus inter-relacionamentos para um projeto específico.
5	x.n.2.9.2	Organograma do Projeto	

4	x.n.2.10	Plano de Gerenciamento do Projeto	Um documento formal e aprovado que define como o projeto é executado, monitorado e controlado. Ele pode ser resumido ou detalhado e pode ser formado por um ou mais planos de gerenciamento auxiliares e outros documentos de planejamento.
5	x.n.2.10.1	Plano de Gerenciamento do Escopo do Projeto	O documento que descreve como o escopo do projeto será definido, desenvolvido e verificado e como a estrutura analítica do projeto será criada e definida, e que fornece orientação sobre como o escopo do projeto será gerenciado e controlado pela equipe de gerenciamento de projetos. Ele faz parte ou é um plano auxiliar do plano de gerenciamento do projeto. O plano de gerenciamento do escopo do projeto pode ser informal e genérico ou formal e bem detalhado, dependendo das necessidades do projeto.
5	x.n.2.10.2	Plano de Gerenciamento de Custos	O documento que define o formato e estabelece as atividades e os critérios de planejamento, estruturação e controle dos custos do projeto. Um plano de gerenciamento de custos pode ser formal ou informal, bem detalhado ou genérico, dependendo das necessidades das partes interessadas no projeto. O plano de gerenciamento de custos faz parte ou é um plano auxiliar do plano de gerenciamento do projeto.
5	x.n.2.10.3	Plano de Gerenciamento da Qualidade	O plano de gerenciamento da qualidade descreve como a equipe de gerenciamento de projetos implementará a política de qualidade da organização executora. O plano de gerenciamento da qualidade faz parte ou é um plano auxiliar do plano de gerenciamento do projeto. O plano de gerenciamento da qualidade pode ser formal ou informal, bem detalhado ou genérico, dependendo dos requisitos do projeto.
5	x.n.2.10.4	Plano de Gerenciamento de Pessoal	O documento que descreve quando e como os recursos humanos necessários serão atingidos. Ele faz parte ou é um plano auxiliar do plano de gerenciamento do projeto. O plano de gerenciamento de pessoal pode ser informal e genérico ou formal e bem detalhado, dependendo das necessidades do projeto. As informações no plano de gerenciamento de pessoal variam de acordo com a área de aplicação e o tamanho do projeto.
5	x.n.2.10.5	Plano de Gerenciamento do Cronograma	O documento que estabelece os critérios e as atividades para o desenvolvimento e o controle do cronograma do projeto. Ele faz parte ou é um plano auxiliar do plano de gerenciamento do projeto. O plano de gerenciamento do cronograma pode ser formal ou informal, bem detalhado ou genérico, dependendo das necessidades do projeto.

(continua)

Apêndice C   Exemplos de EAP do Gerenciamento de Projetos

(continuação)

Nível da EAP	Código da EAP	Título do Elemento da EAP	Descrição (*Guia PMBOK®* — Terceira Edição, Glossário ou Errata)
5	x.n.2.10.6	Plano de Gerenciamento das Comunicações	O documento que descreve: as necessidades de comunicação e as expectativas para o projeto; como e em que formato as informações serão comunicadas; quando e onde será feita cada comunicação e quem é responsável pelo fornecimento de cada tipo de comunicação. Um plano de gerenciamento das comunicações pode ser formal ou informal, bem detalhado ou genérico, dependendo das necessidades das partes interessadas no projeto. O plano de gerenciamento das comunicações faz parte ou é um plano auxiliar do plano de gerenciamento do projeto.
5	x.n.2.10.7	Plano de Gerenciamento de Riscos	O documento que descreve como o gerenciamento de riscos do projeto será estruturado e realizado no projeto. Ele faz parte ou é um plano auxiliar do plano de gerenciamento do projeto. O plano de gerenciamento de riscos pode ser informal e genérico ou formal e bem detalhado, dependendo das necessidades do projeto. As informações no plano de gerenciamento de riscos variam de acordo com a área de aplicação e o tamanho do projeto. O plano de gerenciamento de riscos é diferente do registro de riscos, que contém a lista de riscos do projeto, os resultados da análise de risco e as respostas a riscos.
5	x.n.2.10.8	Plano de Gerenciamento de Aquisições	O documento que descreve como serão gerenciados os processos de aquisição, desde o desenvolvimento da documentação da aquisição até o encerramento do contrato.
5	x.n.2.10.9	Plano de gerenciamento de Contratos	O documento que descreve como um contrato específico será administrado e pode incluir itens como entrega de documentação necessária e requisitos de desempenho. Um plano de gerenciamento de contratos pode ser formal ou informal, bem detalhado ou genérico, dependendo dos requisitos do contrato. Cada plano de gerenciamento de contratos é um plano auxiliar do plano de gerenciamento do projeto.
4	x.n.2.11	Necessidade de Financiamento do Projeto	
4	x.n.2.12	Planejamento da Qualidade	*Adicionado para resumir as atividades de qualidade no Grupo de Processo de Planejamento.*
5	x.n.2.12.1	Métricas de Qualidade	
5	x.n.2.12.2	Listas de Verificação da Qualidade	
4	x.n.2.13	Planejamento do Cronograma	*Adicionado para resumir as atividades de cronograma no Grupo de Processo de Planejamento.*

178   *Estruturas Analíticas de Projeto*

5	x.n.2.13.1	Lista de Atividades	Uma tabela documentada de atividades do cronograma que mostra a descrição da atividade, o identificador da atividade e uma descrição suficientemente detalhada do escopo do trabalho para que os membros da equipe do projeto compreendam que trabalho deverá ser realizado.
5	x.n.2.13.2	Atributos da Atividade	Vários atributos associados a cada atividade do cronograma que pode ser incluída na lista de atividades. Os atributos da atividade incluem códigos de atividades, atividades predecessoras, atividades sucessoras, relacionamentos lógicos, antecipações e atrasos, recursos necessários, datas impostas, restrições e premissas.
5	x.n.2.13.3	Lista de Marcos	
5	x.n.2.13.4	Estimativa de Duração da Atividade	
5	x.n.2.13.5	Estimativa de Custos da Atividade	O processo de desenvolvimento de uma aproximação do custo dos recursos necessários para terminar as atividades do projeto.
5	x.n.2.13.6	Recursos Necessários para a Atividade	
5	x.n.2.13.7	Estrutura Analítica dos Recursos	Uma estrutura hierárquica de recursos, por categoria de recursos e tipo de recursos, usada em cronogramas de nivelamento de recursos e para desenvolver cronogramas limitados por recursos, e que pode ser usada para identificar e analisar designações de recursos humanos do projeto.
5	x.n.2.13.8	Calendário de Recurso	Um calendário de dias trabalhados e não trabalhados que determina as datas nas quais cada recurso específico está ocioso ou pode estar ativo. Normalmente define feriados específicos do recurso e períodos de disponibilidade do recurso.
5	x.n.2.13.9	Calendário de Projeto	Um calendário de dias ou turnos de trabalho, que estabelecem as datas nas quais as atividades do cronograma são trabalhadas, e de dias não trabalhados, que determinam as datas nas quais as atividades do cronograma estão ociosas. Normalmente define feriados, finais de semana e turnos.
5	x.n.2.13.10	Diagrama de Rede do Cronograma do Projeto	Qualquer demonstração esquemática dos relacionamentos lógicos entre as atividades do cronograma do projeto. Sempre desenhado da esquerda para a direita, para refletir a cronologia do trabalho do projeto.
5	x.n.2.13.11	Dados do Modelo do Cronograma	Dados de apoio do cronograma do projeto.
5	x.n.2.13.12	Cronograma do Projeto	As datas planejadas para realizar as atividades do cronograma e para atingir os marcos do cronograma.
4	x.n.2.14	Planejamento de Aquisições	*Adicionado para resumir as atividades de aquisições no Grupo de Processo de Planejamento.*

(continua)

Apêndice C   Exemplos de EAP do Gerenciamento de Projetos

(continuação)

Nível da EAP	Código da EAP	Título do Elemento da EAP	Descrição (*Guia PMBOK®* — Terceira Edição, Glossário ou Errata)
5	x.n.2.14.1	Decisões de Fazer ou Comprar	
5	x.n.2.14.2	Documentos de Aquisição	Os documentos utilizados nas atividades de licitação e proposta, que incluem Convite para licitação, Convite para negociações, Solicitação de informações, Solicitação de cotação, Solicitação de proposta do comprador e as respostas do fornecedor.
5	x.n.2.14.3	Critérios de Avaliação	
5	x.n.2.14.4	Fornecedores Selecionados	
4	x.n.2.15	Restrições	O estado, a qualidade ou o sentido de estar restrito a uma determinada ação ou inatividade. Uma restrição ou limitação aplicável, interna ou externa ao projeto, que afetará o desempenho do projeto ou de um processo. Por exemplo, uma restrição do cronograma é qualquer limitação ou condição colocada em relação ao cronograma do projeto que afeta o momento em que uma atividade do cronograma pode ser agendada e geralmente está na forma de datas impostas fixas. Uma restrição de custos é qualquer limitação ou condição colocada em relação ao orçamento do projeto, como fundos disponíveis ao longo do tempo. Uma restrição de recursos do projeto é qualquer limitação ou condição colocada em relação à utilização de recursos, como quais habilidades ou disciplinas do recurso estão disponíveis e a quantidade disponível de um determinado recurso durante um prazo especificado.
4	x.n.2.16	Premissas	Premissas são fatores que, para fins de planejamento, são considerados verdadeiros, reais ou certos sem prova ou demonstração. As premissas afetam todos os aspectos do planejamento do projeto e fazem parte da elaboração progressiva do projeto. Frequentemente, as equipes do projeto identificam, documentam e validam as premissas durante o processo de planejamento. Geralmente, as premissas envolvem um grau de risco.
4	x.n.2.17	Sistema de Controle de Mudanças	Um conjunto de procedimentos formais e documentados que define como as entregas e a documentação do projeto serão controladas, alteradas e aprovadas. Na maior parte das áreas de aplicação, o sistema de controle de mudanças é um subconjunto do sistema de gerenciamento de configuração.
4	x.n.2.18	Linha de Base do Escopo	
4	x.n.2.19	Linha de Base dos Custos	
4	x.n.2.20	Linha de Base da Qualidade	
4	x.n.2.21	Plano de Melhorias no Processo	

4	x.n.2.22	Planejamento das Comunicações	*Adicionado para resumir as atividades de comunicações no Grupo de Processo de Planejamento.*
5	x.n.2.22.1	Análise dos Requisitos das Comunicações	
5	x.n.2.22.2	Lições Aprendidas	
5	x.n.2.22.3	Glossário da Terminologia Comum	
4	x.n.2.23	Solicitação de Mudança	Solicitações para aumentar ou reduzir o escopo do projeto, modificar políticas, processos, planos ou procedimentos, modificar custos ou orçamentos ou revisar cronogramas. As solicitações de mudança podem ser feitas de forma direta ou indireta, por iniciativa externa ou interna e impostas por lei ou contrato ou opcionais. Somente as mudanças solicitadas formalmente documentadas são processadas e somente as solicitações de mudança aprovadas são implementadas.
5	x.n.2.23.1	Mudança Solicitada	Uma solicitação de mudança formalmente documentada submetida à aprovação para o processo de controle integrado de mudanças. Compare com solicitação de mudança aprovada.
5	x.n.2.23.2	Solicitação de Mudança Aprovada	Uma solicitação de mudança que foi processada através do processo de controle integrado de mudanças e aprovada. Compare com mudança solicitada.
3	x.n.3	**Execução**	**Este nível representa o nível resumido para o grupo de processo de Execução.**
4	x.n.3.1	Contratação da Equipe do Projeto	
5	x.n.3.1.1	Designações de Pessoal para o Projeto	
5	x.n.3.1.2	Disponibilidade de Recursos	
4	x.n.3.2	Qualidade	*Adicionado para resumir as atividades de qualidade no Grupo de Processo de Execução.*
5	x.n.3.2.1	Informações sobre o Desempenho do Trabalho	Informações e dados sobre o andamento das atividades do cronograma do projeto que estão sendo realizadas para executar o trabalho do projeto coletados como parte dos processos de orientar e gerenciar a execução do projeto. As informações incluem: situação das entregas, andamento da implementação de solicitações de mudança, ações corretivas, ações preventivas e reparos de defeitos, previsão de estimativas para terminar, percentual relatado de trabalho fisicamente terminado, valor atingido de medições do desempenho técnico, datas de início e de término de atividades do cronograma.
5	x.n.3.2.2	Medições de Controle da Qualidade	

(continua)

Estruturas Analíticas de Projeto

Apêndice C Exemplos de EAP do Gerenciamento de Projetos

(continuação)

Nível da EAP	Código da EAP	Título do Elemento da EAP	Descrição (*Guia PMBOK®* — Terceira Edição, Glossário ou Errata)
5	x.n.3.2.3	Auditorias de Qualidade	
4	x.n.3.3	Aquisições	*Adicionado para resumir as atividades de aquisições no Grupo de Processo de Execução.*
5	x.n.3.3.1	Lista de Fornecedores Qualificados	
5	x.n.3.3.2	Reuniões com Licitantes	
5	x.n.3.3.3	Anúncios	
5	x.n.3.3.4	Pacote de Documentos de Aquisição	
5	x.n.3.3.5	Propostas	
5	x.n.3.3.7	Sistema de Triagem	
5	x.n.3.3.8	Negociação do Contrato	
4	x.n.3.4	Mudanças	Impactos ou potenciais impactos ao projeto que devem ser controlados.
5	x.n.3.4.1	Solicitações de Mudança Implementadas	
5	x.n.3.4.2	Ações Corretivas	Orientação documentada para que o trabalho do projeto seja executado de modo que seu desempenho futuro esperado fique de acordo com o plano de gerenciamento do projeto.
6	x.n.3.4.2.1	Ações Corretivas Aprovadas	
6	x.n.3.4.2.2	Ações Corretivas Implementadas	
5	x.n.3.4.3	Ações Preventivas	Orientação documentada para a realização de uma atividade que pode reduzir a probabilidade de consequências negativas associadas a riscos do projeto.
6	x.n.3.4.3.1	Ações Preventivas Aprovadas	
6	x.n.3.4.3.2	Ações Preventivas Implementadas	
5	x.n.3.4.4	Reparos de Defeito	Identificação formalmente documentada de um defeito em um componente do projeto com a recomendação para reparar o defeito ou substituir completamente o componente.
6	x.n.3.4.4.1	Reparos de Defeito Aprovados	
6	x.n.3.4.4.2	Reparos de Defeito Implementados	

6	x.n.3.4.4.3	Reparos de Defeito Validados	
4	x.n.3.5	Entregas de Comunicações	*Adicionado para resumir as atividades de comunicações no Grupo de Processo de Execução.*
5	x.n.3.5.1	Apresentações do Projeto	
5	x.n.3.5.2	Avaliações do Desempenho da Equipe	
4	x.n.3.6	Treinamento	
4	x.n.3.7	Reconhecimento e Premiações	
3	**x.n.4**	**Monitoramento e Controle**	**Este nível representa o nível resumido para o grupo de processo de Monitoramento e Controle.**
4	x.n.4.1	Auditorias de Riscos	
4	x.n.4.2	Monitoramento e Controle de Aquisições	*Adicionado para resumir as atividades de aquisições no Grupo de Processo de Monitoramento e Controle.*
5	x.n.4.2.1	Documentação de Avaliação de Desempenho do Fornecedor	
5	x.n.4.2.2	Documentação do Contrato	
4	x.n.4.3	Relatórios do Projeto	
5	x.n.4.3.1	Previsões	Estimativas ou prognósticos de condições e eventos futuros do projeto com base nas informações e no conhecimento disponíveis no momento da previsão. As previsões são atualizadas e refeitas com base nas informações sobre o desempenho do trabalho fornecidas conforme o projeto é executado. As informações se baseiam no desempenho passado e no desempenho futuro esperado do projeto e incluem dados que poderiam afetar o projeto no futuro, como estimativa no término e estimativa para terminar.
5	x.n.4.3.2	Registro de Problemas	
5	x.n.4.3.3	Relatórios de Desempenho	Documentos e apresentações que fornecem informações organizadas e resumidas sobre o desempenho do trabalho, cálculos e parâmetros de gerenciamento de valor agregado e análises de andamento e progresso do trabalho do projeto. Formatos comuns de relatórios de desempenho incluem gráficos de barras, curvas S, histogramas, tabelas e diagrama de rede do cronograma do projeto mostrando a situação atual do cronograma.
4	x.n.4.4	Medições de Desempenho	

(continua)

Estruturas Analíticas de Projeto

Apêndice C Exemplos de EAP do Gerenciamento de Projetos

(continuação)

Nível da EAP	Código da EAP	Título do Elemento da EAP	Descrição (*Guia PMBOK®* — Terceira Edição, Glossário ou Errata)
4	x.n.4.5	Linha de Base da Medição de Desempenho	Um plano aprovado para o trabalho do projeto em relação ao qual é comparada a execução do projeto e são medidos os desvios para o controle do gerenciamento. A linha de base da medição de desempenho normalmente integra parâmetros de escopo, cronograma e custo de um projeto, mas também pode incluir parâmetros técnicos e de qualidade.
4	x.n.4.6	Análises de Desempenho do Projeto	
4	x.n.4.7	Entregas Aceitas	
3	**x.n.5**	**Encerramento**	**Este nível representa o nível resumido para o grupo de processo de Encerramento.**
4	x.n.5.1	Documentação da Aceitação Formal	
4	x.n.5.2	Procedimento de Encerramento Administrativo	
4	x.n.5.3	Arquivo do Contrato	
4	x.n.5.4	Auditorias de Aquisição	
4	x.n.5.5	Aceitação da Entrega	
4	x.n.5.6	Procedimento de Encerramento de Contratos	
4	x.n.5.7	Documentos de Encerramento do Projeto	
4	x.n.5.8	Contratos Encerrados	

Fonte: PROJECT MANAGEMENT INSTITUTE. *A guide to the project management body of knowledge (PMBOK® Guide)*. 3. ed. Newtown Square, PA: Poject Management Institute.

Tabela C.2 Visualização por Áreas de Conhecimento

Nível da EAP	Código da EAP	Título do Elemento da EAP	Descrição (*Guia PMBOK®* — Terceira Edição, Glossário ou Errata)	Grupo de Processo				
				Iniciação	Planejamento	Execução	Monitoramento e Controle	Encerramento
1	x	**Nome do Projeto**	**Escopo completo do projeto incluindo todas as outras entregas do projeto. Representa 100% do escopo do projeto.**					
2	x.n	**Gerenciamento do Projeto**						
3	x.n.1	**Gerenciamento da Integração do Projeto**	**Os processos e as atividades necessárias para identificar, definir, combinar, unificar e coordenar os diversos processos e atividades de gerenciamento de projetos dentro dos grupos de processos de gerenciamento de projetos.**					
4	x.n.1.1	Contrato	É um acordo que gera obrigações entre as partes, e que obriga o fornecedor a oferecer o produto, serviço ou resultado especificado, e o comprador a pagar por ele.	x		x	x	x
4	x.n.1.2	Declaração do Trabalho do Projeto		x				
4	x.n.1.3	Termo de Abertura do Projeto	Um documento publicado pelo iniciador ou patrocinador do projeto que autoriza formalmente a existência de um projeto e concede ao gerente de projetos a autoridade para aplicar os recursos organizacionais nas atividades do projeto.	x				

(continua)

Estruturas Analíticas de Projeto

Apêndice C   Exemplos de EAP do Gerenciamento de Projetos

(continuação)

Nível da EAP	Código da EAP	Título do Elemento da EAP	Descrição (*Guia PMBOK®* — Terceira Edição, Glossário ou Errata)	Grupo de Processo				
				Iniciação	Planejamento	Execução	Monitoramento e Controle	Encerramento
1	x	Nome do Projeto	Escopo completo do projeto incluindo todas as outras entregas do projeto. Representa 100% do escopo do projeto.					
4	x.n.1.4	Plano de Gerenciamento do Projeto	Um documento formal e aprovado que define como o projeto é executado, monitorado e controlado. Ele pode ser resumido ou detalhado e pode ser formado por um ou mais planos de gerenciamento auxiliares e outros documentos de planejamento.		x			
5	x.n.1.4.1	Plano de Gerenciamento do Escopo Do Projeto	O documento que descreve como o escopo do projeto será definido, desenvolvido e verificado e como a estrutura analítica do projeto será criada e definida, e que fornece orientação sobre como o escopo do projeto será gerenciado e controlado pela equipe de gerenciamento de projetos. Ele faz parte ou é um plano auxiliar do plano de gerenciamento do projeto. O plano de gerenciamento do escopo do projeto pode ser informal e genérico ou formal e bem detalhado, dependendo das necessidades do projeto.		x			

186   *Estruturas Analíticas de Projeto*

5	x.n.1.4.2	Plano de Gerenciamento de Custos	O documento que define o formato e estabelece as atividades e os critérios de planejamento, estruturação e controle dos custos do projeto. Um plano de gerenciamento de custos pode ser formal ou informal, bem detalhado ou genérico, dependendo das necessidades das partes interessadas no projeto. O plano de gerenciamento de custos faz parte ou é um plano auxiliar do plano de gerenciamento do projeto.		x			
5	x.n.1.4.3	Plano de Gerenciamento da Qualidade	O plano de gerenciamento da qualidade descreve como a equipe de gerenciamento de projetos implementará a política de qualidade da organização executora. O plano de gerenciamento da qualidade faz parte ou é um plano auxiliar do plano de gerenciamento do projeto. O plano de gerenciamento da qualidade pode ser formal ou informal, bem detalhado ou genérico, dependendo dos requisitos do projeto.		x			
5	x.n.1.4.4	Plano de Gerenciamento de Pessoal	O documento que descreve quando e como os recursos humanos necessários serão atingidos. Ele faz parte ou é um plano auxiliar do plano de gerenciamento do projeto. O plano de gerenciamento de pessoal pode ser informal e genérico ou formal e bem detalhado, dependendo das necessidades do projeto. As informações no plano de gerenciamento de pessoal variam de acordo com a área de aplicação e o tamanho do projeto.		x			

(continua)

Estruturas Analíticas de Projeto

Apêndice C Exemplos de EAP do Gerenciamento de Projetos

(continuação)

Nível da EAP	Código da EAP	Título do Elemento da EAP	Descrição (*Guia PMBOK®* — Terceira Edição, Glossário ou Errata)	Grupo de Processo				
				Iniciação	Planejamento	Execução	Monitoramento e Controle	Encerramento
1	**x**	**Nome do Projeto**	**Escopo completo do projeto incluindo todas as outras entregas do projeto. Representa 100% do escopo do projeto.**					
5	*x.n.1.4.5*	Plano de Gerenciamento do Cronograma	O documento que estabelece os critérios e as atividades para o desenvolvimento e o controle do cronograma do projeto. Ele faz parte ou é um plano auxiliar do plano de gerenciamento do projeto. O plano de gerenciamento do cronograma pode ser formal ou informal, bem detalhado ou genérico, dependendo das necessidades do projeto.		x			
5	*x.n.1.4.6*	Plano de Gerenciamento das Comunicações	O documento que descreve: as necessidades de comunicação e as expectativas para o projeto; como e em que formato as informações serão comunicadas; quando e onde será feita cada comunicação e quem é responsável pelo fornecimento de cada tipo de comunicação. Um plano de gerenciamento das comunicações pode ser formal ou informal, bem detalhado ou genérico, dependendo das necessidades das partes interessadas no projeto. O plano de gerenciamento das comunicações faz parte ou é um plano auxiliar do plano de gerenciamento do projeto.		x			

5	x.n.1.4.7	Plano de Gerenciamento de Riscos	O documento que descreve como o gerenciamento de riscos do projeto será estruturado e realizado no projeto. Ele faz parte ou é um plano auxiliar do plano de gerenciamento do projeto. O plano de gerenciamento de riscos pode ser informal e genérico ou formal e bem detalhado, dependendo das necessidades do projeto. As informações no plano de gerenciamento de riscos variam de acordo com a área de aplicação e o tamanho do projeto. O plano de gerenciamento de riscos é diferente do registro de riscos, que contém a lista de riscos do projeto, os resultados da análise de risco e as respostas a riscos.	x			
5	x.n.1.4.8	Plano de Gerenciamento de Aquisições	O documento que descreve como serão gerenciados os processos de aquisição, desde o desenvolvimento da documentação da aquisição até o encerramento do contrato.	x			
5	x.n.1.4.9	Plano de Gerenciamento de Contratos	O documento que descreve como um contrato específico será administrado e pode incluir itens como entrega de documentação necessária e requisitos de desempenho. Um plano de gerenciamento de contratos pode ser formal ou informal, bem detalhado ou genérico, dependendo dos requisitos do contrato. Cada plano de gerenciamento de contratos é um plano auxiliar do plano de gerenciamento do projeto.	x	x	x	
4	x.n.1.5	Mudanças	Impactos ou potenciais impactos ao projeto que devem ser controlados.				

(continua)

Apêndice C Exemplos de EAP do Gerenciamento de Projetos

(continuação)

Nível da EAP	Código da EAP	Título do Elemento da EAP	Descrição (*Guia PMBOK®* — Terceira Edição, Glossário ou Errata)	Iniciação	Planejamento	Execução	Monitoramento e Controle	Encerramento
1	x	Nome do Projeto	Escopo completo do projeto incluindo todas as outras entregas do projeto. Representa 100% do escopo do projeto.					
5	*x.n.1.5.1*	Solicitação de Mudança	Solicitações para aumentar ou reduzir o escopo do projeto, modificar políticas, processos, planos ou procedimentos, modificar custos ou orçamentos ou revisar cronogramas. As solicitações de mudança podem ser feitas de forma direta ou indireta, por iniciativa externa ou interna e impostas por lei ou contrato ou opcionais. Somente as mudanças solicitadas formalmente documentadas são processadas e somente as solicitações de mudança aprovadas são implementadas.					
6	*x.n.1.5.1.1*	Mudança Solicitada	Uma solicitação de mudança formalmente documentada é submetida à aprovação para o processo de controle integrado de mudanças. Compare com solicitação de mudança aprovada.		x	x	x	
6	*x.n.1.5.1.2*	Solicitação de Mudança Aprovada	Uma solicitação de mudança que foi processada através do processo de controle integrado de mudanças e aprovada. Compare com mudança solicitada.		x	x	x	
6	*x.n.1.5.1.3*	Solicitações de Mudança Implementadas						

5	x.n.1.5.2	Ações Corretivas	Orientação documentada para que o trabalho do projeto seja executado de modo que seu desempenho futuro esperado fique de acordo com o plano de gerenciamento do projeto.		
6	x.n.1.5.2.1	Ações Corretivas Aprovadas		x	x
6	x.n.1.5.2.2	Ações Corretivas Implementadas		x	
5	x.n.1.5.3	Ações Preventivas	Orientação documentada para a realização de uma atividade que pode reduzir a probabilidade de consequências negativas associadas a riscos do projeto.		
6	x.n.1.5.3.1	Ações Preventivas Aprovadas		x	x
6	x.n.1.5.3.2	Ações Preventivas Implementadas		x	
5	x.n.1.5.4	Reparos de defeito	Identificação formalmente documentada de um defeito em um componente do projeto com a recomendação para reparar o defeito ou substituir completamente o componente.		
6	x.n.1.5.4.1	Reparos de Defeito Aprovados		x	x
6	x.n.1.5.4.2	Reparos de Defeito Implementados		x	
6	x.n.1.5.4.3	Reparos de Defeito Validados		x	x
4	x.n.1.6	Documentação da Aceitação Formal			x

(continua)

Apêndice C Exemplos de EAP do Gerenciamento de Projetos

(continuação)

Nível da EAP	Código da EAP	Título do Elemento da EAP	Descrição (*Guia PMBOK®* — Terceira Edição, Glossário ou Errata)	Iniciação	Planejamento	Execução	Monitoramento e Controle	Encerramento
1	x	**Nome do Projeto**	**Escopo completo do projeto incluindo todas as outras entregas do projeto. Representa 100% do escopo do projeto.**					
4	x.n.1.7	Documentos de Encerramento do Projeto						x
3	**x.n.2**	**Gerenciamento do Escopo do Projeto**	**Os processos necessários para garantir que o projeto inclua todo o trabalho necessário, e somente ele, para terminar o projeto com sucesso.**					
4	x.n.2.1	Declaração do Escopo Preliminar do Projeto			x			
4	x.n.2.2	Declaração do Escopo do Projeto	A descrição do escopo do projeto, que inclui as principais entregas, os objetivos, suposições e restrições do projeto e uma declaração do trabalho, que fornece uma base documentada para futuras decisões do projeto e para confirmar ou desenvolver um entendimento comum do escopo do projeto entre as partes interessadas. A definição do escopo do projeto — o que precisa ser realizado.		x			

4	x.n.2.3	Estrutura Analítica do Projeto	Uma decomposição hierárquica orientada à entrega do trabalho a ser executado pela equipe do projeto para atingir os objetivos do projeto e criar as entregas necessárias. Ela organiza e define o escopo total do projeto. Cada nível descendente representa uma definição cada vez mais detalhada do trabalho do projeto. A EAP é decomposta em pacotes de trabalho. A orientação da hierarquia para a entrega inclui entregas internas e externas.		x		
4	x.n.2.4	Dicionário da EAP	Um documento que descreve cada componente da estrutura analítica do projeto (EAP). Para cada componente da EAP, o dicionário da EAP inclui uma breve definição do escopo ou declaração do trabalho, entrega(s) definida(s), uma lista de atividades associadas e uma lista de marcos. Outras informações podem incluir: organização responsável, datas de início e de conclusão, recursos necessários, uma estimativa de custos, número de cobrança, informações do contrato, requisitos de qualidade e referências técnicas para facilitar o desempenho do trabalho.			x	
4	x.n.2.5	Declaração do Trabalho do Contrato	Uma descrição dos produtos, serviços ou resultados a serem fornecidos.		x		
4	x.n.2.6	Linha de Base do Escopo			x		

(continua)

Apêndice C Exemplos de EAP do Gerenciamento de Projetos

(continuação)

Nível da EAP	Código da EAP	Título do Elemento da EAP	Descrição (*Guia PMBOK®* — Terceira Edição, Glossário ou Errata)	Iniciação	Planejamento	Execução	Monitoramento e Controle	Encerramento
1	x	**Nome do Projeto**	**Escopo completo do projeto incluindo todas as outras entregas do projeto. Representa 100% do escopo do projeto.**					
4	x.n.2.7	Descrição do Escopo do Produto	A descrição documentada do escopo do produto.		x			
4	x.n.2.8	Entregas Aceitas					x	
3	**x.n.3**	**Gerenciamento de Tempo do Projeto**	**Os processos necessários para realizar o término do projeto no prazo.**					
4	x.n.3.1	Lista de Atividades	Uma tabela documentada de atividades do cronograma que mostra a descrição da atividade, o identificador da atividade e uma descrição suficientemente detalhada do escopo do trabalho para que os membros da equipe do projeto compreendam que trabalho deverá ser realizado.		x			
4	x.n.3.2	Atributos da Atividade	Vários atributos associados a cada atividade do cronograma que pode ser incluída na lista de atividades. Os atributos da atividade incluem códigos de atividades, atividades predecessoras, atividades sucessoras, relacionamentos lógicos, antecipações e atrasos, recursos necessários, datas impostas, restrições e premissas.		x			
4	x.n.3.3	Lista de Marcos			x			

194   *Estruturas Analíticas de Projeto*

4	x.n.3.4	Estimativa de Duração da Atividade		x		
4	x.n.3.5	Recursos Necessários para a Atividade		x		
4	x.n.3.6	Calendário de Recurso	Um calendário de dias trabalhados e não trabalhados que determina as datas nas quais cada recurso específico está ocioso ou pode estar ativo. Normalmente, define feriados específicos do recurso e períodos de disponibilidade do recurso.	x		
4	x.n.3.7	Calendário de Projeto	Um calendário de dias ou turnos de trabalho, que estabelecem as *datas nas quais as atividades do cronograma* são trabalhadas, e de dias não trabalhados, que determinam as datas nas quais as atividades do cronograma estão ociosas. Normalmente define feriados, finais de semana e turnos.	x		
4	x.n.3.8	Diagrama de Rede do Cronograma do Projeto	Qualquer demonstração esquemática dos relacionamentos lógicos entre as atividades do cronograma do projeto. Sempre desenhado da esquerda para a direita, para refletir a cronologia do trabalho do projeto.	x		
4	x.n.3.9	Dados do Modelo do Cronograma		x		
4	x.n.3.10	Cronograma do Projeto	As datas planejadas para realizar as atividades do cronograma e para atingir os marcos do cronograma.	x		

(continua)

Apêndice C Exemplos de EAP do Gerenciamento de Projetos

(continuação)

Nível da EAP	Código da EAP	Título do Elemento da EAP	Descrição (*Guia PMBOK®* — Terceira Edição, Glossário ou Errata)	Iniciação	Planejamento	Execução	Monitoramento e Controle	Encerramento
1	x	**Nome do Projeto**	**Escopo completo do projeto incluindo todas as outras entregas do projeto. Representa 100% do escopo do projeto.**					
4	x.n.3.11	Linha de Base do Cronograma			x			
3	**x.n.4**	**Gerenciamento de Custos do Projeto**	**Os processos envolvidos em planejamento, estimativa, orçamentação e controle de custos, de modo que seja possível terminar o projeto dentro do orçamento aprovado.**					
4	x.n.4.1	Estimativa de Custos da Atividade			x			
4	x.n.4.2	Necessidade de Financiamento do Projeto			x			
4	x.n.4.3	Linha de Base dos Custos						
4	x.n.4.4	Análises de Desempenho do Projeto					x	
3	**x.n.5**	**Gerenciamento da Qualidade do Projeto**	**Os processos e as atividades da organização executora que determinam as responsabilidades, os objetivos e as políticas de qualidade, de modo que o projeto atenda às necessidades que motivaram sua realização.**				x	

Grupo de Processo

196 *Estruturas Analíticas de Projeto*

4	x.n.5.1	Métricas de Qualidade		x				
4	x.n.5.2	Listas de Verificação da Qualidade		x				
4	x.n.5.3	Linha de Base da Qualidade		x				
4	x.n.5.4	Medições de Controle da Qualidade			x	x		
4	x.n.5.5	Auditorias de Qualidade			x			
3	**x.n.6**	**Gerenciamento de Recursos Humanos do Projeto**	**Os processos que organizam e gerenciam a equipe do projeto.**					
4	x.n.6.1	Organograma e Descrição de Cargo	Organograma — Um método para representar inter-relacionamentos entre um grupo de pessoas que trabalham juntas para um objetivo comum. Descrição de Cargo — Uma explicação das funções e responsabilidades de um membro da equipe do projeto.		x			
5	x.n.6.1.1	Papéis e Responsabilidades			x			
5	x.n.6.1.2	Organograma do Projeto	Um documento que representa graficamente os membros da equipe do projeto e seus inter-relacionamentos para um projeto específico.		x			
4	x.n.6.2	Contratação da Equipe do Projeto				x		

(continua)

Estruturas Analíticas de Projeto 197

Apêndice C Exemplos de EAP do Gerenciamento de Projetos

(continuação)

Nível da EAP	Código da EAP	Título do Elemento da EAP	Descrição (*Guia PMBOK®* — Terceira Edição, Glossário ou Errata)	Iniciação	Planejamento	Execução	Monitoramento e Controle	Encerramento
1	x	**Nome do Projeto**	**Escopo completo do projeto incluindo todas as outras entregas do projeto. Representa 100% do escopo do projeto.**					
5	x.n.6.2.1	Designações de Pessoal para o Projeto				x		
5	x.n.6.2.2	Disponibilidade de Recursos				x		
4	x.n.6.3	Avaliações do Desempenho da Equipe				x		
4	x.n.6.4	Treinamento				x		
4	x.n.6.5	Reconhecimento e Premiações				x		
3	**x.n.7**	**Gerenciamento das Comunicações do Projeto**	**Os processos necessários para garantir a geração, coleta, distribuição, armazenamento, recuperação e destinação final das informações sobre o projeto de forma oportuna e adequada.**					

198 — *Estruturas Analíticas de Projeto*

4	x.n.7.1	Restrições	O estado, a qualidade ou o sentido de estar restrito a uma determinada ação ou inatividade. Uma restrição ou limitação aplicável, interna ou externa ao projeto, que afetará o desempenho do projeto ou de um processo. Por exemplo, uma restrição do cronograma é qualquer limitação ou condição colocada em relação ao cronograma do projeto que afeta o momento em que uma atividade do cronograma pode ser agendada e geralmente está na forma de datas impostas fixas. Uma restrição de custos é qualquer limitação ou condição colocada em relação ao orçamento do projeto, como fundos disponíveis ao longo do tempo. Uma restrição de recursos do projeto é qualquer limitação ou condição colocada em relação à utilização de recursos, como quais habilidades ou disciplinas do recurso estão disponíveis e a quantidade disponível de um determinado recurso durante um prazo especificado.				x			
4	x.n.7.2	Premissas	Premissas são fatores que, para fins de planejamento, são considerados verdadeiros, reais ou certos sem prova ou demonstração. As premissas afetam todos os aspectos do planejamento do projeto e fazem parte da elaboração progressiva do projeto. Frequentemente, as equipes do projeto identificam, documentam e validam as premissas durante o processo de planejamento. Geralmente, as premissas envolvem um grau de risco.				x			

(continua)

Estruturas Analíticas de Projeto

Apêndice C   Exemplos de EAP do Gerenciamento de Projetos

(continuação)

Nível da EAP	Código da EAP	Título do Elemento da EAP	Descrição (*Guia PMBOK®* — Terceira Edição, Glossário ou Errata)	Iniciação	Planejamento	Execução	Monitoramento e Controle	Encerramento
1	x	Nome do Projeto	Escopo completo do projeto incluindo todas as outras entregas do projeto. Representa 100% do escopo do projeto.					
4	x.n.7.3	Relatórios do Projeto				x		
5	x.n.7.3.1	Previsões	Estimativas ou prognósticos de condições e eventos futuros do projeto com base nas informações e no conhecimento disponíveis no momento da previsão. As previsões são atualizadas e refeitas com base nas informações sobre o desempenho do trabalho fornecidas conforme o projeto é executado. As informações se baseiam no desempenho passado e no desempenho futuro esperado do projeto e incluem dados que poderiam afetar o projeto no futuro, como estimativa no término e estimativa para terminar.				x	
5	x.n.7.3.2	Estrutura Analítica dos Recursos	Uma estrutura hierárquica de recursos por categoria de recursos e tipo de recursos usada em cronogramas de nivelamento de recursos e para desenvolver cronogramas limitados por recursos, e que pode ser usada para identificar e analisar designações de recursos humanos do projeto.		x			
5	x.n.7.3.3	Registro de Problemas					x	

4	x.n.7.4	Linha de Base da Medição de Desempenho	Um plano aprovado para o trabalho do projeto em relação ao qual é comparada a execução do projeto e são medidos os desvios para o controle do gerenciamento. A linha de base da medição de desempenho normalmente integra parâmetros de escopo, cronograma e custo de um projeto, mas também pode incluir parâmetros técnicos e de qualidade.			x	
4	x.n.7.5	Informações sobre o Desempenho do Trabalho	Informações e dados sobre o andamento das atividades do cronograma do projeto que estão sendo realizadas para executar o trabalho do projeto coletados como parte dos processos de orientar e gerenciar a execução do projeto. As informações incluem: situação das entregas, andamento da implementação de solicitações de mudança, ações corretivas, ações preventivas e reparos de defeitos, previsão de estimativas para terminar, percentual relatado de trabalho fisicamente terminado, valor atingido de medições do desempenho técnico, datas de início e de término de atividades do cronograma.		x		
4	x.n.7.6	Medições de Desempenho				x	

(continua)

Apêndice C Exemplos de EAP do Gerenciamento de Projetos

(continuação)

Nível da EAP	Código da EAP	Título do Elemento da EAP	Descrição (*Guia PMBOK®* — Terceira Edição, Glossário ou Errata)	Iniciação	Planejamento	Execução	Monitoramento e Controle	Encerramento
1	x	Nome do Projeto	Escopo completo do projeto incluindo todas as outras entregas do projeto. Representa 100% do escopo do projeto.					
4	x.n.7.7	Relatórios de desempenho	Documentos e apresentações que fornecem informações organizadas e resumidas sobre o desempenho do trabalho, cálculos e parâmetros de gerenciamento de valor agregado e análises de andamento e progresso do trabalho do projeto. Formatos comuns de relatórios de desempenho incluem gráficos de barras, curvas S, histogramas, tabelas e diagrama de rede do cronograma do projeto mostrando a situação atual do cronograma.				x	
4	x.n.7.8	Ativos de Processos Organizacionais	Qualquer um ou todos os ativos relacionados a processos, de quaisquer ou todas as organizações envolvidas no projeto que são ou podem ser usados para influenciar o sucesso do projeto. Esses ativos de processos incluem planos formais ou informais, políticas, procedimentos e diretrizes. Os ativos do processo também incluem as bases de conhecimento das organizações, como lições aprendidas e informações históricas.	x	x	x	x	x
5	x.n.7.8.1	Procedimento de Encerramento Administrativo						x

5	x.n.7.8.2	Procedimento de Encerramento de Contratos		x		x	x
5	x.n.7.8.3	Sistema de Controle de Mudanças	Um conjunto de procedimentos formais e documentados que define como as entregas e a documentação do projeto serão controladas, alteradas e aprovadas. Na maior parte das áreas de aplicação, o sistema de controle de mudanças é um subconjunto do sistema de gerenciamento de configuração.	x		x	
5	x.n.7.8.4	Procedimentos de Controle dos Riscos		x			
5	x.n.7.8.5	Plano de Melhorias no Processo		x			
4	x.n.7.9	Outras Entregas de Comunicações					
5	x.n.7.9.1	Análise dos Requisitos das Comunicações		x			
5	x.n.7.9.2	Apresentações do Projeto			x		
5	x.n.7.9.3	Lições Aprendidas	A aprendizagem obtida no processo de realização do projeto. As lições aprendidas podem ser identificadas a qualquer momento. Também consideradas um registro do projeto, que será incluído na base de conhecimento de lições aprendidas.	x	x	x	x
5	x.n.7.9.4	Glossário da Terminologia Comum		x			

(continua)

Estruturas Analíticas de Projeto

Apêndice C   Exemplos de EAP do Gerenciamento de Projetos

(continuação)

Nível da EAP	Código da EAP	Título do Elemento da EAP	Descrição (*Guia PMBOK®* — Terceira Edição, Glossário ou Errata)	Grupo de Processo				
				Iniciação	Planejamento	Execução	Monitoramento e Controle	Encerramento
1	x	Nome do Projeto	Escopo completo do projeto incluindo todas as outras entregas do projeto. Representa 100% do escopo do projeto.					
3	x.n.8	Gerenciamento de Riscos do Projeto	Os processos que tratam da realização de identificação, análise, respostas, monitoramento e controle, e planejamento do gerenciamento de riscos em um projeto.					
4	x.n.8.1	Registro de Riscos	O documento que contém os resultados da análise qualitativa de riscos, da análise quantitativa de riscos e do planejamento de resposta aos riscos. O registro de riscos detalha todos os riscos identificados, incluindo descrição, categoria, causa, probabilidade de ocorrência, impacto(s) nos objetivos, respostas sugeridas, proprietários e andamento atual. O registro de riscos é um componente do plano de gerenciamento do projeto.		x			
4	x.n.8.2	Acordos Contratuais Relacionados a Riscos			x			

204   *Estruturas Analíticas de Projeto*

4	x.n.8.3	Estrutura Analítica dos Riscos	Uma representação organizada hierarquicamente dos riscos identificados do projeto ordenados por categoria e subcategoria de risco que identifica as diversas áreas e causas de riscos potenciais. A estrutura analítica dos riscos geralmente é adaptada para tipos específicos de projetos.			x		
4	x.n.8.4	Matriz de Probabilidade e Impacto	Uma forma comum de determinar se um risco é considerado baixo, moderado ou alto através da combinação das duas dimensões de um risco: sua probabilidade de ocorrência e seu impacto nos objetivos, caso ocorra.			x		
4	x.n.8.5	Análise das Premissas	Uma técnica que explora a exatidão das premissas e identifica os riscos do projeto causados pelo caráter inexato, inconsistente ou incompleto das premissas.			x		
4	x.n.8.6	Avaliação de Qualidade dos Dados dos Riscos				x		
4	x.n.8.7	Análise de Sensibilidade	Uma técnica de análise quantitativa de riscos e modelagem usada para ajudar a determinar quais riscos apresentam maior impacto potencial no projeto. Ela examina a extensão com que a incerteza de cada elemento do projeto afeta o objetivo que está sendo examinado quando todos os outros elementos incertos são mantidos em seus valores de linha de base. A representação típica dos resultados é na forma de um diagrama de tornado.			x		

(continua)

Estruturas Analíticas de Projeto

205

Apêndice C   Exemplos de EAP do Gerenciamento de Projetos

(continuação)

Nível da EAP	Código da EAP	Título do Elemento da EAP	Descrição (*Guia PMBOK®* — Terceira Edição, Glossário ou Errata)	Iniciação	Planejamento	Execução	Monitoramento e Controle	Encerramento
						Grupo de Processo		
1	x	Nome do Projeto	**Escopo completo do projeto incluindo todas as outras entregas do projeto. Representa 100% do escopo do projeto.**					
4	x.n.8.8	Análise do Valor Monetário Esperado	Uma técnica estatística que calcula o resultado médio quando o futuro inclui cenários que podem ou não acontecer. Uma utilização comum desta técnica está na análise da árvore de decisão. É recomendável usar modelagem e simulação para a análise de risco de custo e cronograma, pois são mais poderosas e menos sujeitas a aplicações inadequadas que a análise do valor monetário esperado.		x			
4	x.n.8.9	Análise da Árvore de Decisão	A árvore de decisão é um diagrama que descreve uma decisão que está sendo considerada e as implicações da escolha de uma ou outra das alternativas disponíveis. É usada quando alguns futuros cenários ou resultados de ações são incertos. Ela incorpora as probabilidades e os custos ou premiações de cada caminho lógico de eventos e decisões futuras e usa a análise do valor monetário esperado para ajudar a organização a identificar os valores relativos das ações alternativas.		x			
4	x.n.8.10	Análise Probabilística			x			

206   *Estruturas Analíticas de Projeto*

4	x.n.8.11	Lista Priorizada de Riscos Quantificados				
4	x.n.8.12	Auditorias de Riscos		x		x
4	x.n.8.13	Análise das Reservas	Uma técnica analítica para determinar as características e relações essenciais de componentes no plano de gerenciamento do projeto a fim de estabelecer a reserva para a duração do cronograma, o orçamento, o custo estimado ou os fundos de um projeto.	x		x
3	**x.n.9**	**Gerenciamento de Aquisições do Projeto**	**Os processos para comprar ou adquirir os produtos, serviços ou resultados necessários de fora da equipe do projeto para realizar o trabalho.**			
4	x.n.9.1	Decisões de Fazer ou Comprar		x		
4	x.n.9.2	Documentos de Aquisição	Os documentos utilizados nas atividades de licitação e proposta, que incluem Convite para licitação, Convite para negociações, Solicitação de informações, Solicitação de cotação, Solicitação de proposta do comprador e as respostas do fornecedor.	x		
4	x.n.9.3	Lista de Fornecedores Qualificados			x	
4	x.n.9.4	Critérios de Avaliação		x	x	
4	x.n.9.5	Reuniões com Licitantes			x	
4	x.n.9.6	Anúncios			x	

(continua)

Estruturas Analíticas de Projeto

Apêndice C   Exemplos de EAP do Gerenciamento de Projetos

(continuação)

Nível da EAP	Código da EAP	Título do Elemento da EAP	Descrição (Guia PMBOK® — Terceira Edição, Glossário ou Errata)	Grupo de Processo				
				Iniciação	Planejamento	Execução	Monitoramento e Controle	Encerramento
1	x	Nome do Projeto	Escopo completo do projeto incluindo todas as outras entregas do projeto. Representa 100% do escopo do projeto.					
4	x.n.9.7	Pacote de Documentos de Aquisição				x		
4	x.n.9.8	Propostas				x		
4	x.n.9.9	Fornecedores Selecionados			x	x	x	
4	x.n.9.10	Documentação do Contrato					x	
4	x.n.9.11	Contratos Encerrados						x
4	x.n.9.12	Documentação de Avaliação de Desempenho do Fornecedor					x	
4	x.n.9.13	Sistema de Triagem				x		
4	x.n.9.14	Negociação do Contrato				x		
4	x.n.9.15	Auditorias de Aquisição						x
4	x.n.9.16	Arquivo do Contrato						x
4	x.n.9.17	Aceitação da Entrega						x

Fonte: PROJECT MANAGEMENT INSTITUTE. A guide to the project management body of knowledge (PMBOK® Guide). 3. ed. Newtown Square, PA: Project Management Institute.

Tabela C.3 Visualização "Leve" por Área de Conhecimento

Nível da EAP	Código da EAP	Título do Elemento da EAP	Descrição (*Guia PMBOK®* — Terceira Edição, Glossário ou Errata)
1	x	Nome do Projeto	**Escopo completo do projeto incluindo todas as outras entregas do projeto. Representa 100% do escopo do projeto.**
2	*x.n*	Gerenciamento do Projeto	
3	*x.n.1*	Gerenciamento da Integração do Projeto	**Os processos e as atividades necessárias para identificar, definir, combinar, unificar e coordenar os diversos processos e atividades de gerenciamento de projetos dentro dos grupos de processos de gerenciamento de projetos.**
4	*x.n.1.1*	Contrato	É um acordo que gera obrigações entre as partes, e que obriga o fornecedor a oferecer o produto, serviço ou resultado especificado, e o comprador a pagar por ele.
4	*x.n.1.2*	Declaração do Trabalho do Projeto	
4	*x.n.1.3*	Termo de Abertura do Projeto	Um documento publicado pelo iniciador ou patrocinador do projeto que autoriza formalmente a existência de um projeto e concede ao gerente de projetos a autoridade para aplicar os recursos organizacionais nas atividades do projeto.
4	*x.n.1.4*	Plano de Gerenciamento do Projeto	Um documento formal e aprovado que define como o projeto é executado, monitorado e controlado. Ele pode ser resumido ou detalhado e pode ser formado por um ou mais planos de gerenciamento auxiliares e outros documentos de planejamento.
4	*x.n.1.5*	Mudanças	Impactos ou potenciais impactos ao projeto que devem ser controlados.
5	*x.n.1.5.1*	Solicitação de Mudança	Solicitações para aumentar ou reduzir o escopo do projeto, modificar políticas, processos, planos ou procedimentos, modificar custos ou orçamentos ou revisar cronogramas. As solicitações de mudança podem ser feitas de forma direta ou indireta, por iniciativa externa ou interna e impostas por lei ou contrato ou opcionais. Somente as mudanças solicitadas formalmente documentadas são processadas e somente as solicitações de mudança aprovadas são implementadas.
5	*x.n.1.5.2*	Ações Corretivas	Orientação documentada para que o trabalho do projeto seja executado de modo que seu desempenho futuro esperado fique de acordo com o plano de gerenciamento do projeto.
5	*x.n.1.5.3*	Ações Preventivas	Orientação documentada para a realização de uma atividade que pode reduzir a probabilidade de consequências negativas associadas a riscos do projeto.
5	*x.n.1.5.4*	Reparos de Defeito	Identificação formalmente documentada de um defeito em um componente do projeto com a recomendação para reparar o defeito ou substituir completamente o componente.
4	*x.n.1.6*	Documentação da Aceitação Formal	

(continua)

Estruturas Analíticas de Projeto

Apêndice C Exemplos de EAP do Gerenciamento de Projetos

(continuação)

Nível da EAP	Código da EAP	Título do Elemento da EAP	Descrição (*Guia PMBOK®* — Terceira Edição, Glossário ou Errata)
4	x.n.1.7	Documentos de Encerramento do Projeto	
3	**x.n.2**	**Gerenciamento do Escopo do Projeto**	**Os processos necessários para garantir que o projeto inclua todo o trabalho necessário, e somente ele, para terminar o projeto com sucesso.**
4	x.n.2.1	Declaração do Escopo Preliminar do Projeto	
4	x.n.2.2	Declaração do Escopo do Projeto	A descrição do escopo do projeto, que inclui as principais entregas, os objetivos, suposições e restrições do projeto e uma declaração do trabalho, que fornece uma base documentada para futuras decisões do projeto e para confirmar ou desenvolver um entendimento comum do escopo do projeto entre as partes interessadas. A definição do escopo do projeto — o que precisa ser realizado.
4	x.n.2.3	Estrutura Analítica do Projeto	Uma decomposição hierárquica orientada à entrega do trabalho a ser executado pela equipe do projeto para atingir os objetivos do projeto e criar as entregas necessárias. Ela organiza e define o escopo total do projeto. Cada nível descendente representa uma definição cada vez mais detalhada do trabalho do projeto. A EAP é decomposta em pacotes de trabalho. A orientação da hierarquia para a entrega inclui entregas internas e externas.
4	x.n.2.4	Dicionário da EAP	Um documento que descreve cada componente da estrutura analítica do projeto (EAP). Para cada componente da EAP, o dicionário da EAP inclui uma breve definição do escopo ou declaração do trabalho, entrega(s) definida(s), uma lista de atividades associadas e uma lista de marcos. Outras informações podem incluir: organização responsável, datas de início e de conclusão, recursos necessários, uma estimativa de custos, número de cobrança, informações do contrato, requisitos de qualidade e referências técnicas para facilitar o desempenho do trabalho.
4	x.n.2.5	Declaração do Trabalho do Contrato	Uma descrição dos produtos, serviços ou resultados a serem fornecidos.
4	x.n.2.6	Linha de Base do Escopo	
4	x.n.2.7	Descrição do Escopo do Produto	A descrição documentada do escopo do produto.
4	x.n.2.8	Entregas Aceitas	
3	**x.n.3**	**Gerenciamento de Tempo do Projeto**	**Os processos necessários para realizar o término do projeto no prazo.**
4	x.n.3.1	Lista de Atividades	Uma tabela documentada de atividades do cronograma que mostra a descrição da atividade, o identificador da atividade e uma descrição suficientemente detalhada do escopo do trabalho para que os membros da equipe do projeto compreendam que trabalho deverá ser realizado.

4	x.n.3.2	Atributos da Atividade	Vários atributos associados a cada atividade do cronograma que pode ser incluída na lista de atividades. Os atributos da atividade incluem códigos de atividades, atividades predecessoras, atividades sucessoras, relacionamentos lógicos, antecipações e atrasos, recursos necessários, datas impostas, restrições e premissas.
4	x.n.3.3	Lista de Marcos	
4	x.n.3.4	Estimativa de Duração da Atividade	
4	x.n.3.5	Recursos Necessários para a Atividade	
4	x.n.3.6	Calendário de Recurso	Um calendário de dias trabalhados e não trabalhados que determina as datas nas quais cada recurso específico está ocioso ou pode estar ativo. Normalmente define feriados específicos do recurso e períodos de disponibilidade do recurso.
4	x.n.3.7	Calendário de Projeto	Um calendário de dias ou turnos de trabalho, que estabelecem as datas nas quais as atividades do cronograma são trabalhadas, e de dias não trabalhados, que determinam as datas nas quais as atividades do cronograma estão ociosas. Normalmente define feriados, finais de semana e turnos.
4	x.n.3.8	Diagrama de Rede do Cronograma do Projeto	Qualquer demonstração esquemática dos relacionamentos lógicos entre as atividades do cronograma do projeto. Sempre desenhado da esquerda para a direita, para refletir a cronologia do trabalho do projeto.
4	x.n.3.9	Dados do Modelo do Cronograma	
4	x.n.3.10	Cronograma do Projeto	As datas planejadas para realizar as atividades do cronograma e para atingir os marcos do cronograma.
4	x.n.3.11	Linha de base do Cronograma	
3	**x.n.4**	**Gerenciamento de Custos do Projeto**	**Os processos envolvidos em planejamento, estimativa, orçamentação e controle de custos, de modo que seja possível terminar o projeto dentro do orçamento aprovado.**
4	x.n.4.1	Estimativa de Custos da Atividade	
4	x.n.4.2	Necessidade de Financiamento do Projeto	
4	x.n.4.3	Linha de Base dos Custos	

(continua)

Apêndice C Exemplos de EAP do Gerenciamento de Projetos

(continuação)

Nível da EAP	Código da EAP	Título do Elemento da EAP	Descrição (*Guia PMBOK®*—Terceira Edição, Glossário ou Errata)
4	x.n.4.4	Análises de Desempenho do Projeto	
3	**x.n.5**	**Gerenciamento da Qualidade do Projeto**	**Os processos e as atividades da organização executora que determinam as responsabilidades, os objetivos e as políticas de qualidade, de modo que o projeto atenda às necessidades que motivaram sua realização.**
4	x.n.5.1	Métricas de Qualidade	
4	x.n.5.2	Listas de Verificação da Qualidade	
4	x.n.5.3	Linha de Base da Qualidade	
4	x.n.5.4	Medições de Controle da Qualidade	
4	x.n.5.5	Auditorias de Qualidade	
3	**x.n.6**	**Gerenciamento de Recursos Humanos do Projeto**	**Os processos que organizam e gerenciam a equipe do projeto.**
4	x.n.6.1	Organograma e Descrição de Cargo	Organograma — Um método para representar inter-relacionamentos entre um grupo de pessoas que trabalham juntas para um objetivo comum. Descrição de Cargo — Uma explicação das funções e responsabilidades de um membro da equipe do projeto.
5	x.n.6.1.1	Papéis e Responsabilidades	
5	x.n.6.1.2	Organograma do Projeto	Um documento que representa graficamente os membros da equipe do projeto e seus inter-relacionamentos para um projeto específico.
4	x.n.6.2	Contratação da Equipe do Projeto	
5	x.n.6.2.1	Designações de Pessoal para o Projeto	
5	x.n.6.2.2	Disponibilidade de Recursos	
4	x.n.6.3	Avaliações de Desempenho da Equipe	
4	x.n.6.4	Treinamento	
4	x.n.6.5	Reconhecimento e Premiações	
3	**x.n.7**	**Gerenciamento das Comunicações do Projeto**	**Os processos necessários para garantir a geração, coleta, distribuição, armazenamento, recuperação e destinação final das informações sobre o projeto de forma oportuna e adequada.**

4	x.n.7.1	Restrições	O estado, a qualidade ou o sentido de estar restrito a uma determinada ação ou inatividade. Uma restrição ou limitação aplicável, interna ou externa ao projeto, que afetará o desempenho do projeto ou de um processo. Por exemplo, uma restrição do cronograma é qualquer limitação ou condição colocada em relação ao cronograma do projeto que afeta o momento em que uma atividade do cronograma pode ser agendada e geralmente está na forma de datas impostas fixas. Uma restrição de custos é qualquer limitação ou condição colocada em relação ao orçamento do projeto, como fundos disponíveis ao longo do tempo. Uma restrição de recursos do projeto é qualquer limitação ou condição colocada em relação à utilização de recursos, como quais habilidades ou disciplinas do recurso estão disponíveis e a quantidade disponível de um determinado recurso durante um prazo especificado.
4	x.n.7.2	Premissas	Premissas são fatores que, para fins de planejamento, são considerados verdadeiros, reais ou certos sem prova ou demonstração. As premissas afetam todos os aspectos do planejamento do projeto e fazem parte da elaboração progressiva do projeto. Frequentemente, as equipes do projeto identificam, documentam e validam as premissas durante o processo de planejamento. Geralmente, as premissas envolvem um grau de risco.
4	x.n.7.3	Relatórios do Projeto	
5	x.n.7.3.1	Previsões	Estimativas ou prognósticos de condições e eventos futuros do projeto com base nas informações e no conhecimento disponíveis no momento da previsão. As previsões são atualizadas e refeitas com base nas informações sobre o desempenho do trabalho fornecidas conforme o projeto é executado. As informações se baseiam no desempenho passado e no desempenho futuro esperado do projeto e incluem dados que poderiam afetar o projeto no futuro, como estimativa no término e estimativa para terminar.
5	x.n.7.3.2	Estrutura Analítica dos Recursos	Uma estrutura hierárquica de recursos por categoria de recursos e tipo de recursos usada em cronogramas de nivelamento de recursos e para desenvolver cronogramas limitados por recursos, e que pode ser usada para identificar e analisar designações de recursos humanos do projeto.
5	x.n.7.3.3	Registro de Problemas	
4	x.n.7.4	Linha de Base da Medição de Desempenho	Um plano aprovado para o trabalho do projeto em relação ao qual é comparada a execução do projeto e são medidos os desvios para o controle do gerenciamento. A linha de base da medição de desempenho normalmente integra parâmetros de escopo, cronograma e custo de um projeto, mas também pode incluir parâmetros técnicos e de qualidade.

(continua)

Estruturas Analíticas de Projeto

Apêndice C   Exemplos de EAP do Gerenciamento de Projetos

(continuação)

Nível da EAP	Código da EAP	Título do Elemento da EAP	Descrição (*Guia PMBOK®* — Terceira Edição, Glossário ou Errata)
4	x.n.7.5	Informações sobre o Desempenho do Trabalho	Informações e dados sobre o andamento das atividades do cronograma do projeto, que estão sendo realizadas para executar o trabalho do projeto, coletados como parte dos processos de orientar e gerenciar a execução do projeto. As informações incluem: situação das entregas, andamento da implementação de solicitações de mudança, ações corretivas, ações preventivas e reparos de defeitos, previsão de estimativas para terminar, percentual relatado de trabalho fisicamente terminado, valor atingido de medições do desempenho técnico, datas de início e de término de atividades do cronograma.
4	x.n.7.6	Medições de Desempenho	
4	x.n.7.7	Relatórios de desempenho	Documentos e apresentações que fornecem informações organizadas e resumidas sobre o desempenho do trabalho, cálculos e parâmetros de gerenciamento de valor agregado e análises de andamento e progresso do trabalho do projeto. Formatos comuns de relatórios de desempenho incluem gráficos de barras, curvas S, histogramas, tabelas e diagrama de rede do cronograma do projeto, mostrando a situação atual do cronograma.
4	x.n.7.8	Ativos de Processos Organizacionais	Qualquer um ou todos os ativos relacionados a processos, de quaisquer ou todas as organizações envolvidas no projeto que são ou podem ser usados para influenciar o sucesso do projeto. Esses ativos de processos incluem planos formais ou informais, políticas, procedimentos e diretrizes. Os ativos do processo também incluem as bases de conhecimento das organizações, como lições aprendidas e informações históricas.
4	x.n.7.9	Outras Entregas de Comunicações	
5	x.n.7.9.1	Apresentações do Projeto	
5	x.n.7.9.2	Lições Aprendidas	A aprendizagem obtida no processo de realização do projeto. As lições aprendidas podem ser identificadas a qualquer momento. Também considerada um registro do projeto, que será incluído na base de conhecimento de lições aprendidas.
3	**x.n.8**	**Gerenciamento de Riscos do Projeto**	**Os processos que tratam da realização de identificação, análise, respostas, monitoramento e controle, e planejamento do gerenciamento de riscos em um projeto.**
4	x.n.8.1	Registro de Riscos	O documento que contém os resultados da análise qualitativa de riscos, da análise quantitativa de riscos e do planejamento de resposta aos riscos. O registro de riscos detalha todos os riscos identificados, incluindo descrição, categoria, causa, probabilidade de ocorrência, impacto(s) nos objetivos, respostas sugeridas, proprietários e andamento atual. O registro de riscos é um componente do plano de gerenciamento do projeto.

4	x.n.8.2	Acordos Contratuais Relacionados a Riscos	
4	x.n.8.3	Estrutura Analítica dos Riscos	Uma representação organizada hierarquicamente dos riscos identificados do projeto ordenados por categoria e subcategoria de risco que identifica as diversas áreas e causas de riscos potenciais. A estrutura analítica dos riscos geralmente é adaptada para tipos específicos de projetos.
4	x.n.8.4	Matriz de Probabilidade e Impacto	Uma forma comum de determinar se um risco é considerado baixo, moderado ou alto por meio da combinação das duas dimensões de um risco: sua probabilidade de ocorrência e seu impacto nos objetivos, caso ocorra.
4	x.n.8.5	Análise das Premissas	Uma técnica que explora a exatidão das premissas e identifica os riscos do projeto causados pelo caráter inexato, inconsistente ou incompleto das premissas.
4	x.n.8.6	Lista Priorizada de Riscos Quantificados	
4	x.n.8.7	Auditorias de Riscos	
3	**x.n.9**	**Gerenciamento de Aquisições do Projeto**	**Os processos para comprar ou adquirir os produtos, serviços ou resultados necessários de fora da equipe do projeto para realizar o trabalho.**
4	x.n.9.1	Decisões de Fazer ou Comprar	
4	x.n.9.2	Documentos de Aquisição	Os documentos utilizados nas atividades de licitação e proposta, que incluem Convite para licitação, Convite para negociações, Solicitação de informações, Solicitação de cotação, Solicitação de proposta do comprador e as respostas do fornecedor.
4	x.n.9.3	Critérios de Avaliação	
4	x.n.9.4	Pacote de Documentos de Aquisição	
4	x.n.9.5	Propostas	
4	x.n.9.6	Documentação do Contrato	
4	x.n.9.7	Contratos Encerrados	
4	x.n.9.8	Documentação de Avaliação de Desempenho do Fornecedor	
4	x.n.9.9	Arquivo do Contrato	
4	x.n.9.10	Aceitação da Entrega	

Fonte: PROJECT MANAGEMENT INSTITUTE. *A guide to the project management body of knowledge (PMBOK® Guide)*. 3. ed. Newtown Square, PA: Project Management Institute.

• Referências •

PROJECT MANAGEMENT INSTITUTE. *A guide to the project management body of knowledge* (*PMBOK® Guide*). 3. ed. Newtown Square, PA: Project Management Institute, 2004.

APÊNDICE D

Respostas às Questões dos Capítulos

Este apêndice detalha as questões e respostas dos pequenos testes ao final de cada capítulo. Também fornecemos uma referência à seção do capítulo onde a resposta pode ser encontrada.

Questões do Capítulo 1

1. De acordo com as normas atuais do PMI, Estruturas Analíticas de Projeto são:
    a. Orientadas a atividades.
    b. Orientadas a processos.
    c. Orientadas a entregas.
    d. Orientadas ao tempo.

    Resposta Correta
    c. Orientadas a entregas.

    Referência da Resposta
    Capítulo: 1 — Histórico e Conceitos Fundamentais
    Seção: Definição de Estruturas Analíticas de Projeto

2. Os elementos no nível mais baixo da EAP são chamados _____.
    a. Contas de Controle.
    b. Pacotes de Trabalho.
    c. Entregas da EAP.
    d. Elementos da EAP de nível mais baixo.

    Resposta Correta
    b. Pacotes de Trabalho.

    Referência da Resposta
    Capítulo: 1 — Histórico e Conceitos Fundamentais
    Seção: Definição de Estruturas Analíticas de Projeto

Apêndice D   Respostas às Questões dos Capítulos

3. O(A) _____ é utilizado(a) como ponto de partida para a criação da EAP.
   a. Declaração do Escopo Preliminar do Projeto.
   b. Descrição do Escopo do Produto.
   c. Declaração do Escopo do Produto Final.
   d. Termo de Abertura do Projeto.

   Resposta Correta
   d. Termo de Abertura do Projeto.

   Referência da Resposta
   Capítulo: 1 — Histórico e Conceitos Fundamentais
   Seção: Lições Aprendidas da EAP: Um Breve Relato

4. Qual das seguintes alternativas corresponde a características fundamentais de uma Estrutura Analítica de Projeto de alta qualidade? (Selecione todas que se aplicam.)
   a. Orientada a atividades.
   b. Orientada a entregas.
   c. Hierárquica.
   d. Inclui somente os produtos, serviços ou resultados finais do projeto.
   e. Aplica inteiramente a Regra 100%.

   Respostas Corretas
   b. Orientada a entregas.
   c. Hierárquica.
   e. Aplica inteiramente a Regra 100%.

   Referência da Resposta
   Capítulo: 1 — Histórico e Conceitos Fundamentais
   Seção: Definição de Estruturas Analíticas de Projeto

5. Quem inicialmente desenvolveu Estruturas Analíticas de Projeto?
   a. Departamento de Defesa dos Estados Unidos e a NASA.
   b. Construtores das grandes pirâmides do Egito.
   c. Arquitetos do Coliseu de Roma.
   d. Agência Espacial Russa.

   Resposta Correta
   a. Departamento de Defesa dos Estados Unidos e a NASA.

   Referência da Resposta
   Capítulo: 1 — Histórico e Conceitos Fundamentais
   Seção: Estruturas Analíticas de Projeto

Questões do Capítulo 2

1. Qual das seguintes alternativas representa as Características Principais de uma EAP de qualidade? (Selecione todas que se aplicam.)

    a. Orientada a entregas.

    b. Orientada a tarefas.

    c. Hierárquica.

    d. Inclui somente produtos, serviços ou resultados finais do projeto.

    e. Utiliza substantivos, verbos e adjetivos.

    f. É criada por aqueles que realizam o trabalho.

    Respostas Corretas

    a. Orientada a entregas.

    c. Hierárquica.

    f. É criada por aqueles que realizam o trabalho.

    Referência da Resposta

    Capítulo: 2 — Aplicação dos Conceitos e Atributos da EAP

    Seção: Características Principais da EAP

2. Qual das seguintes afirmações é verdadeira quanto à qualidade da EAP?

    a. O Gerenciamento do Projeto/Programa pode ocorrer em qualquer nível da EAP.

    b. A EAP contém ao menos três níveis de decomposição.

    c. A EAP comunica claramente o escopo do projeto a todas as partes interessadas.

    d. Não inclui um Dicionário da EAP.

    Resposta Correta

    c. A EAP comunica claramente o escopo do projeto a todas as partes interessadas.

    Referência da Resposta

    Capítulo: 2 — Aplicação dos Conceitos e Atributos da EAP

    Seção: Características Principais da EAP

3. Qual das seguintes afirmações é verdadeira quanto às Características da EAP Relacionadas ao Uso?

    a. As Características são consistentes de um projeto para o outro.

    b. A qualidade da EAP depende de quão bem o conteúdo específico e os elementos da EAP abordam o conjunto total das necessidades do projeto.

    c. Contém somente elementos distintos de EAP.

    d. Deve ser decomposta ao menos em três níveis.

Estruturas Analíticas de Projeto

Resposta Correta

b. A qualidade da EAP depende de quão bem o conteúdo específico e os elementos da EAP abordam o conjunto total das necessidades do projeto.

Referência da Resposta

Capítulo: 2 — Aplicação dos Conceitos e Atributos da EAP

Seção: Características da EAP Relacionadas ao Uso

4. Qual das seguintes declarações é verdadeira para qualquer EAP? (Selecione todas que se aplicam.)
    a. As características de qualidade da EAP se aplicam a todos os níveis de definição do escopo.
    b. Representações válidas da EAP incluem somente visualizações gráficas ou na forma delineada.
    c. Utilizar uma ferramenta de criação de cronogramas de projeto para a criação da EAP é útil na diferenciação entre elementos de EAP e tarefas/atividades do Cronograma do Projeto.
    d. As ferramentas para a criação e gerenciamento da EAP são muito maduras e fáceis de usar.

Resposta Correta

a. As características de qualidade da EAP se aplicam a todos os níveis de definição do escopo.

Referência da Resposta

Capítulo: 2 — Aplicação dos Conceitos e Atributos da EAP

Seção: EAP em Projetos, Programas, Portfólios e nas Empresas (a)

Representações da EAP (b)

Ferramentas para EAP (c e d)

Questões do Capítulo 3

1. Qual dos seguintes documentos principais é criado na fase de *iniciação* do projeto? (Selecione todas as opções que se aplicam.)
    a. Termo de Abertura do Projeto.
    b. Declaração do Escopo Preliminar do Projeto.
    c. Descrição do Escopo do Produto.
    d. Estrutura Analítica do Projeto.

Respostas Corretas

a. Termo de Abertura do Projeto.

b. Declaração do Escopo Preliminar do Projeto.

Referência da Resposta

Capítulo: 3 — A Iniciação do Projeto e a EAP

Seção: Visão Geral do Capítulo

2. Qual documento essencial do gerenciamento de projetos fornece os limites iniciais para o escopo do projeto?
   a. Termo de Abertura do Projeto.
   b. Declaração do Escopo Preliminar do Projeto.
   c. Descrição do Escopo do Produto.
   d. Estrutura Analítica do Projeto.

   Resposta Correta
   a. Termo de Abertura do Projeto.

   Referência da Resposta

   Capítulo: 3 — A Iniciação do Projeto e a EAP

   Seção: Termo de Abertura do Projeto

3. Qual documento essencial do gerenciamento de projetos é utilizado para estabelecer o contexto para boa parte da fase de planejamento do projeto?
   a. Termo de Abertura do Projeto.
   b. Declaração do Escopo Preliminar do Projeto.
   c. Descrição do Escopo do Produto.
   d. Estrutura Analítica do Projeto.

   Resposta Correta
   b. Declaração do Escopo Preliminar do Projeto.

   Referência da Resposta

   Capítulo: 3 — A Iniciação do Projeto e a EAP

   Seção: Declaração do Escopo Preliminar do Projeto

4. Qual documento essencial do gerenciamento de projetos inclui informações sobre como os produtos, serviços ou resultados finais do projeto serão medidos?
   a. Termo de Abertura do Projeto.
   b. Declaração do Escopo Preliminar do Projeto.
   c. Descrição do Escopo do Produto.
   d. Estrutura Analítica do Projeto.

   Resposta Correta
   b. Declaração do Escopo Preliminar do Projeto.

Referência da Resposta
Capítulo: 3 — A Iniciação do Projeto e a EAP
Seção: Declaração do Escopo Preliminar do Projeto

5. Os contratos devem ser sempre postos em prática antes de o projeto ser totalmente definido.
   a. Verdadeiro.
   b. Falso.

   Resposta Correta
   b. Falso.

   Referência da Resposta
   Capítulo: 3 — A Iniciação do Projeto e a EAP
   Seção: Contratos, Acordos e Declarações de Trabalho (DT).

Questões do Capítulo 4

1. Qual dos seguintes documentos do projeto descreve a aparência dos resultados do projeto de forma narrativa?
   a. Termo de Abertura do Projeto.
   b. Declaração do Escopo Preliminar do Projeto.
   c. Descrição do Escopo do Produto.
   d. Estrutura Analítica do Projeto.

   Resposta Correta
   c. Descrição do Escopo do Produto.

   Referência da Resposta
   Capítulo: 4 — Definição do Escopo por Meio da EAP
   Seção: Descrição do Escopo do Produto

2. Estruturas Analíticas do Projeto de qualidade incluem quais das seguintes alternativas? (Selecione todas que se aplicam.)
   a. Entregas Internas.
   b. Entregas Externas.
   c. Entregas Provisórias.
   d. Entregas não planejadas.

   Resposta Correta
   a. Entregas Internas.
   b. Entregas Externas.
   c. Entregas Provisórias.

Referência da Resposta

Capítulo: 4 — Definição do Escopo por meio da EAP

Seção: Estrutura Analítica do Projeto

3. Qual dessas abordagens de criação da EAP envolve definir primeiro todas as entregas detalhadas do projeto?

    a. Top-down.

    b. Bottom-up.

    c. Padrões de EAP.

    d. Modelos.

Resposta Correta

b. Bottom-Up.

Referência da Resposta

Capítulo: 4 — Definição do Escopo por Meio da EAP

Seção: Estrutura Analítica do Projeto

4. Estruturas Analíticas do Projeto de qualidade devem ter ao menos _____ níveis de decomposição.

    a. Um.

    b. Dois.

    c. Três.

    d. Quatro.

Resposta Correta

b. Dois.

Referência da Resposta

Capítulo: 4 — Definição do Escopo por Meio da EAP

Seção: Como Começar com a EAP Elaborada

5. Qual abordagem de gerenciamento de projetos permite que cronograma, custos, recursos e qualidade sejam compreendidos, agregados, medidos e monitorados tanto no nível de entregas específicas quanto no de elementos de alto nível da EAP?

    a. Gestão Baseada em Custeio por Atividade.

    b. Gestão Baseada em Tarefas.

    c. Gestão Baseada em Entregas.

    d. Gestão Baseada em Marcos.

Apêndice D   Respostas às Questões dos Capítulos

Resposta Correta

c. Gestão Baseada em Entregas.

Referência da Resposta

Capítulo: 4 — Definição do Escopo por Meio da EAP

Seção: Gestão Baseada em Entregas

Questões do Capítulo 5

1. Estimativas de custos do pacote de trabalho deve incluir quais dos seguintes? (Selecione todas que se aplicam.)
   a. Custos de recursos.
   b. Custos de materiais.
   c. Custos de qualidade.
   d. Custos de Resposta aos Riscos.
   e. Custos de Comunicações.
   f. Somente a e b.

   Respostas Corretas

   a. Custos de recursos.
   b. Custos de materiais.
   c. Custos de qualidade.
   d. Custos de Resposta aos Riscos.
   e. Custos de Comunicações.

   Referência da Resposta

   Capítulo: 5 — A EAP nas Aquisições e no Planejamento Financeiro

   Seção: Estimativa de Custos

2. Qual entrega relacionada a ao gerenciamento do escopo pode ajudar consideravelmente nas estimativas dos custos?
   a. Termo de Abertura do Projeto.
   b. Declaração do Escopo do Projeto.
   c. Descrição do Escopo do Produto.
   d. Dicionário da EAP.

   Resposta Correta

   d. Dicionário da EAP.

   Referência da Resposta

   Capítulo: 5 — A EAP nas Aquisições e no Planejamento Financeiro

   Seção: Estimativa de Custos

3. Qual das seguintes opções representam vantagens por estruturar o orçamento dos custos de acordo com a construção da EAP? (Selecione todas que se aplicam.)
   a. A Regra 100% usada na criação da hierarquia também garante que o orçamento incluirá, por fim, 100% dos custos.
   b. Os elementos da EAP na estrutura hierárquica são usados como Contas de Controle, garantindo assim a sincronização entre o modo como o trabalho é definido e como ele é realizado e gerenciado.
   c. A EAP fornece o recolhimento dos custos, similar ao recolhimento de entregas na hierarquia da EAP.
   d. Somente b e c.

   Respostas Corretas
   a. A Regra 100% usada na criação da hierarquia também garante que o orçamento incluirá, por fim, 100% dos custos.
   b. Os elementos da EAP na estrutura hierárquica são usados como Contas de Controle, garantindo assim a sincronização entre o modo como o trabalho é definido e como ele é realizado e gerenciado.
   c. A EAP fornece o recolhimento dos custos, similar ao recolhimento de entregas na hierarquia da EAP.

   Referência da Resposta
   Capítulo: 5 — A EAP nas Aquisições e no Planejamento Financeiro
   Seção: Orçamentação

4. O que é um "ponto de controle gerencial onde a integração do escopo, do orçamento, do curso real e do cronograma acontece"?
   a. Elemento da EAP.
   b. Pacote de trabalho.
   c. Conta de controle.
   d. Nenhuma das alternativas.

   Resposta Correta
   c. Conta de controle.

   Referência da Resposta
   Capítulo: 5 — A EAP nas Aquisições e no Planejamento Financeiro
   Seção: Orçamentação

5. Qual é a divisão hierárquica dos componentes de custos do projeto?
   a. Estrutura Analítica do Projeto.
   b. Estrutura Analítica dos Recursos.

Apêndice D   Respostas às Questões dos Capítulos

   c. Estrutura Analítica da Organização.

   d. Estrutura Analítica dos Custos.

Resposta Correta

d. Estrutura Analítica dos Custos.

Referência da Resposta

Capítulo: 5 — A EAP nas Aquisições e no Planejamento Financeiro

Seção: Estrutura Analítica dos Custos

Questões do Capítulo 6

1. Um caminho seguro para o sucesso do gerente do projeto é aplicar processos experimentados e testados.

   a. Verdadeiro.

   b. Falso.

   Resposta Correta

   a. Verdadeiro.

   Referência da Resposta

   Capítulo: 6 — Planejamento da Qualidade, dos Riscos, dos Recursos e das Comunicações com a EAP

   Seção: Como Utilizar Modelos e Processos Existentes

2. A EAP pode ser utilizada para qual das seguintes?

   (Selecione todas que se aplicam.)

   a. Prever trabalho a ser alocado.

   b. Compreender a integração dos componentes.

   c. Imaginar os passos de teste e verificação.

   d. Somente a e b.

   Respostas Corretas

   a. Prever trabalho a ser alocado.

   b. Compreender a integração dos componentes.

   c. Imaginar os passos de teste e verificação.

   Referência da Resposta

   Capítulo: 6 — Planejamento da Qualidade, dos Riscos, dos Recursos e das Comunicações com a EAP

   Seção: O Todo não é Maior do que a Soma das Partes — Ele é precisamente 100% da Soma das Partes

3. Utilizar processos-padrão da empresa para alocar recursos a tarefas individuais do projeto não é benéfico ao gerente de projeto em organizações em que os processos são conhecidos e estáveis.

    a. Verdadeiro.
    b. Falso.

    Resposta Correta
    b. Falso.

    Referência da Resposta
    Capítulo: 6 — Planejamento da Qualidade, dos Riscos, dos Recursos e das Comunicações com a EAP
    Seção: Como Utilizar Modelos e Processos Existentes

4. A(O) _____ serve como base para o estabelecimento de critérios de entrada e saída para vários estágios do projeto.

    a. Estrutura Analítica do Projeto.
    b. Cronograma do Projeto.
    c. Termo de Abertura do Projeto.
    d. Declaração do Escopo.

    Resposta Correta
    a. Estrutura Analítica do Projeto.

    Referência da Resposta
    Capítulo: 6 — Planejamento da Qualidade, dos Riscos, dos Recursos e das Comunicações com a EAP
    Seção: Como Examinar as Considerações do Processo

5. A EAP pode ser considerada uma _____.
    (Selecione todas que se aplicam.)

    a. Ferramenta de comunicação.
    b. Ferramenta de escopo.
    c. Ferramenta de planejamento.
    d. Ferramenta de medição.
    e. a, b, e d.

    Respostas Corretas
    a. Ferramenta de comunicação.
    b. Ferramenta de escopo.

Estruturas Analíticas de Projeto

Apêndice D Respostas às Questões dos Capítulos

c. Ferramenta de planejamento.

d. Ferramenta de medição.

Referência da Resposta

Capítulo: 6 — Planejamento da Qualidade, dos Riscos, dos Recursos e das Comunicações com a EAP

Seção: Todo o Capítulo

Questões do Capítulo 7

1. Qual termo descreve as entradas, ferramentas, técnicas e saídas necessárias para criar a lista de atividades que serão realizadas para produzir os resultados desejados do projeto?

    a. Definição da Atividade.

    b. Sequenciamento de Atividades.

    c. Estimativa das Atividades.

    d. Estrutura Analítica do Projeto.

    Resposta Correta

    a. Definição da Atividade.

    Referência da Resposta

    Capítulo: 7 — A EAP como Ponto de Partida para o Desenvolvimento do Cronograma
    Seção: Desmistificação da Transição da EAP para o Cronograma do Projeto

2. Qual termo explica como as atividades, marcos e mudanças aprovadas do projeto são usadas como entrada para o processo de sequenciamento de atividades?

    a. Estrutura Analítica do Projeto.

    b. Definição da Atividade.

    c. Estimativa das Atividades.

    d. Sequenciamento de Atividades.

    Resposta Correta

    d. Sequenciamento de Atividades.

    Referência da Resposta

    Capítulo: 7 — A EAP como Ponto de Partida para o Desenvolvimento do Cronograma
    Seção: Desmistificação da Transição da EAP para o Cronograma do Projeto

3. Coloque as entregas a seguir na ordem sequencial adequada de desenvolvimento pelo preenchimento das células em branco na tabela com o número adequado ou pela reordenação das entregas.

Ordem	Entrega
	Diagrama de Rede
	Cronograma do Projeto
	EAP/Dicionário da EAP

Resposta Correta

Ordem	Entrega
1	EAP/Dicionário da EAP
2	Diagrama de Rede
3	Cronograma do Projeto

Referência da Resposta

Capítulo: 7 — A EAP como Ponto de Partida para o Desenvolvimento do Cronograma
Seção: Desmistificação da Transição da EAP para o Cronograma do Projeto

4. Combine cada um dos seguintes elementos, ou em uma Estrutura Analítica do Projeto, ou em um Cronograma do Projeto, pelo preenchimento das células da tabela com o indicador adequado — "Cronograma do Projeto" ou "EAP".

Marcos	
Tarefas	
Pacotes de Trabalho	
Atividades	

Resposta Correta

Marcos	Cronograma do Projeto
Tarefas	Cronograma do Projeto
Pacotes de Trabalho	EAP
Atividades	Cronograma do Projeto

Referência da Resposta

Capítulo: 7 — A EAP como Ponto de Partida para o Desenvolvimento do Cronograma
Seção: Todo o Capítulo

5. Preencha os vazios com as palavras apropriadas:

    a. *Inclusão* como uma dimensão é usada para mostrar quais elementos _____ ____ de elementos maiores do escopo, bem como articular quais elementos da EAP _____ do trabalho de outros.

Resposta Correta

fazem parte de; não fazem parte

Referência da Resposta

Capítulo: 7 — A EAP como Ponto de Partida para o Desenvolvimento do Cronograma

Seção: O Conceito de Inclusão

Questões do Capítulo 8

1. Com que frequência a EAP e o Dicionário da EAP são utilizados para verificar e validar que os recursos apropriados estão disponíveis e atribuídos ao projeto?

    a. Uma vez.

    b. Continuamente.

    c. Nunca.

    d. Algumas vezes.

    Resposta Correta

    b. Continuamente.

    Referência da Resposta

    Capítulo: 8 — A EAP na Prática

    Seção: Contratação ou Mobilização da Equipe do Projeto

2. O Dicionário da EAP é usado para fornecer uma explicação detalhada de cada _____ _____.

    a. Atividade.

    b. Tarefa.

    c. Entrega.

    d. Marco.

    Resposta Correta

    c. Entrega.

    Referência da Resposta

    Capítulo: 8 — A EAP na Prática

    Seção: Contratação ou Mobilização da Equipe do Projeto

3. Coloque os passos seguintes em ordem.

	Atualizar o Dicionário da EAP
	Atualizar o Orçamento do Projeto
	Atualizar a Declaração do Escopo do Projeto
	Atualizar todos os documentos de planejamento
	Atualizar a Estrutura Analítica do Projeto

Resposta Correta

1	Atualizar a Declaração do Escopo do Projeto
2	Atualizar a Estrutura Analítica do Projeto
3	Atualizar o Dicionário da EAP
4	Atualizar todos os documentos de planejamento
5	Atualizar o Orçamento do Projeto

Referência da Resposta

Capítulo: 8 — A EAP na Prática

Seção: Orientação e Gerenciamento a Execução do Projeto e Gerenciamento Integrado de Mudanças

4. As solicitações de Mudança devem ser avaliadas contra qual linha de base para determinar o impacto no escopo?
   a. Plano de Gerenciamento do Projeto.
   b. Termo de Abertura do Projeto.
   c. Cronograma do Projeto.
   d. Estrutura Analítica do Projeto e Dicionário da EAP.

   Resposta Correta
   d. Estrutura Analítica do Projeto e Dicionário da EAP.

   Referência da Resposta
   Capítulo: 8 — A EAP na Prática
   Seção: Realização do Gerenciamento do Escopo

5. Qual dos seguintes itens não está incluído no Dicionário da EAP?
   a. Critérios de Aceitação.
   b. Critérios de Conclusão.
   c. Medidas de Qualidade.
   d. Casos de Teste.

   Resposta Correta
   d. Casos de Teste.

   Referência da Resposta
   Capítulo: 8 — A EAP na Prática
   Seção: Realização da Verificação do Escopo

Questões do Capítulo 9

1. Qual das seguintes alternativas *não* é uma fonte da qual as métricas utilizadas no desempenho do projeto são derivadas?
   a. Registro de Problemas.

Apêndice D   Respostas às Questões dos Capítulos

   b. EAP e Dicionário da EAP.
   c. Cronograma do Projeto.
   d. Plano de Gerenciamento de Custos.

   Resposta Correta
   a. Registro de Problemas.

   Referência da Resposta
   Capítulo: 9 — Como Garantir o Sucesso por Meio da EAP
   Seção: Gerenciamento do Desempenho do Projeto

2. Qual dessas alternativas corresponde a uma das desvantagens da EAP?
   a. Ela tem de ser atualizada.
   b. É difícil de ser criada.
   c. Pode ser percebida como unidimensional.
   d. Não pode ser feita em papel.

   Resposta Correta
   c. Pode ser percebida como unidimensional.

   Referência da Resposta
   Capítulo: 9 — Como Garantir o Sucesso por Meio da EAP
   Seção: Escopo

3. Antes de o Cronograma do Projeto poder ser utilizado para os relatórios de desempenho, qual é o passo final que deve ser dado?
   a. Criar o Cronograma.
   b. Atualizar o Cronograma.
   c. Inserir o Cronograma em uma Ferramenta de Elaboração de Cronogramas.
   d. Aprovar o Cronograma.

   Resposta Correta
   d. Aprovar o Cronograma.

   Referência da Resposta
   Capítulo: 9 — Como Garantir o Sucesso por Meio da EAP
   Seção: Cronograma

4. Qual técnica de gerenciamento de projetos de análise permite que o gerente do projeto preveja os custos e a data de entrega do projeto baseado no desempenho ao longo do tempo?
   a. Gerenciamento de Custos.
   b. Estruturas Analíticas de Projeto.
   c. Gerenciamento do Valor Agregado.
   d. Escopo do Projeto

Resposta Correta

c. Gerenciamento do Valor Agregado.

Referência da Resposta

Capítulo: 9 — Como Garantir o Sucesso por Meio da EAP

Seção: Cronograma

5. Qual é um método recomendado para organizar os dados do projeto para apresentação às partes interessadas?
   a. Agrupamento alfabético.
   b. Agrupamento Cronológico (pelo Cronograma).
   c. Agrupamento por Contas de Controle.
   d. Agrupamento pela hierarquia da Estrutura Analítica do Projeto.

Resposta Correta

d. Agrupamento pela hierarquia da Estrutura Analítica do Projeto.

Referência da Resposta

Capítulo: 9 — Como Garantir o Sucesso por Meio da EAP

Seção: O Planejado versus o Real

Questões do Capítulo 10

1. A EAP e o Dicionário da EAP são vitalmente importantes durante *todas* as fases do ciclo de vida do projeto.
   a. Falso.
   b. Verdadeiro.

Resposta Correta

b. Verdadeiro.

Referência da Resposta

Capítulo: 10 — Verificação do Encerramento do Projeto com a EAP

Seção: Resumo do Capítulo

2. Qual das seguintes alternativas *não* é utilizada durante as negociações sobre aceitabilidade do(s) produto(s) entregue(s)?
   a. EAP.
   b. Contratos/Acordos.
   c. Dicionário da EAP.
   d. Registro de Riscos.

Resposta Correta

d. Registro de Riscos.

Apêndice D   Respostas às Questões dos Capítulos

Referência da Resposta

Capítulo: 10 — Verificação do Encerramento do Projeto com a EAP

Seção: Aceitação/Entrega/Suporte/Manutenção

3. Mudanças à Estrutura Analítica do Projeto aprovada devem ser feitas por meio de qual processo?
    a. Planejamento do Projeto.
    b. Gerenciamento de Mudanças.
    c. Escopo.
    d. Encerramento do Projeto.

    Resposta Correta

    b. Gerenciamento de Mudanças.

    Referência da Resposta

    Capítulo: 10 — Verificação do Encerramento do Projeto com a EAP

    Seção: Encerramento do Projeto

4. Qual é o primeiro passo nas atividades de Encerramento do projeto?
    a. Comemorar.
    b. Fazer o encerramento do Contrato.
    c. Iniciar uma pós-revisão do projeto.
    d. Verificar que todas as entregas foram concluídas.
    e. Atualizar toda a documentação para registrar e refletir os resultados finais.

    Resposta Correta

    d. Verificar que todas as entregas foram concluídas.

    Referência da Resposta

    Capítulo: 10 — Verificação do Encerramento do Projeto com a EAP

    Seção: Encerramento do Projeto, Encerramento do Contrato

5. A Estrutura Analítica do Projeto pode ser utilizada como base para a pós-revisão do projeto.
    a. Verdadeiro.
    b. Falso.

    Resposta Correta

    a. Verdadeiro.

    Referência da Resposta

    Capítulo: 10 — Verificação do Encerramento do Projeto com a EAP

    Seção: Encerramento do Projeto

Índice Remissivo

A

ABM. *Veja* Gestão Baseada em Custeio por Atividade
Aceitação, 146
Acordos, 44-46
Análise de Riscos, confiança na metodologia, 85
Aprovações. *Veja* Termo de Abertura do Projeto Aquisição de mecanismo de busca, decisão do Gerente do Projeto, 70
Aquisições, utilização da EAP, 69
    questões, 76-77
        respostas, 224-226
    referências, 77
    resumo, 76
    Visão geral, 69
Área de Conhecimento, 152
    classificação, 154d
    decomposição, 157
    desempenho, 153-155
    representação, 154
Atividade no Nó, 10
Atividades
    árvore genealógica orientada a atividades, 6t, 14
    atribuição, 140
Atividades Operacionais, custos (conexão), 63
Atributos. *Veja* Atributos das Estruturas Analíticas de Projeto
Atributos das Estruturas Analíticas de Projeto (EAP), 17-25
    aplicação, 17
    questões, 34-35
    respostas, 219-220
    referências, 35
    resumo, 34
    visão geral, 17

C

Características Principais. *Veja* Estruturas Analíticas de Projeto
    adesão, 55
    aplicação, 24, 25
    definição, 18-19
    descrição, utilização, 21-22
    mudança, ausência, 126
    Regra 100%, introdução, 21
Características Relacionadas ao Uso, 57-60. *Veja também* Estruturas Analíticas de Projeto
    adesão, 55
    dependência, 24
    exemplos, 22, 58
    mudança, ausência, 126
Carl L. Pritchard, 7
Casa
    componente da EAP, exemplo, 89
    EAP da Construção, exemplo, 12-13
    exemplo de EAP, 58d, 72f, 88d, 113d
    projeto, critérios de aceitação do comprador (exemplo), 64-65
Comunicação
    custos, 71
    métodos, 94-95
Comunicações
    Canal, esclarecimento, 95
    descrição, requisito, 98-99
    gerenciamento, exemplo, 170
Conta de Controle, definição do PMBOK, 74
Construção das Paredes Internas, 109
Construção de EAP orientada a tarefas/atividades, contradição, 6
Contratos, 44-46
    DT, derivação, 45
    encerramento, 146
    revisão, 145
    utilização. *Veja* Responsabilidades financeiras; Responsabilidades legais
Conceitos. *Veja* Conceitos de Estruturas Analíticas de Projeto
Conceitos de Estruturas Analíticas de Projeto (EAP), 3, 10-11
    aplicação, 17, 57-59
    desenvolvimento pelo DoD/NASA, 4
    questões, 34-35
    respostas, 255–257
    referências, 35

Índice Remissivo

resumo, 34
visão geral, 17
Conclusão da escavação para a fundação, análise, 92
Conjunto de Conhecimentos em Gerenciamento de Projetos (PMBOK)
   alinhamento. *Veja* EAP do Gerenciamento de Projetos
   definição. V*eja* Entregas
   EAP do Gerenciamento de Projetos, alinhamento, 151
   quadro, 156t
   Guia, Segunda Edição
      descrição da EAP, 9
      utilização, 5t
   Guia, Terceira Edição, 5, 7, 10
      utilização, 5t
Construção da Fundação, 109
   componentes, 90-91
   Elemento nível 2, 113
   Elementos, decomposição, exemplo, 106d
   elementos da EAP, 114f
   Forma delineada, 114d
   Gráfico, alternativa, 115f
   sequência, 114
Construção das Estruturas Analíticas de Projeto (EAP), 18
   contradição. *Veja* Construção de EAP orientada a tarefas/atividades
   orientação a entregas, preferência, 6-7
   problemas, 7
Construção das Paredes Externas, 109
Construção do Telhado, 109
   dependência, 111-112
Criação das Estruturas Analíticas de Projeto (EAP), 32
   importância, 52
   métodos, 54-55
   modelos/padrões, confiança, 54
   motivo, 51-52
   processo, 53
   sequência, 52-53
Critérios de Aceitação, 63-65
   ausência, problemas, 64-65
   definição, ausência (problemas), 66
   esclarecimento, 130
   utilização, 104
Critérios de Desempenho, desenvolvimento, 130
Critérios de Entrada. *Veja* Elementos das Estruturas Analíticas de Projeto
Critérios de Saída. *Veja* Elementos das Estruturas Analíticas de Projeto
Cronograma, 139-140
Cronograma do Projeto, 53
   elaboração/desenvolvimento, 107-108
   exemplo, 165
   geração, 107-108
   meio de distribuição, 94
   processo, 107
   representação, 120
   transição. *Veja* Estruturas Analíticas de Projeto
Cronograma do Projeto e Plano das Comunicações, 56
Custos
   agregação, 73
   estimando, 71-74
   estimativas, inclusão, 71
   orçamentação, 72-74
   orçamento, integração com a EAP, 73f
   recolhimento, 73
Custos de materiais, 71
Custos diretos, 62
Custos indiretos, 62

D

Decisões Fazer ou Comprar, 69-71
   abordagem, 8-82
Declaração do Escopo
   atualização, 130
   inclusão, 152
Declaração do Escopo do Projeto
definição do escopo, 50
Declaração do Escopo do Projeto. *Veja* Declaração do Escopo Preliminar do Projeto
   Abordagem do projeto, 168-169
   aprovações, 171
   Atividades de controle da qualidade, 172
   Cronograma do projeto, 172
   Entregas do projeto, 172
   Escopo do projeto, 167-168
   exemplo, 43-44, 167
   Gerenciamento das Comunicações, 170
   Gerenciamento de Aquisições, 170
   Gerenciamento de Mudanças, 169-170
   Gerenciamento de Problemas, 169
   Gerenciamento de Recursos, 170-171

Marcos do projeto, 168
Objetivos da qualidade, 172
Propósito do projeto, 167
Questões, 171
referências, 171
Visão geral do projeto 167
Declaração do Escopo Preliminar do Projeto, 42-44
    Abrangência do trabalho, 50
    Definições do PMBOK, 49
    Entradas para a criação da EAP, 44
Declaração do Trabalho (DT), 44-45
    definição, 45
Declarações de requisitos, 81
Decomposição. *Veja* Trabalho; Estruturas Analíticas de Projeto
    definição, 11-12
    estilo ondas sucessivas, 25
Decomposição das Estruturas Analíticas de Projeto (EAP), 25-27
    análise, 56-57
    exemplo da casa, alternativa, 27f
    flexibilidade, motivos, 56
    formas, 26
    grau, pontos de vista, 56
    ilustração, 5t
    representação, *Practice Standard for Work Breakdown Structures* (utilização), 56-57
Definição da Atividade, descrição, 105-106
Definição da Atividade, ponto de partida para o desenvolvimento do cronograma do projeto, 10
Departamento de Defesa dos Estados Unidos (DoD)
    conceitos desenvolvimento. *Veja* Estruturas Analíticas de Projeto
    utilização da EAP, 4
Desempenho
    medição, 74
    relatório, definição, 137-138
Desempenho do Fornecedor, monitoramento, 131
Desenvolvimento do Cronograma, 103
    descrição, 107-108
    questões, 124-'125
        respostas, 228-230
    referências, 125
    resumo, 123-124
    visão geral, 103-105

Despesas gerais indiretas, 62-63
Diagrama de Precedência, 110
Diagrama de Rede, entradas, 108
Diagrama de Relacionamento do Escopo, 104
    Projeto da Casa, 117f
    Projeto da Casa – Com Sequência do Escopo, 119f
        Segmento de Construção da Fundação, 116f
    transição, 122
    utilização, 115-120
Dicionário. *Veja* Dicionário das Estruturas Analíticas de Projeto
    definição, 61
Dicionário das Estruturas Analíticas de Projeto (EAP), 60-62
    atualização, 130
    clareza, 60
    entregas dos elementos da EAP, referência cruzada, 131
    gráfico, 129t
    importância, reconhecimento do PMBOK, 71
    inclusão, 19
    MR, integração, 128
    qualidade, 70
    utilização, 10, 87
    valor, 95
DoD. *Veja* Departamento de Defesa dos Estados Unidos

E

EAC. *Veja* Estrutura Analítica dos Custos
EAP de alta qualidade, consideração, 104
EAP do Gerenciamento de Projetos, 151
    alinhamento. *Veja* Conjunto de Conhecimentos em classificação por Área de Conhecimento, 154d
    componentes, alinhamento ao PMBOK, 155-157
    exemplos, 173
    Gerenciamento de Projetos
    Grupos de Processo
        classificação, 153d
        visualização, 173
        visualização, exemplo, 174t–205t
        visualização por nível superior, 154f
    leve, 151, 157
        quadro, 158t
    opções de organização, 152
        utilização, 152-155

Índice Remissivo

referências, 159
resumo, 158-159
visualização "leve" por área de
conhecimento, 173
exemplo, 209t-215t
visualização geral, 151-152
visualização por área de conhecimento, 173
exemplo, 185t-208t
visualização em nível superior por área de
conhecimento, 154f
EAP em Estrutura de Árvore Centralizada, 30f
EAP estilo Organograma, 29f
EAP horizontal, 30f
EAP Orientada a Ação, desenvolvimento, 105
EAP Orientada à Entregas, 19f
aplicação, 105
Cronograma do Projeto, ligação, 105
transição, 118
EAP orientada a Processos
descrição do trabalho, 20, 20-21
desenvolvimento, 20, 113
EAP orientada a tarefas, 20f
Descrição do trabalho, 18, 20
EAP para o desenvolvimento de um Website,
exemplo, 70f
EAP para uma Empresa, amostra, 28f
EAP unidimensional, 139
Elementos. *Veja* Elementos das Estruturas
Analíticas de Projeto
dependência, 122
desenvolvimento. *Veja* Elementos básicos
presença. *Veja* Decomposição
Elementos das Estruturas Analíticas de
Projeto (EAP)
critérios de entrada, 92
critérios de saída, 92
detalhe/foco, 11
esquema de codificação, utilização, 21-22
expressão, forma verbo-objeto
(utilização), 19-21
fronteiras, descrição/definição, 19
requisito. *Veja* Elementos de Nível de
Esforço da EAP
tipos, exigência, 23
utilização. *Veja* Estrutura Hierárquica
Elementos de alto nível do escopo, 108-109
Elementos de Nível de Esforço da EAP,
requisito, 23
Elementos de trabalho relativos ao projeto, 52

Elementos-filho da EAP, 122
Elementos básicos, desenvolvimento, 55
Elementos-pai da EAP, 122
Empresa, utilização da EAP, 27-29
Encerramento do Projeto, 145-147
utilização, 146-147
Entrada, aparência, 107
Entrega, 146
Entregas. *Veja* Entregas de Nível Superior;
Entregas Provisórias; Entregas Internas
base, 62-63
conclusão, 20-21
criação, 52
definição, 55
definição do PMBOK, 11
descrição, substantivos/adjetivos
(utilização), 18
orientação. *Veja* Estruturas Analíticas de
Projeto
Entregas, problemas, 8
Causas-raíz, análise, 8-9
Entregas de nível superior, 28
Entregas Externas, 52
Entregas Internas, 52
Entregas Planejadas, 131
Entregas Provisórias, 52
Equipe do Projeto
comunicação, 134
conclusão do trabalho, 145-146
contratação, 127-128
revisão pelo membro da equipe, 54
Escavação, 112
elementos, 113-114
estimativa, 72
Despejo do Concreto, 112
elementos, 113
Escopo. *Veja* Escopo do Produto; Escopo do
Projeto
acordos, descoberta, 8
aumento, 7
declarações. *Veja* Declaração do Escopo
do Projeto
descoberta, 8
definição, 49
dependência, representação, 110-111
descrição. *Veja* Escopo do produto
elementos
dependências, identificação, 110
inter-relacionamento, 110

fatores, 131-132
gerenciamento, 53
sequência, representação, 110-111
utilização, 138-139
Escopo Acordado do Projeto, 133-134
Escopo do produto
definição, 49-50
descrição
desenvolvimento, 50
formato narrativo, 50
mudanças, gerenciamento, 53
Escopo do Projeto
caminho de rastreabilidade, 42
comunicação com as partes interessadas, 19
definição, 49
definição, 40f, 41f, 43f, 45f
Utilização da EAP, 42
delimitação/comunicação, detalhamento, 23
divisão, 11-12
elaboração, 40f, 41f, 43f, 45f
exemplo, 4e, 162, 167-168
mudanças, gerenciamento, 53
questões, 66-67
respostas, 222-224
rastreabilidade/elaboração, 39
referências, 67
representação hierárquica, 52
resumo, 65-66
Escopo total do projeto, 42
Estilo Ondas Sucessivas. *Veja* Decomposição
Estilo tipo Organograma, prevalência, 29-30
Estimativa de Custos, 58
Estimativa de Duração da Atividade, 105
Estimativa de Recursos da Atividade, 105
Estrutura Analítica dos Custos (EAC), 74-76
exemplo, 75f
representação hierárquica, 74
Estrutura Analítica dos Recursos (EAR), 80
Descrição da organização dos recursos do projeto, 9-10
Estrutura hierárquica, elementos da EAP (utilização), 73
Estrutura Primária, 118
Estruturas Analíticas de Projeto (EAP), 4. *Veja também* EAP em Estrutura de Árvore Centralizada; EAP Horizontal; EAP Estilo Organograma

ampliação, 24f
atualização, 130
características, 11-12
Características Principais, 18-22
análise, 56-57
utilização, 20-22
Características Relacionadas ao Uso, 22–25
componentes, relacionamento, 91
composição, processo iterativo, 54
conceitos, utilização, 108-109
conclusão, 133
conteúdo, manutenção, 52
criação da equipe, 42
Cronograma do Projeto, associação, 105
Cronograma do Projeto, transição, 10, 104
entendimento, 105-108
fluxograma, 108f, 120f
declaração dos objetivos do trabalho/entregas, 10-11
definição, 5–6
definição do PMBOK, 5t, 10
definições, 5t
descrição, 11–13
desempenho, 104-105
desenho, 32-33
desenvolvimento, 59
importância, 52
detalhamento, 25
diagramas, utilização, 30-31
divisão funcional, 26
divisão mínima, análise, 56-57
divisões baseadas em papéis, 26
elaboração, grau (pontos de vista), 56
Elementos do Projeto da Casa, exemplo, 106d
elementos, 108-109
entendimento, 6
entrada para a criação. *Veja* Declaração do Escopo Preliminar do Projeto
exemplo da casa, visão de entregas/componentes, 26
exemplos, 23-24
lição, 7-10
entregas, substantivos/adjetivos (utilização), 18
esquema de codificação, utilização, 18
ferramenta de comunicação, 92
ferramentas, 32-34
ferramentas de baixa tecnologia, 32

forma delineada hierárquica, 109-110
importância, 6-7
    reconhecimento do PMBOK, 71
informações gerais, 3
integração. *Veja* Custos
natureza hierárquica, 21-22
    representação, 19-20
nível superior, reflexão, 11-12
níveis, determinação, 57
orientação a entregas, 18
    importância, 19
orientação a processo, 6
orientação a tarefas/atividades, 6
pacotes de trabalho, utilização, 107-108
papel, 80
projeto, definição do escopo, 18
qualidade, 18
    características, aplicação, 18
    desenvolvimento, 118
    princípios, introdução, 17-18
questões, 14-15
    respostas, 217-218
referências, 15-16
relacionamento. *Veja* Iniciação do Projeto
representação, 21-22
    reprodução, 31-32
    utilização, 29-32
responsabilidade, atribuição, 23
resumo, 13-14
simplicidade, 24f
subelementos, análise, 88
tecnologia, 33t
visão em estrutura de árvore, 57f
visão em estrutura de árvore invertida, 29
visão em forma delineada, 56d
visão estilo organograma, 29-30
visões, representação, 29

F

Forma de fluxo de processo, 108
Forma delineada hierárquica. *Veja* Estruturas Analíticas de Projeto
Forma verbo-objeto, utilização, 20
Formação de pessoal/especialização, equilíbrio, 89-90
Formato bidimensional, utilização, 112
Formato narrativo. *Veja* Escopo do produto

G

Garantia da Qualidade, realização, 127, 133

Gerenciamento da Qualidade, processos, 91
Gerenciamento das Partes Interessadas, 142
Gerenciamento de Aquisições, 170
    Plano, 170
Gerenciamento de Mudanças, 53
    direção/gerenciamento. *Veja* Gerenciamento Integrado de Mudanças
    exemplo, 169-170
    iniciação, 63
    processo
        desenvolvimento, 86
        utilização, 9
Gerenciamento de Problemas, 53
    Exemplo, 169
Gerenciamento de Projetos, 61-62
    conceito, aplicação, 103-104
    experiência, 103-104
    fontes, 7
    padrão, 154-155
    processos
        apoio, foco, 11
        relacionamento, revisão, 132-133
Gerenciamento de Tempo
    desenvolvimento do processo, 85-86
    elementos, 105
Gerenciamento de Valor Agregado (GVA), 10
    Método de avaliação, 140
    utilização, 139-140
Gerenciamento do Cronograma, desenvolvimento do processo, 86
Gerenciamento do Desempenho do Projeto, 137-142
Gerenciamento do Escopo
    desenvolvimento do processo, 86
    ponto de partida da EAP, 10
    realização, 127, 131-133
    restrição tripla, relacionamento, 131-132
Gerenciamento dos Recursos, 170-171
    Plano, 170-171
Gerenciamento dos Recursos, processos (utilização), 93
Gerenciamento Integrado de Mudanças, direção/gerenciamento, 127, 130
Gerentes de Projeto
    abordagem, perspectiva, 86-87
    aprendizado, 9
    comunicação, 134
    construção da hierarquia, 98, 99

continuidade, decisão, 82
elementos, 108-109
ferramentas, utilização, 9
ferramentas/recursos, determinação, 53
processos, aplicação, 83
Gerentes funcionais, culpa (desistência), 7-8
Gestão Baseada em Custeio por Atividade (ABM – *Activity-Based Management*), 62-63
utilizações, 63
Gestão Baseada em Entregas, 62
força, 62
importância, 62
utilizações, 63
Gerenciamento do Orçamento, desenvolvimento de processos, 86
Gerenciamento Financeiro, 53
Gerenciamento Financeiro, desenvolvimento do processo, 86
Gregory T. Haugan, 7
Grupo de Processo, 152
classificação, 153d
divisão, 153
orientação, 157
tipos, 152

H

Harold Kerzner, 7
Hierarquia da Estrutura Analítica do Projeto (EAP), 18
criação, Regra 100% (utilização), 73
orientação a entregas, 5
sincronização dos custos do projeto, 140
Hierarquia do projeto-programa-portfólio-empresa, 28

I

Incidentes, aumento (exemplo), 83
Inclusão, conceito, 29
esclarecimento, 112-113
utilização, 105, 112-115
Inclusão, dimensão (utilização), 112-113
Informação
hierarquia, 98, 99-100
exemplo, 98t
organização, 141
Infraestrutura Hidráulica, 109
Infraestrutura Elétrica, '109
Iniciação
definição, 39
EAP, relacionamento. *Veja* Projetos

Iniciação do Projeto
EAP, interação, 39
questões, 46-47
respostas, 220-222
referências, 47
resumo, 46
Visão geral, 39
Inspeção de segurança, exemplo, 83-84

J

John L. Homer, 7

L

Layout
estimativa, 71
elementos, 114
Layout-Topografia, 110
Líder do projeto, culpa (desistência), 8
Linear, sequência bidimensional (conversão), 112
Linha de Base do Cronograma, 107
Linha de Base do Escopo, 63
Lista de Atividades
atualização, 107
desenvolvimento, 106
Lista de Marcos
atualização, 107
desenvolvimento, 106

M

Manutenção, 146
Marcos, atribuição, 140
Matriz de Comunicações, 95
elemento, importância, 95
exemplo, 96t-97t
importância, 95
Matriz de Responsabilidades (MR), 71
integração, 131. *Veja também* Dicionário das Estruturas Analíticas de Projeto
utilização, 128
Matriz de Reuniões, 98-100
exemplo, 99t
MDP. *Veja* Método do Diagrama de Precedência
MDS. *Veja* Método do Diagrama de SetasMetáfora da casa, 57
exemplo, 12-13
exemplo na forma delineada, 3d, 13d
ferramenta, 4

Índice Remissivo

importância, 4
precisão/projeto, 13-14
utilização, 71-78
Método "*Bottom-up*" de Criação da EAP, 54-55
   iniciação, 55
Método do Diagrama de Precedência (MDP), 107
   seleção, 10
Método do Diagrama de Setas (MDS), 107
Método do Diagrama de Setas (MDS),
   seleção, 10
Método "*Top-down*" de criação da EAP, 54-55
Metodologias baseadas em atividades, 62
Modelo de Cronograma, 107-108
   criação, 120-122
   Plano de Dependências do Escopo
   representação, 120
   transição, 122
Modelos
   confiança. *Veja* Criação das Estruturas Analíticas de Projeto
   resumo, 84-85
   utilização, 82-85
Meio, utilização, 94
MR. *Veja* Matriz de Responsabilidades

N

Necessidade, antecipação, 80
Níveis
   determinação. *Veja* Estruturas Analíticas de Projeto
   número, exemplo, 58f
Níveis de Decomposição, 18
   alcance, 22
   elementos, presença, 56
   elementos-pai, inclusão, 73
   requisito, 23
Nível de esforço, definição do PMI, 23

O

Produto de prateleira, utilização, 6
Operações de linha de produção, analogia, 84
ORG. *Veja* Organograma
Organização por Projeto, definição, 28
Organizações, EAP como ferramenta (eficácia), 29
Organograma , 80
   utilização, 99
Orientação à Decisão, 127
Os 7 Hábitos das Pessoas Altamente Eficazes (Covey), 87

P

Pacotes de Trabalho, 69
Paisagismo, exemplo, 58
Parâmetros técnicos, inclusão, 138
Paredes Externas, conclusão, 111-112
Patrocinador do Projeto, impacto, 8
Paul D. Gunn, 7
Calçamento, exemplo, 58
Planejamento
   detalhado, aumento, 50
   documentos, atualização, 130
   processo, ferramentas de baixa tecnologia, 32
Planejamento da Qualidade, 79-80
   abordagem, 81-82
   questões, 100-101
      respostas, 226-228
   referências, 101
   resumo, 100
   visão geral, 79-80
Planejamento da transição. *Veja* Produtos; Resultado; Serviço
Planejamento das Comunicações, 79
   importância, 92-94
   questões, 100-101
      respostas, 226-228
   referências, 101
   resumo, 100
   visão geral, 79-80
Planejamento de Riscos, 79, 80
   abordagem, 81-82
   confiança na metodologia, 85
   questões, 100-101
      respostas, 226-228
   referências, 101
   resumo, 100
   visão geral, 79-80
Planejamento de Soluções Alternativas, 104
Planejamento dos Recursos, 80
   Abordagem, 81-82
   questões, 100-101
      respostas, 226-228
   referências, 101
   resumo, 100
   visão geral, 79-80
Planejamento financeiro, utilização da EAP, 69
   questões, 76-77
      respostas, 224-226
   referências, 77

resumo, 76
visão geral, 69
Plano de Comunicações
   desenvolvimento, 94-100
      identificação das partes interessadas, 142
   evolução, 94
   objetivo, 94
Plano de Gerenciamento de Riscos, 56
Plano de Pessoal, 56
   utilização, 128
Planos, atualização da linha de base, 141
PMBOK. *Veja* Conjunto de Conhecimentos em Gerenciamento de Projetos
PMI. *Veja* Project Management Institute
Portfólios, utilização da EAP, 27-29
Practice Standard for Work Breakdown Structures, Second Edition (PMI), 18, 27
   utilização, 53-54, 55-56. *Veja também* Decomposição das Estruturas Analíticas de Projeto
Previsão de término, 139
Processo de tomada de decisões Fazer ou Comprar, 69
Processo empurrado, 94
Processos
   considerações, avaliação, 89-92
   criação. *Veja* Projetos
   desenvolvimento, utilização da EAP, 86-87
   informação, ausência, 105
   opções/desvios, 165
   resumo, 84-85
   saídas, 105
   utilização, 82-85. *Veja também* Processos da Empresa
Processos da empresa, utilização, 84-85
Processos principais do gerenciamento de projetos, existência (ausência), 81-82
Produtividade, determinação, 139
Produtos
   criação, singularidade, 92
   entrega, utilização do processo, 59-60
   estabelecimento, produção, 84-85
   medição, 42
   planejamento de transição, 130
   restrições regulatórias/legais, adequação, 81
Programas, Utilização da EAP, 27-29
Progresso, determinação, 139
Project Management Institute (PMI). *Veja Practice Standard for Work Breakdown Structures*

definição. *Veja* Nível de esforço
Practice Standard for Earned Value Management, 10
Practice Standard for Scheduling, 10
Projeto da casa
   Diagrama de Relacionamento do Escopo, 119f
   Elementos da EAP para Construção da Fundação, 114f
   exemplo, 109-110
   Forma delineada da Construção da Fundação, 114d
   Gráfico da Construção da Fundação, alternativa, 115f
   Plano de Dependência de Escopo de alto nível, 121f
   Segmento de Construção da Fundação, diagrama de relacionamento do escopo, 116f
   Sequência de de escopo alto nível, 111f
Projeto da Casa – Com Sequência de Escopo
   Diagrama de Relacionamento do Escopo, 119f
   Segmento de Construção da Fundação, 118
Projetos
   abordagem, 168-169
   apoio, processos (criação), 85-86
   armadilhas, prevenção, 9
   componentes, 53comunicações
      eficácia, 8
      necessidades, 93
   cronograma, 165, 172
      produção, 8
   custos, estimativas, 165
   desenvolvimento da EAP, 59
   elementos, agrupamento orientado a entregas, 5t
   entregas, 164, 172
      divisão, 11-12
   envolvimento, 52-53
   esforço, estimativas, 165
   execução, 141
      direção/gerenciamento, 127, 130
   imaginação, 52
   marcos, exemplo, 44, 168
   objetivos, 162
   orçamento, atualização, 130
   participantes, atribuições de trabalho (incertezas), 7
   plano, produção, 8

Plano de Pessoal, 128
problemas, 7
procedimentos de gerenciamento de mudanças, 19
programa, diferenças, 23
progresso do trabalho, avaliação, 138
propósito, 161
    exemplo, 42, 44, 161, 167
replanejamentos/extensões, repetição, 7
resultados
    compreensão, facilitação, 26
    definição/articulação, inclusão, 6
utilização da EAP, 27-29
visão geral, 161
    exemplo, 42, 44, 161, 167
Projetos de Aquisição, planejamento/controle (uso da EAP), 4
Protocolo de Certificação, exemplo, 83-84

Q

Qualidade
    características, aplicação. *Veja* Estruturas Analíticas de Projeto
    considerações, 91
    controle, atividades, 165, 172
    custos, 71
    gerenciamento, processos (utilização), 93
    objetivos, 164, 172
    parâmetros, inclusão, 138
    pontos de verificação, 86
    princípios, aplicação, 18
    regras, aplicação (exemplo), 83

R

RACI. *Veja* Responsável, Aprovador, Consultado, Informado
Rascunhos de guardanapo, 85
Recursos
    determinação, 53
        agrupamento, 91
    considerações, 91
    custos, 71
Registro de Solicitações de Mudanças, produção, 8
Regra 100%, 12
    importância, 56
    introdução, 21
    utilização, 28. *Veja também* Hierarquia da Estrutura Analítica do Projeto

Relacionamentos pai-filho, 55
Representação da sequência de escopo de alto nível, criação, 111-120
Requisitos de uso, preenchimento (conceito), 18
Responsabilidades financeiras (definição), contrato (utilização), 45
Responsabilidades legais (definição), contrato (utilização), 45
Responsável, Aprovador, Consultado, Informado (RACI), 128
Restrição Tripla
    diagrama, 132f
    relacionamento. *Veja* Gerenciamento do Escopo
Resultado
    criação, singularidade, 93
    custos de resposta, 71
    gerenciamento, processos (utilização), 93
    planejamento da transição, 130
    plano/registro, produção, 8
Resultado, medição, 42
Reuniões de trabalho, visita de um líder senior/parte interessada, 99
Reuniões face a face, 94
Risco
    categorias, 85
    considerações, 91
    gerenciamento, 53
    identificação, orientação, 85

S

Saída, aparência, 107
Segurança de voo, regras de qualidade (aplicação de exemplo), 83-84
Sequência bidimensional, conversão. *Veja* Linear, sequência bidimensional
Sequenciamento de Atividades, 107
Serviço
    criação, singularidade, 93
    medição, 42
    planejamento de transição, 130
Serviços, linha (produção), 84
Solicitações de Mudanças, surgimento, 131
Soluções de *brainstorming*, iniciação, 86
Stephen Covey, 87
Subcontratos
    conjunto, 90
    importância, 90
    organização, responsabilidade, 90-91

Sucesso. *Veja* Sucesso das Estruturas Analíticas de Projeto
Sucesso das Estruturas Analíticas de Projeto (EAP), 137
   questões, 142-143
      respostas, 232-233
   referências, 143
   resumo, 142
   visão geral, 137
Suporte, 146

T

Tarefas, atribuição, 140
Termo de Abertura. *Veja* Termo de Abertura do Projeto
Definição (*charter*), 40-41
Termo de Abertura do Projeto, 41-43
   abordagem do projeto, 164
   aprovações, 163
   atividades de controle da qualidade, 165
   cronograma do projeto, 165
   entregas do projeto, 164
   escopo do projeto, 162
   estimativa de custos do projeto, 165
   estimativa de esforço do projeto, 165
   exemplo, 161
   objetivos da qualidade, 164
   objetivos do projeto, 162
   opções de processo/desvios, 165
   organização/responsabilidades, 164
   propósito do projeto, 161
   questões, 163
   referências, 163
   terminologia, 163
   utilização da EAP, 9-10
   utilização. *Veja* Trabalho
   visão geral do projeto, 161
Todo/partes, relação, 88-89
Trabalho
   agrupamentos orientados a métodos, 26
   atribuição, 53
   conclusão, autoridade, 40
   decomposição, 88
   decomposição hierárquica, 11-12
   decomposição hierárquica orientada a entregas, 5, 5t, 14
   escopo de alto nível (definição), Termo de Abertura do inclusão, 11
   realização, 140-141

U

Utilização das Estruturas Analíticas de Projeto (EAP), 88, 127 *Veja também* Organizações; Planejamento Financeiro; Portfólios; Aquisições; Programas; Projetos
   dependência, 58-59
   iniciação, 4
   questões, 134-135
      respostas, 230-231
   referências, 135
   resumo, 134
   visão geral, 127

V

Verificação do Encerramento do Projeto, utilização da EAP, 145
   questões, 147-148
      respostas, 233-235
   resumo, 147
   Visão geral, 145
Verificação do Escopo, realização, 127, 133-134
Visão geral do Gerenciamento de Tempo do Projeto, 105
Visualização da EAP na Forma delineada, 31t
Visualização em Estrutura de Árvore, 29
   representação centralizada, 30
Visualização na Forma delineada, 29
Visualização Tabular, 29
Visualização Tabular da EAP, 31t

Impressão e Acabamento:

Geográfica editora